新时代营销新理念

韩朝宾 —— 编著

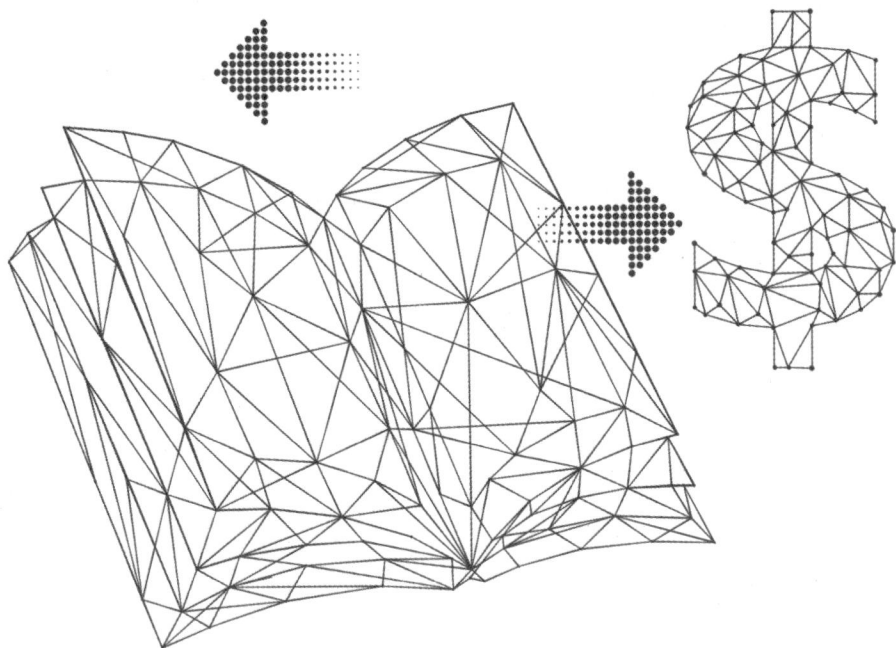

知识变现

从入门到实操

清华大学出版社
北京

内容简介

本书由职业培训师、咨询顾问、声音教练和垂直自媒体"配音那点事"的创始人韩朝宾老师，根据自己丰富的跨界知识服务、新媒体运营和声音领域知识变现的实践经验，通过 17 个专题内容结合 60 多个案例以及 100 多个知识点的方式，教你提升知识变成现金的能力，帮助你建立自己的个人品牌并增强在行业内的影响力。

本书适合想借助互联网进行知识变现的自媒体人、新媒体领域从业人员等阅读。

图书在版编目（CIP）数据

知识变现：从入门到实操 / 韩朝宾编著. —北京：清华大学出版社，2020.10（2021.7重印）
（新时代·营销新理念）
ISBN 978-7-302-54070-0

Ⅰ．①知…　Ⅱ．①韩…　Ⅲ．①知识经济　Ⅳ．①F062.3

中国版本图书馆 CIP 数据核字（2019）第 241880 号

责任编辑：刘　洋
封面设计：徐　超
版式设计：方加青
责任校对：王荣静
责任印制：宋　林

出版发行：清华大学出版社
　　　　　网　　　址：http：//www.tup.com.cn，http：//www.wqbook.com
　　　　　地　　　址：北京清华大学学研大厦 A 座　　　　　邮　　编：100084
　　　　　社 总 机：010-62770175　　　　　　　　　　　邮　　购：010-62786544
　　　　　投稿与读者服务：010-62776969，c-service@tup.tsinghua.edu.cn
　　　　　质 量 反 馈：010-62772015，zhiliang@tup.tsinghua.edu.cn
印 装 者：小森印刷霸州有限公司
经　　销：全国新华书店
开　　本：170mm×240mm　　　印　　张：19.75　　　字　　数：313 千字
版　　次：2020 年 10 月第 1 版　　印　　次：2021 年 7 月第 2 次印刷
定　　价：79.00 元

产品编号：083618-01

自序
将知识变成现金

首先，感谢您打开这本书。

2017 年 7 月，在出版社的帮助下，我出版了国内第一本有关知识付费的图书——《知识变现》，并且在今日头条创作空间举办了新书发布会。我当时的职务是职业培训师和企业顾问，也正因为服务企业的经验让我有机会冷静地去观察"知识服务"这个新行业。

我不仅是"斜杠青年"，也是"残障青年"。我出生在豫北平原的一个农村，两岁半时患小儿麻痹症，并留下后遗症。16 岁时，只有初中毕业的我，和村里的小伙伴儿一样，开始外出打工。我做过流水线作业员、商场美工、瓦楞纸箱厂装订工人、保险公司推销员、培训公司产品经理等工作。

以前我认为只有上大学当教授才算有知识。在 21 岁之前，我不但没有知识，还差点儿连命都丢了。21 岁那年，我不幸遭遇意外，在医院的重症监护室抢救过来之后，躺在病床上的我在想：接下来，我该怎么活？

我极度渴望改变，开始努力学习，并通过参加全国统一的成人高考，顺利考入中国传媒大学的新闻与传播专业。后来，有幸在创新工场董事长兼首席执行官李开复老师的指导下，创建了音频行业的垂直自媒体账号，并且做到了行业内垂直自媒体的第一名。

当时，多家新媒体公司主动找到我要我分享经验，我将自己的运营经验进行整理、归纳并开发成课程，利用互联网有意识地进行营销，渐渐地有企业和学校找我去做经验分享，也有机构请我做顾问。

我有幸结识了喜马拉雅FM的总裁余建军先生，他跟我分享了很多音频媒体的新玩法。后来，我在喜马拉雅FM为大家朗读了一本音频书，没想到，它为我带来了多次线下分享的机会，不仅赢得了粉丝，而且获得了直接收入。在这之后，找我的人越来越多，我很兴奋："声音也可以变现，知识也可以变现。"

后来我进一步发现：知识只能改变学历，知识变现才能改变命运。于是我开始潜心研究知识变现的路径。在这个过程中，我发现，无论是声音工作者，还是专业人士，以微信公众号、今日头条、喜马拉雅FM以及抖音等为代表的新媒体平台，对他们来说都是很好的知识变现工具。

《知识变现》的出版距今不足两年，但知识服务行业却发生了翻天覆地的变化。"变，是唯一的不变"或许是对这个新生事物最好的注解。但是，我一直坚定地认为有些东西是不变的：专业化生存不变，知识会成为商业流量的入口。

例如，付费语音知识产品《好好说话》，年订阅费用198元，仅上线10天，销售收入就突破1 000万元；《每天听见吴晓波》的付费用户已接近20万人，年订阅收入高达3 000多万元。这表明内容生产者需要学会打造和营销自己的知识产品，越来越多的互联网用户愿意为更精准、更具价值的知识产品和内容付费。知识产品服务的超早期阶段，可能带来新一波的知识创造、分享和教育学习浪潮，也可能带来一波围绕知识变现的商业机遇。

靠资本、权力、垄断发财的时代已经过去了。自媒体的发展，让每个人都可以发声，有远见的人正悄悄地通过知识分享构建流量入口。当今时代，已经成为"知识是生产力"的时代，从本质上讲每个人都是一个知识产品，每一家公司都是知识管理公司。

个体创业，需要通过输出内容、获取信任增强自身的影响力。企业成功，需要输出知识来吸引客户，整合上下游同行和资源。但知识变现的能力比知识更重要。大多数机构、大多数人，缺的不是知识，而是知识变现的能力。

如何打造自己的知识付费产品？如何在知识经济版图中找到属于自己

的坐标？有哪些实现知识变现的途径？如何通过知识付费建立个人品牌？

其实，绝大多数人已经具备了知识变现的能力，但是因为缺乏变现的视角和尝试，不仅他们的知识、技能和经验被浪费，而且损失掉相当可观的收入。我曾经帮助过律师、医生、艺人、摄影师、心理咨询服务从业者等多个行业的近百位专业人士通过互联网成功实现了知识变现，所以，我编写本书的目的是帮助那些专业人士，在他们所在的领域成为专家。

如果您想挖掘自己的竞争优势，在您擅长的领域成为专家，通过知识付费打造自己的个人品牌和影响力，实现知识变现，那么，建议您阅读本书。本书从"思维方式＋工具应用＋变现技能"角度，教您发现并挖掘自己的竞争优势，构筑个人品牌，通过知识付费扩大您在互联网上的影响力，实现知识变现！

很荣幸能通过本书分享我对个人品牌打造和知识产品设计的经验、知识变现的工具和方法，以及我对知识付费领域的理解。知识打天下，变现赢市场，期待和您面对面交流和分享！

韩朝宾

2020 年 6 月

目录

内容打造篇

传播平台篇

变现模式篇

内容打造篇

第 1 章

知识经济：

知识付费模式，大有可为

　　知识变现，其实质在于通过售卖相关的知识产品或知识服务，来让知识产生商业价值，变成"真金白银"。在互联网时代，我们可以非常方便地将自己掌握的知识转化为图文、音频、视频等产品／服务形式，通过互联网传播并售卖给受众群体，从而实现盈利。随着移动互联网和移动支付技术的发展，知识变现这种商业模式也变得越来越普及，可以帮助知识生产者获得收益和知名度。

- 知识为什么能成为商业流量的入口
- 如何突破知识变现障碍从而实现真正盈利
- 卖什么？有产品力的优质的知识内容
- 塑造价值，通过输出知识建立信任
- 知识变现的过程就是打造个人影响力的过程
- 发掘"斜杠身份"，创造多元变现收入

1.1　知识为什么能成为商业流量的入口

知识变现由来已久，从广义上来说包含了传统的教育、出版、媒体等行业，其主要概念如图 1-1 所示。从广义与狭义的知识变现概念来看，明显的区别就是知识的载体和呈现形式，而本书所述的知识变现的重点则主要是狭义的知识变现概念，这种方式拥有更多的优势，如更多元化的知识内容、更灵活的学习时间以及更加自由的展现形式。

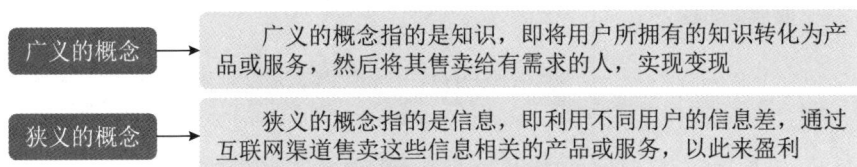

广义的概念	广义的概念指的是知识，即将用户所拥有的知识转化为产品或服务，然后将其售卖给有需求的人，实现变现
狭义的概念	狭义的概念指的是信息，即利用不同用户的信息差，通过互联网渠道售卖这些信息相关的产品或服务，以此来盈利

图 1-1　广义与狭义的知识变现概念

简单来说，知识变现就是在各种互联网平台上分享自己的知识，并获取相应的报酬。那么，知识为什么会成为商业流量的入口呢？原因有以下几点。

1.1.1　付费内容的形式不断增多

从狭义的概念来看，知识付费的基本形式为介于内容变现和在线教育之间的知识，根据其学习目标可以分为不同的类别，如图 1-2 所示。

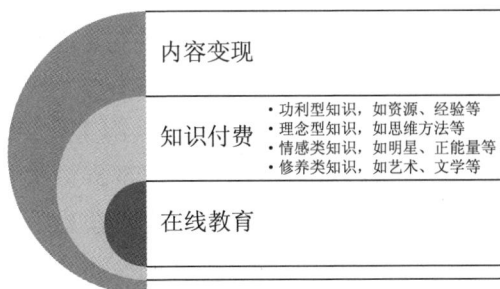

内容变现	
知识付费	·功利型知识，如资源、经验等 ·理念型知识，如思维方法等 ·情感类知识，如明星、正能量等 ·修养类知识，如艺术、文学等
在线教育	

图 1-2　知识付费的基本形式

从图 1-2 中可以看出，各个领域的专业细分内容越来越多，其个性化的内容价值也凸显出来，主要包括如图 1-3 所示的几个方面。同时，知识的表现形式越来越丰富，传播渠道也越来越广，这些因素都将进一步提升用户的付费意愿。

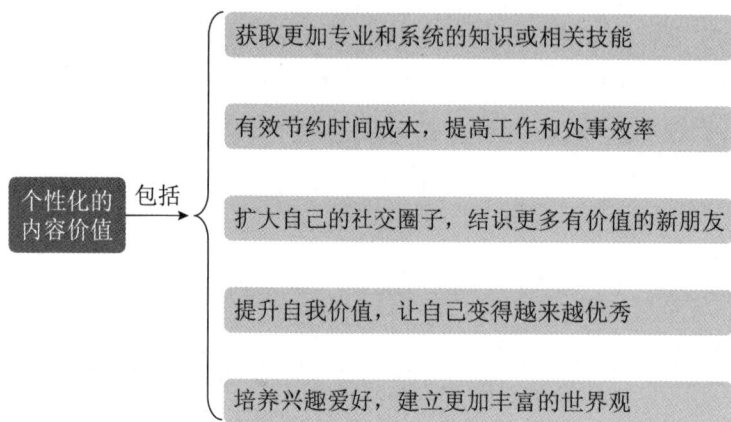

图 1-3　个性化的内容价值

知识变现的具体内容也呈现出两个非常明显的趋势。

1. 涉及的品类更多

品类的不断扩充可以提升目标群体的规模、付费转化率等。在知识变现的早期，获得收益的往往是 KOL（Key Opinion Leader，头部关键意见领袖），而他们更多的是针对白领阶层的用户人群。现如今，随着知识变现的不断丰富，这一形式扩展到更多细分领域，出现了越来越多的"草根网红"。图 1-4 所示是喜马拉雅 FM 的知识分类，包括儿童、历史、商业财经、人文、教育培训、IT 科技以及外语等多个内容领域。

2. 内容的质量更高

高质量的内容可以有效提高用户的留存率，为平台带来更多的复购率。

从这两个方面可以看出，其作用都是共同推进付费人群数量的有效提升。随着内容质量的提升和数量的增加，用户规模也随之扩大，并且在垂直领域中产生了大量的知识 IP，如自媒体视频脱口秀《罗辑思维》主讲人罗振宇、财经作家吴晓波、说话达人秀节目《奇葩说》主持人马东等。这些人不仅拥有大量的粉丝，而且这些粉丝的付费意愿也非常强烈。

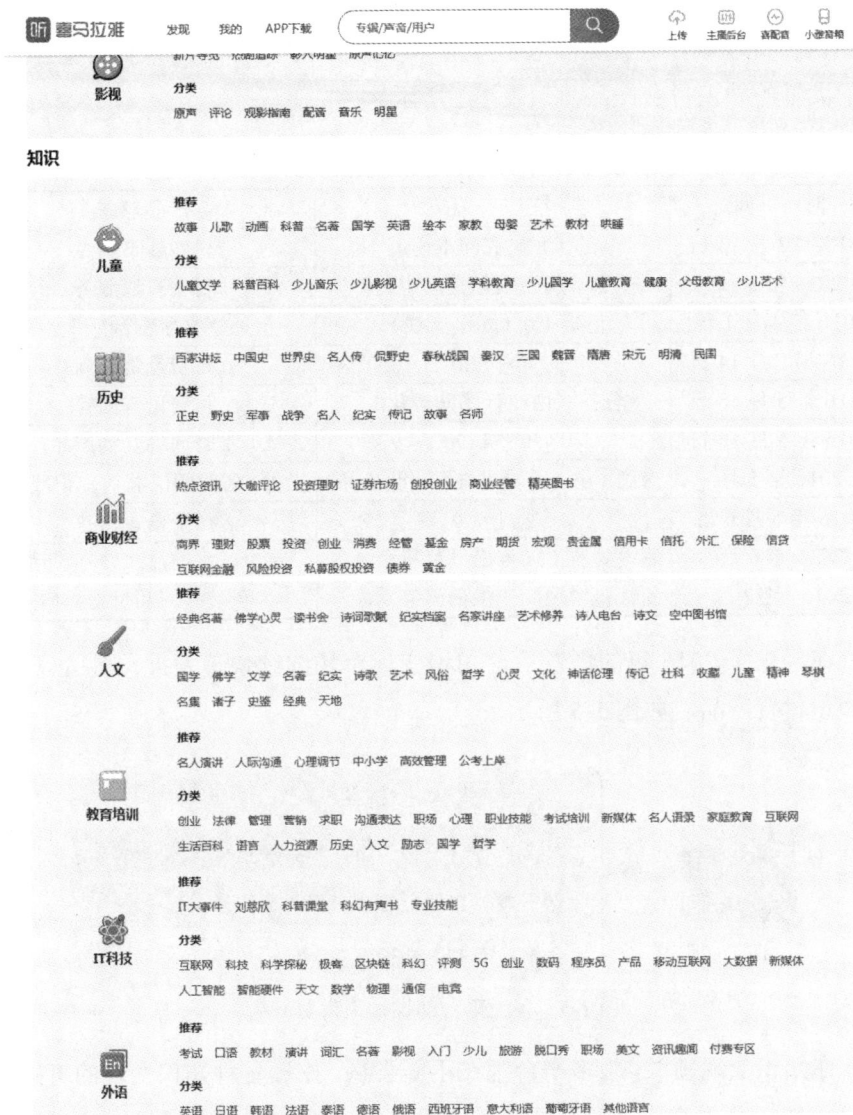

图 1-4 喜马拉雅 FM 的知识分类

1.1.2 平台的变现渠道逐步完善

知识变现平台风头正盛，微博、微信、今日头条、喜马拉雅 FM、得到、知乎 Live、分答、优酷、秒拍、一直播等平台纷纷推出相应的知识付费产品。

早在 2013 年，《罗辑思维》便推出了付费会员制度。随后很多平台相继进入知识付费领域，并探索各种收费模式。2016 年被称为知识付费元年，产生了大量的知识付费产品，如表 1-1 所示。

表 1-1 知识付费元年产生的主要产品

时　　间	产　品	产品形态
2015 年 3 月 13 日	在行（果壳网推出）	付费线下约见
2016 年 3 月	千聊（腾讯众创空间孵化）	付费直播服务
2016 年 4 月 1 日	值乎 1.0（知乎上线）	"文字刮刮乐"
2016 年 5 月 14 日	值乎 2.0	付费悬赏提问
2016 年 5 月 15 日	分答（由在行团队孵化）	付费语音问答
2016 年 5 月 16 日	知乎 Live	实时问答互动产品
2016 年 5 月	得到（由《罗辑思维》团队出品）	提供"省时间的高效知识服务"
2016 年 6 月 6 日	值乎 3.0	付费语音问答
2016 年 6 月	喜马拉雅 FM 推出"付费精品"	首个试水产品《好好说话》
2016 年 12 月	新浪微博公测"微博问答功能"	免费提问和付费提问

在经过了 2016 年的爆发后，知识变现市场继续快速发展，各大平台助推知识付费产品，如图 1-5 所示。

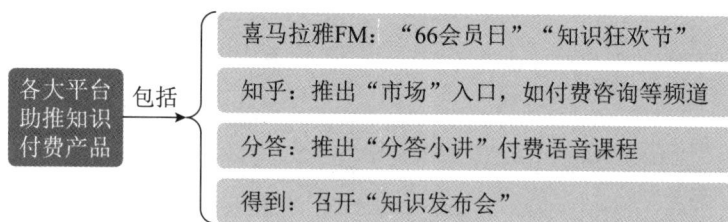

图 1-5　各大平台助推知识付费产品

在知识变现领域，很多平台都在不断尝试，挖掘各种知识变现的可能性，从而让知识变现在一片迷茫中逐渐走出一条清晰的道路。同时，这些平台为用户提供了内容发布渠道，并且不断简化知识变现的过程，缩短内容生产者的盈利周期，提升利润率。

1.1.3　用户的学习愿望日趋强烈

在互联网时代，信息量的增长速度如火箭一般，用户每天都会接触大量的信息。但是，用户在接触这海量信息时，无法实现收放自如，因此会产生强烈的紧张感和压迫感，这种症状就是"知识焦虑症"，也叫"信息焦虑综合征"。同时，来自工作、生活等各方面的压力会成倍放大这种焦虑感。

普通人会因知识产生焦虑，而**聪明人则善于利用知识来解决焦虑**。面对"知识焦虑症"的来袭，人们往往会产生强烈的学习意愿，来解决焦虑，实现自愈。同时，互联网时代的碎片化学习，需要构建正确的知识体系整理和分类各种碎片知识。例如，当用户看完一篇关于"直通车定向推广"的好文章后，可以将其要点归纳为思维导图，这样就可以加深对文章的理解和认知，如图1-6所示。

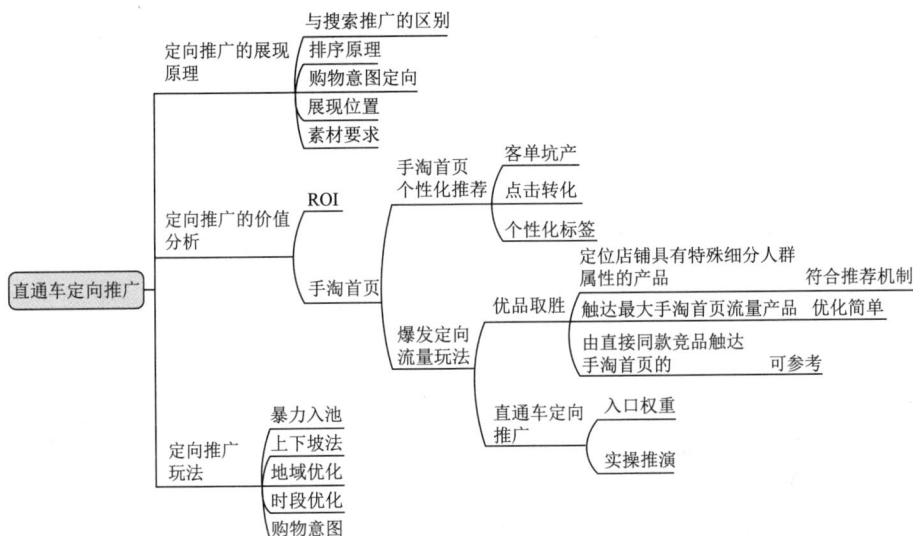

图 1-6 利用思维导图工具做笔记

知识本质上是一种精神产品，需求层次要明显高于其他产品。同时，知识产品的主要消费群体都是一些支付能力较强的人群，而且他们对于高质量知识产品的需求非常强烈。然而，市场上免费的知识产品水平良莠不齐，质量也没有保障，因此，便会倒推消费者去通过付费来获得更加优质的知识内容。

尤其是随着我国经济的发展，产生了大量的新中产阶级人群，他们接受过良好的教育，而且有一定的经济能力，喜欢追求自我价值和生活品质。同时，这一人群为了让自己的精神文化更加丰富，对于知识的渴求非常强烈。

1.1.4 用户的付费能力不断提升

随着经济的增长，消费者的付费能力也在不断提升。根据国家统计局的相关数据显示，2018 年全国居民人均可支配收入为 28 228 元，比 2017 年名义增长 8.4%，如图 1-7 所示。

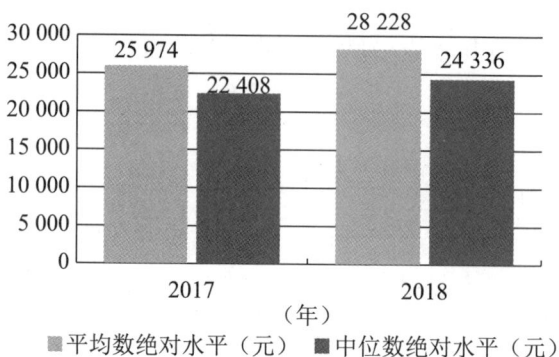

图 1-7　2017—2018 年我国居民可支配收入

2018 年，我国居民人均消费支出 19 853 元，比 2017 年名义增长 8.4%。其中，人均教育文化娱乐消费支出达到 2 226 元，增长 6.7%，占人均消费支出的比重为 11.2%，如图 1-8 所示。

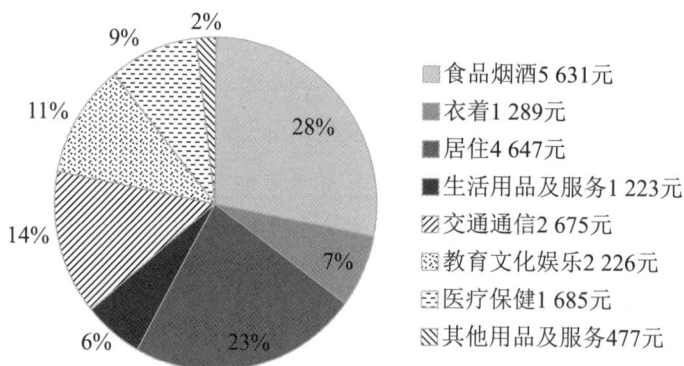

图 1-8　2017—2018 年我国居民人均消费水平

以上数据说明，随着我国居民人均收入和整体消费水平的不断提升，他们拥有更多的资金用来投入到知识提升方面。

1.1.5 用户的付费习惯逐渐形成

随着人们消费水平的提高，消费者的消费观念和消费方式发生了质的改变，尤其是随着各种新媒体渠道的出现和自媒体领域的兴起，让人们形成了新的阅读和消费习惯，并逐渐养成了付费阅读的良好习惯。

致力于研究自媒体价值排行及版权经济管理的机构"克劳锐"，在调研分析 2 000 名用户后发现，其中 1 178 名用户曾通过付费手段来获取相关知识，占比达到了 58.9%，同时不同内容载体的付费用户数量也有所区别，如图 1-9 所示。

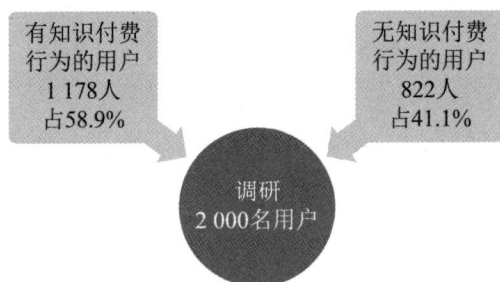

图 1-9 "克劳锐"对于知识付费用户的研究数据

尤其在移动互联网时代，人们的生活节奏变得越来越快，消费者的行为习惯也发生了翻天覆地的变化，**他们需要有效利用大量的碎片化时间来获取优质信息，因此基于移动互联网和智能手机的知识付费模式更加符合他们的消费习惯。**

1.1.6 用户版权保护意识的增强

如今，国家越来越重视网络知识产权，并不断完善网络版权法律体系，不断加大监管力度，通过法律来保护各类合法知识产品。这种越来越好的版权环境，同时也对知识变现的发展起到了很好的推动作用。

过去，人们对于付费产品基本上是拒绝的，他们更热衷于互联网上免费的内容。但随着消费者生活水平和收入的提升、内容创作者版权意识的加强以及平台付费制度的完善，内容付费模式开始被大家广泛接受。根据艺恩发布的《2018年中国视频内容付费产业观察》报告显示，截至2018年12月底，中国视频会员超2.3亿，近3年的复合增长率达119%，预计2019年将突破3亿，如图1-10所示。视频内容付费的发展，也从侧面印证了消费者对付费知识产品的认可度越来越高。

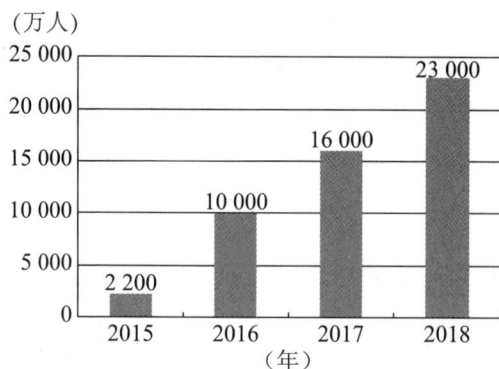

图1-10　2015—2018年中国视频会员规模

随着版权保护机制的完善，内容版权的交易越来越规范，而且内容生产者通过版权获得的收入也非常可观，让知识变现的吸引力变得越来越大。企鹅智酷报告显示，大部分网民对知识付费的态度越来越看好，而且该机构还预测内容付费将会持续走高，如图1-11所示。

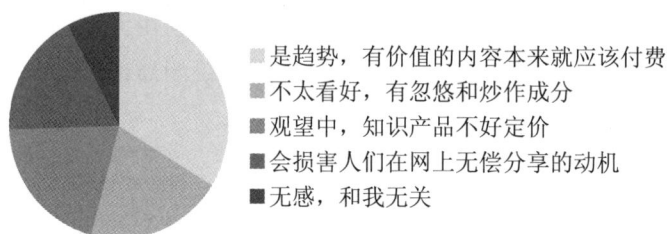

是趋势，有价值的内容本来就应该付费
不太看好，有忽悠和炒作成分
观望中，知识产品不好定价
会损害人们在网上无偿分享的动机
无感，和我无关

图1-11　网民对知识付费的态度

1.1.7　知识变现的技术日趋成熟

另外，支付宝、微信等移动支付工具和云计算等技术的发展，线上线下相互交错、渗透，使知识变现这种商业模式变得更加成熟。中商产业研究院发布的数据显示，国内移动支付用户规模均以较高的速度增长，2018 年手机网络支付（移动支付）用户规模达 5.83 亿，年增长率为 10.7%，如图 1-12 所示。

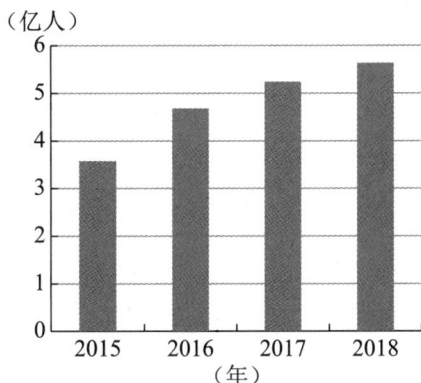

（亿人）

图 1-12　2015—2018 年中国移动支付用户规模

另外，前瞻产业研究院发布的《中国移动支付行业发展趋势与投资决策分析报告》统计数据显示，截至 2018 年年底，中国第三方移动支付交易规模达到 277.39 万亿元，同比增速达到 36.69%，如图 1-13 所示。消费者养成了手机支付的习惯，让知识消费能够更加方便地渗透到人们的日常生活中。

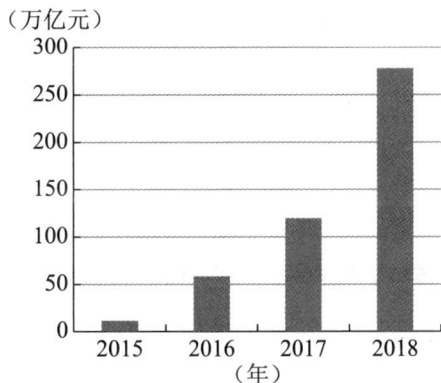

（万亿元）

图 1-13　2015—2018 年中国第三方移动支付交易规模

同时，工业和信息化部发布的《云计算发展三年行动计划（2017—2019年）》预测，到 2019 年，我国云计算产业规模将达到 4 300 亿元。移动支付、云计算、AR、VR、视频直播等技术的发展，都在不断推进知识变现行业的快速发展。根据观研天下发布的相关数据显示，预计到 2020 年知识变现市场规模将增长至 235.1 亿元，4 年间的增长将超过 4 倍，如图 1-14 所示。

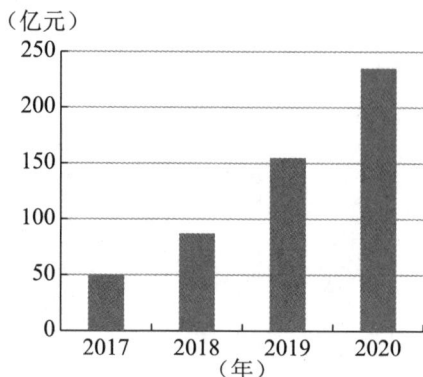

（亿元）

图 1-14　2017—2020 年中国知识付费行业市场规模

1.2　如何突破知识变现的两大障碍实现真正盈利

首先，我们来看一些数据。

- 付费语音产品《好好说话》上线仅 10 天，其销售额就突破了 1 000 万元。
- 《每天听见吴晓波》音频产品一年的订阅收入也突破了 3 000 万元。
- 音频内容《用得上的商学课》的主讲人路骋，上线一年全网订阅 65 万份，营收也超过 3 000 万元，如图 1-15 所示。

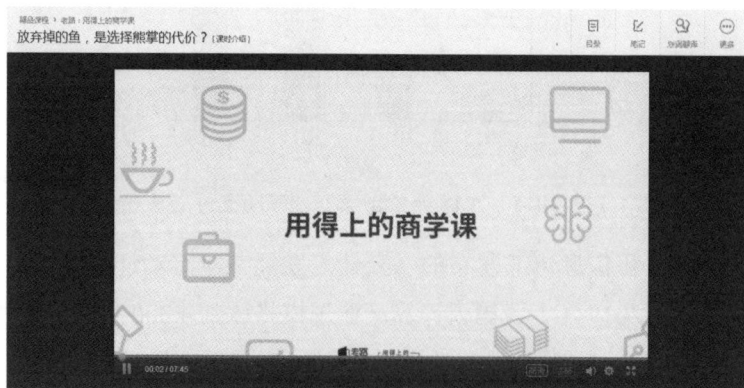

图 1-15　音频内容《用得上的商学课》

这些数据说明一个什么问题呢？那就是**借助知识产品，通过互联网来变现的人越来越多，可以理解为知识付费的大门已经打开**，尤其是现在的知识服务，还处在早期阶段，可能会带来新一波的知识、创造、分享和教育的浪潮，也会带来一波围绕知识变现的商业机会。

1.2.1　突破知识变现的两大障碍

知识付费的大门已经打开，有的人已经进去，而有的人却始终不得其法，没有办法迈进知识付费的大门，其中的原因到底是什么呢？笔者在研究知识变现的过程当中，发现了两个最大的障碍。笔者认为，只要能够解决这两个障碍，在今天的互联网时代，人人都可以做到知识变现。

1. 第一个障碍："害怕变现"

可能很多人看到这个观点会有些不以为然，会反问：难道还有人害怕变现，害怕钱多吗？是的，现实中确实存在害怕变现的人，他们的表现为：觉得自己的能力不够、价值不足，觉得自己不够好，这是第一大障碍。尤其是所谓的知识工作者们，他们总是怀疑自己的知识不能变现。所以，我们要突破第一个障碍，就要有这种意识：我们的知识和价值也是可以变现的。在笔者的课堂上，笔者常将这样一个观点分享给大家：**大家都是出来"输出"的**。

为什么说大家都是出来"输出"的呢？例如，在互联网上，可以销售实体的产品，比如说电脑、汽车、家具、手机等，如图1-16所示。那么，我们的知识不也是可以变现的吗？电脑、手机、汽车等实体产品可以直接销售，同样地，知识、技能、经验也是可以变现的，而且还没有物流、仓储和库存的负担，运营成本比实体产品更低。

所以，用户一定要突破"害怕变现"这个障碍，不要觉得不好意思，要对自己的专业知识有信心。你觉得习以为常的，也许正是别人梦寐以求的，意识到这一点，就是我们做知识变现的第一步。

2. 第二个障碍：不会打造产品

知识变现的第二个障碍是什么呢？笔者觉得是**内容生产者要有产品化的能力，要有意识地把自己当作一个专家去打造**。按照社会学中三个信任的说法：第一个是人格信任，第二个是货币信任，第三个就是专家信任。专家是非常容易为客户带来信任的。

图 1-16 通过互联网销售计算机、手机等实体产品

过去，成为某一个领域的专家，需要花大量的时间，但是今天我们在某一个细分领域做到顶尖水平，并不是特别难。

如今，各种社会和技术资源给每一个人成为专家提供了大量的机会。在任何行业、任何领域，每个人都有机会成为专家。只要你愿意，人人都可以成为自己所擅长的领域的专家。无论你是对股票、汽车、保养品、红木家具有所研究，还是对整理房间有所研究，都可以成为专家，通过互联网把你的经验变成知识类的产品，之后再通过互联网销售传播出去。

所以，笔者认为这是第二个障碍：学习打造知识付费产品，首先要有意识地把自己打造成某一个领域的专家，然后再有意识地把自己的经验变成知识产品去销售，这样才能突破知识付费的障碍。

1.2.2　把知识内化为能力或智慧

要进入知识变现的大门，你一定要学会把自己的知识技能和经验变成可以交付的产品，也就是说你要有产品化的能力。**笔者把这个产品化的能力叫作专业化生存，未来专业化生存也是生存的基础，只有够专业才能够生产出优质的产品。**

比知识变现更重要的一点是，在我们进行知识变现的过程当中，我们的影响力会不断增加，当我们去打造知识付费产品的时候，需要把自身的知识技能和经验重新内化，重新归纳总结，整理筛选。如今，消费者获取知识的渠道越来越广，大家通常都会精心挑选，寻找能够实践的知识，让自己真正有所收获。

其实，知识内化的主要问题在于：如何把书本上或者脑海里的知识内化为自己的能力或者智慧，要知道消费者都是想学习对其有所帮助的知识的。下面介绍将知识内化为能力的 3 个步骤，如图 1-17 所示。

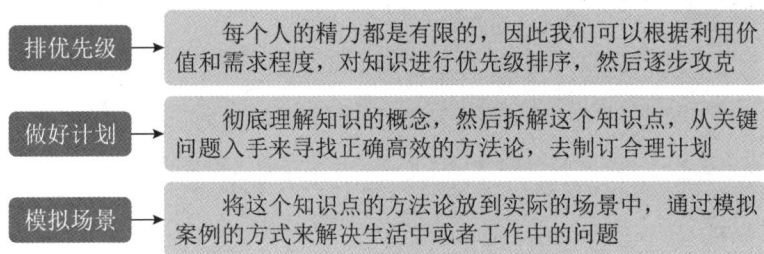

排优先级	每个人的精力都是有限的，因此我们可以根据利用价值和需求程度，对知识进行优先级排序，然后逐步攻克
做好计划	彻底理解知识的概念，然后拆解这个知识点，从关键问题入手来寻找正确高效的方法论，去制订合理计划
模拟场景	将这个知识点的方法论放到实际的场景中，通过模拟案例的方式来解决生活中或者工作中的问题

图 1-17　将知识内化为能力的步骤

在把经验内化的过程当中，不仅可以变现，同时更重要的一点是可以通过输出我们的知识，建立更深的信任。要知道，如今的信任成本是非常昂贵的。对于个体来说，知识变现的过程可以在输出知识的同时不断打造我们的个人品牌。

那如果对象是一家机构呢？你也可以输出行业知识，不断建立你所在行业的竞争壁垒。所以，笔者认为知识在未来会成为新的商业流量入口。笔者曾见过一家医疗服务机构，就是用这种知识营销的方式去影响用户、潜在的消费者以及合作伙伴的。

过去，所谓的广告就是广而告之；而如今，大家可能都不愿意去看广告，更愿意通过内容、知识去了解一家公司、一个产品。所以，我们今天要重新理解营销，而笔者认为这种营销可以叫作知识营销，从过去的广而告之到今天的广而认知，因此笔者觉得，在未来，**知识会成为商业流量的入口，而我们现在要做的，就是学会如何把自己的知识"分享"出去**。

最后，比知识付费更重要的一点是通过知识变现，我们不仅可以实现商业变现，还可以建立我们在互联网上的品牌和影响力，知识改变学历，变现改变命运。

声音教练徐洁：《如何练就好声音》

由声音教练徐洁主创并主讲的《如何练就好声音》，其内容独辟蹊径，从每个人都会用到的说话声音入手，教大家很多"科学的发声方法"及"富有情感的声音表现"技巧，都助用户锻造专属于自己的好声音，如图1-18所示。

专辑里的声音(59) 同步到手机听		正序|倒序
【核心课程19】破解|鼻音过重怎么办	♫ 11.9w	2年前
【揭秘】线下学员练声音频（被高）	♫ 13.7w	2年前
【核心课程20】干货|语调平？乡音重？练练调值	♫ 13.1w	2年前
【核心课程21】破解|让声音拥有感情的3个步骤	♫ 12.1w	2年前
【核心课程22】干货|声音情感表现力训练（单要素）	♫ 11w	2年前
【核心课程23】干货|如何解决说话没有重音	♫ 9.8w	2年前
【核心课程24】干货|声音情感表现力进阶训练（多要素）	♫ 10.4w	2年前
【核心课程25】破解|如何训练说话节奏	♫ 10.9w	2年前
【核心课程26】干货|六种节奏类型训练	♫ 10.1w	2年前
【核心课程27】干货|语气的训练	♫ 10w	2年前
【核心课程28】破解|如何在电话中用声音给人留下好印象	♫ 9.6w	2年前
【附加福利】关于口腔训练的一个小分享	♫ 8.7w	2年前
【核心课程29】破解|如何用学到的声音技巧唱好歌	♫ 11.2w	2年前
【核心课程30】干货|如何改变声音年龄&配音变声技巧	♫ 11.1w	2年前

图1-18　《如何练就好声音》专辑

《如何练就好声音》于2016年10月17日在喜马拉雅FM独家上线，并在首届知识狂欢节中获得了189万元的单日成交量以及全站销售量排名第二的好成绩。截至2019年5月，《如何练就好声音》的专辑总播放量达到1 712.8万次。《如何练就好声音》之所以取得如此成就，是因为徐洁敢于"推销"自己，"分享"自己的特长、"分享"自己的经验、"分享"自己的知识，并善于将其包装为产品，通过30节核心课程，将自己打造为"成功塑造千万学员的王牌声音教练"。

1.3　输出什么？有产品力的优质的知识内容

在面对知识变现大潮时，首先我们举出一个反例：如果你不好意思将知识变现，那么你将白白损失很多钱。既然要"变现"，那就还需要有一个产品来输出。**这个产品，就是未来我们做知识变现的基础。**

知识变现的实现主要有两个难点，其中一个就是要有产品化的能力，生产出优质的内容产品。知识变现，其实人人都做得到，很多自媒体人开始尝试知识付费变现的方式，纷纷输出原创优质内容，下面举出一个正面的例子。

案例　专栏作家Spenser：从月薪3 000到年入百万

Spenser创始人叫陈立飞，其代表作品包括《个体崛起》《优秀的人，都敢对自己下狠手》等，微信公众号拥有60万粉丝。从Spenser的公众号简介中，我们可以看到他将自己的标签定位为"职场"和"金融"，如图1-19所示。其中，《没事别想不开去创业公司》这篇文章甚至引发大规模传播和讨论，获得了200万＋的阅读量。2017年2月，Spenser发布的"15天写作技能升级"在线课程，两天内收到4 000多位用户付费，营收超过几万元，并掀起了一股互联网写作热潮，同时让Spenser一跃成为年入过百万的公众号写手。

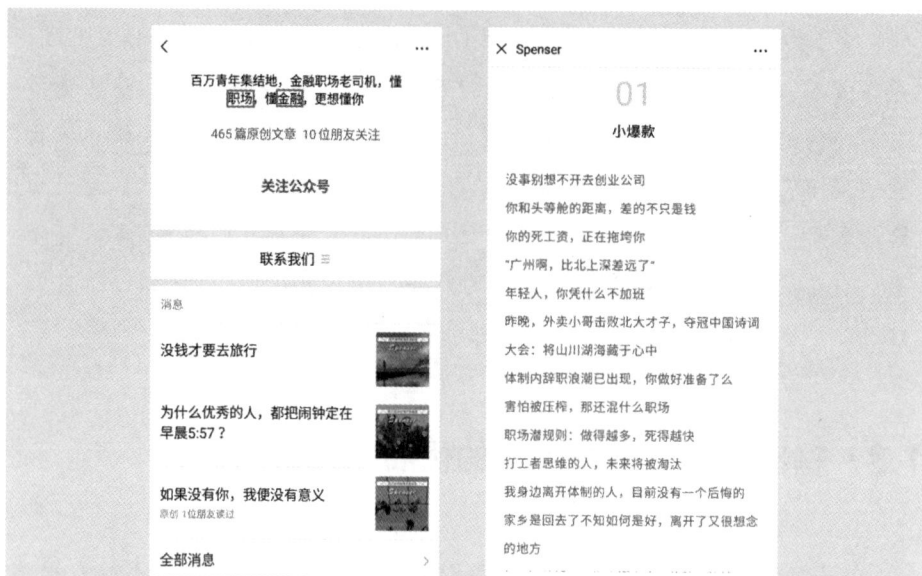

图1-19　Spenser公众号和文章列表

很多人都在抱怨公众号的红利期已过，自己还没来得及抓住时，Spenser却通过公众号不断提升品牌势能。同时，Spenser拥有多元化的变现方式和付费渠道，不仅利用视频课程实现内容付费，更善于通过新颖的直播等形式实现知识付费。

通过上面的案例，我们可以明白这样一个道理，其实对于粉丝来说，**Spenser的课程不仅仅是一个简单的写作课，而且是一个具有极强个人色彩和品牌的课程**。他们的购买，本质上是对Spenser这个个人品牌的信任与认可，而这个自品牌是建立在Spenser优质的知识产品基础上的。

对于敢创业、敢做的"斜杠青年"来说，学会打造有产品力的优质知识内容刻不容缓，其实我们完全可以利用业余时间，从零开始掌握一些新的知识技能与相关技巧，如图1-20所示。

Spenser的成功之处就在于其打造了值得粉丝付费购买的知识产品。在互联网中，优质的内容一直是稀缺资源，内容的好与坏是衡量知识产品有无价值的重要标准，优质的内容是知识变现得以长远发展的基础。

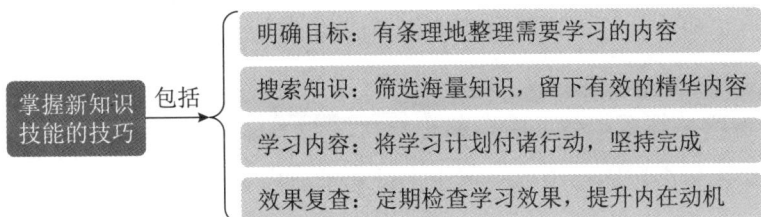

图 1-20　掌握新知识技能的技巧

同时，各个知识变现平台都在积极提升流量，吸引用户进入，并且非常重视原有用户的留存率，而足够优质的内容是实现这些目标的基础，只有这样才能让平台持续获得用户的认可。知识变现之所以获得如此大的发展，可以成为新的商业流量入口，其主要原因就是**它可以帮助用户在海量信息中把那些质量更高、价值更大的内容筛选出来**。

专家提醒 ●

拥有庞大用户数量的喜马拉雅 FM 便通过技术升级，让用户来评价这些内容，依据知识产品的销量和用户的兴趣标签，来对内容进行排名和推荐，如图 1-21 所示。

图 1-21　喜马拉雅 FM 根据产品销量和用户的兴趣标签来推荐优质内容

如今，每个知识变现平台都有很多成功的产品案例，如喜马拉雅 FM 的《好好说话》、得到的《李翔商业内参》、知乎 Live 的《李开复分享》等，这些知识产品都是平台上的爆款标杆。这些平台在打造爆款内容的同时，还积累了大量的经验，形成了逐步丰富完善的优质知识内容生产模式。

1.4 塑造价值，通过输出知识建立信任

在信息大爆炸时代，虚假无用的信息容易引发信任危机，让人们在面对信息时变得无所适从，这也增加了知识变现的难度。所以，**我们创作的知识产品一定要能够给用户带来实用的价值，对他真正有所帮助，这样才能通过知识建立信任。**

1.4.1 打破信任感危机

不管是何种商业活动，用户的信任都是获得成功的关键因素，而信任也是知识变现发展的制约点，因此需要找到可以建立信任关系的依据。例如，支付宝就是淘宝平台上买卖双方的信任工具，买家付款后资金首先会进入支付宝中，然后卖家看到买家付款到支付宝后才会给买家发货，当买家收到货物并确认收货后，支付宝才会将资金转入卖家账号。因此，支付宝的出现，完美地解决了线上商业活动中买卖双方难以达成信任的问题。

对于知识变现平台来说，也可以模仿支付宝，创建一种与淘宝买家秀类似的"读者学后感"模块，或者采用免费试听的方式，来增强用户的信任度，提升平台的用户黏性。

> **案例**
>
> ### 马东：《马东的职场 B 计划》
>
> 《马东的职场 B 计划》的主讲人马东用 30 年的经验为用户解决职场中的根本问题，提升用户的认知与方法。在推广课程的过程中，《马东的职场 B 计划》采用了预告和免费试听等方式，同时还推出"7 天无忧退"

的服务，解决了用户对于内容的信任问题，如图 1-22 所示。

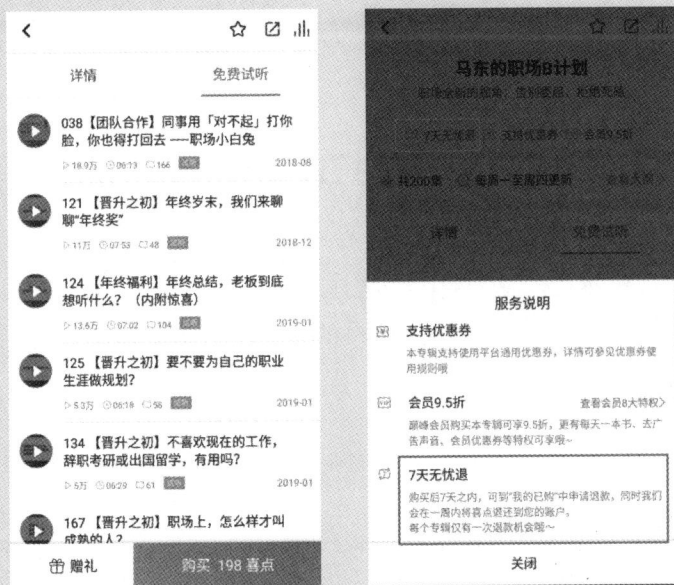

图 1-22 通过免费试听和"7 天无忧退"等服务增加信任

当然，马东本身就是名人，拥有一定的影响力和信任度。但对于普通的内容创作者来说，也可以发布一两个免费课程，通过优质内容来积累人气和信任度，然后再开付费课程来变现。

1.4.2 消除理解的偏差

与其他内容变现中的非知识产品不同的是，知识付费的用户之所以愿意付费，主要是为了让自己的能力或知识获得长期提高，将其作为一种长期投资来对待。但是，现实中很多人对知识付费就是变现的理解有一些偏差，并不是说知识变现一定要百分之百输出。因为百分之百的输出，是需要一定的积累和沉淀的。如果说积累和沉淀不够的话，那么你的输出可能过了一段时间之后就会停滞不前。

相反地，笔者认为更重要的是，在知识变现的过程当中，我们个人的影响力会不断累积。当我们去分享的时候，我们会把经验内化一遍，成为可以交付的知识产品。所以，**笔者对于知识变现的理解，就是通过输出知**

识建立信任，打造个人品牌，通过知识营销的方式去影响其他人。过去的"广而告之"，今天可以重新理解为"广而认知"，所以知识会成为商业流量的入口。

1.5 知识变现的过程就是打造个人影响力的过程

知识变现仍然是一种"网红"经济体，其组成包括以下3个方面，如图1-23所示。只有当你的知识产品满足用户的需求，获得他们的认可后，他们才有可能持续付费购买你的知识产品。

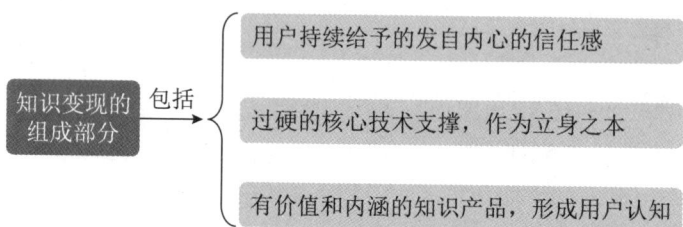

图 1-23 知识变现的组成部分

当然，要实现知识变现，不仅需要有高质量和足够数量的知识产品，还需要逐步打造个人影响力，当影响力变大后还需要良好的口碑来为自己背书。

在做知识产品时，我们可以用一小段时间来做自我介绍，这其实就是互联网时代的自我营销，有一个特殊的点让别人能够记得你。为什么要做自我营销？如今有一个非常火爆的词，大家一定都知道，那就是"网红"。

下面通过 3 个不同类型的人来进行对比。

（1）秦始皇。

（2）亨利·福特（Henry Ford）。

（3）流行的"网红"，如《罗辑思维》的罗振宇老师。

我们逐一分析下这 3 个人，看一看，今天的互联网改变了什么？

第一个是秦始皇。古代的人物获得成就靠的就是权力。秦始皇有权力，所以他可以修筑万里长城。当年的秦始皇已经不在了，但今天的万里长城还在，秦始皇就是用权力来获取成就的。

第二个是亨利·福特，他是工业革命时代的代表，美国著名的汽车工程师与企业家，福特汽车公司的建立者。亨利·福特靠什么？他靠的是资本，通过资本来构筑自己的影响力，以此来获得成就和创造财富。

第三个是流行的"网红"，下面我们以具体的案例对此进行阐述。

案例

罗振宇："罗辑思维"

而在移动互联网时代，情况发生了很大的变化，创造财富不再靠权力和资本，而是靠影响力。例如，罗振宇老师每天通过公众号"罗辑思维"发布60秒的语音，便吸引了300多万的粉丝，如图1-24所示。"罗辑思维"的成功在于清晰的品牌定位、跨平台的产品形态延伸、内容至上的品牌塑造以及多样化的互动形式。罗振宇老师通过"罗辑思维"的60秒语音，获得了强大的影响力，同时为自己带来财富。

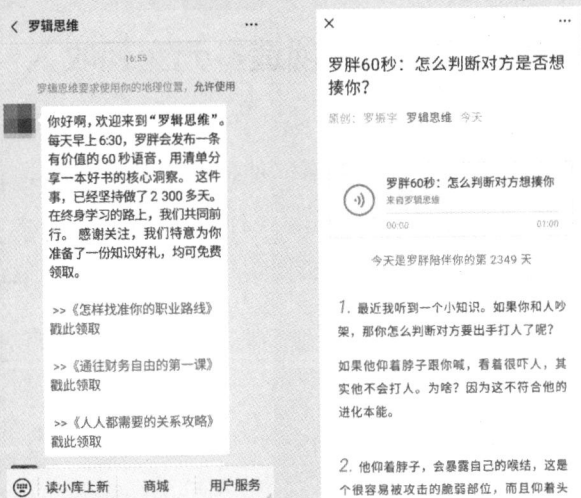

图1-24 公众号"罗辑思维"

当今时代，**一定是用影响力去创造财富，影响力是获得成就的根本。**当然，不仅是这3个人，现如今其实有很多企业家和创业者都是通过影响力来创造财富的。例如，小米科技的创始人雷军，他的外号大家都知道，叫"雷布斯"；再如，锤子手机的创始人罗永浩、奇虎360 CEO周鸿祎、聚美优品的陈欧等，这些创业者和企业家都是在有意识地打造自己的影响力。因为互联网时代改变了财富的获取逻辑，通过影响力来获取成就和创造财富，这是移动互联网带来的最大的变化。

专家提醒 ▶

对于普通人来说，我们可以利用移动互联网中的各种社交媒体来扩大影响力。很多人每天早上起床后的第一件事不是刷牙，而是刷朋友圈、刷微博，总之都是在利用社交媒体。社交媒体有一个非常重要的特性，那就是它可以快速进行链接，这也是互联网最重要的一个功能，即它能够快速链接所有的人。所以，当今时代每一个人都要学习利用社交媒体来扩大影响力。

1.6 发掘"斜杠身份"，创造多元变现收入

如今，很多人不满足只做一件事，他们在工作的同时，还会悄悄做别的事情，如做微商、写文章、拍照片、创作歌曲等，这些"不安分"的人如今有一个新的名称，那就是"斜杠青年"，同时这些人也是知识变现领域的推动者。

1.6.1 什么是"斜杠青年"

"斜杠青年"这个词来自于英文 Slash，出自《纽约时报》专栏作家麦瑞克·阿尔伯撰写的书籍《双重职业》一书。**"斜杠青年"指的是那些拥有多重职业和身份的多元生活的青年。**

例如，笔者在做自我介绍时，通常会这样说："畅销书《知识变现》的作者/职业培训师和咨询顾问/声音教练和垂直自媒体@配音那点事创始人"可以看到中间用了多个"/"（斜杠），所以笔者就是一名典型的"斜杠青年"。"斜杠青年"的主要特征如图 1-25 所示。

多重职业 → "斜杠青年"通常同时掌握了多方面的专业技能，如"作家 / 插画师 / 摄影师"，拥有多个职业身份

多元生活 → "斜杠青年"崇尚自我投资，思想更开放，更渴望创新、渴望自由，更加追求自我价值实现，过着自主、多元的生活

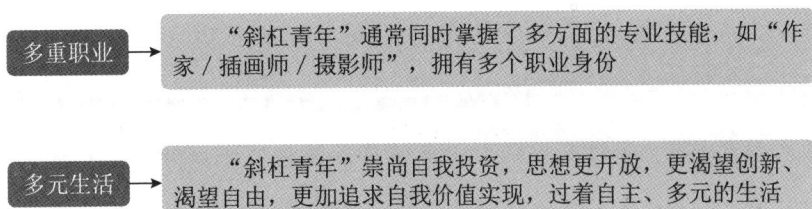

图 1-25 "斜杠青年"的主要特征

1.6.2 如何成为"斜杠青年"

"斜杠青年"拥有这么多的职业身份，当然也需要付出相应的努力，来获得更多的人脉、技能和社会阅历，这样才能争取到对应的价值回馈。例如，达·芬奇不仅是个大画家，同时还是"发明家 / 科学家 / 生物学家 / 工程师 / 天文学家 / 雕刻家 / 建筑师 / 音乐家 / 数学家 / 地质学家 / 制图师 / 植物学家 / 作家"，他学识渊博、多才多艺，是一个博学者，最终成为欧洲文艺复兴时期的代表人物之一。再如，著名歌星周××的"斜杠身份"包括"歌手 / 作曲家 / 作词家 / 演员 / 导演 / 制作人 / 首席惊喜官 / 职业游戏玩家"等，在这些众多身份标签的背后，他为此付出了很多努力。

"斜杠青年"成为时下年轻人热衷的一种生活角色，很多人都想成为"斜杠青年"，关键是如何才能成为"斜杠青年"呢？下面笔者总结了一些方法和技巧，如图 1-26 所示。

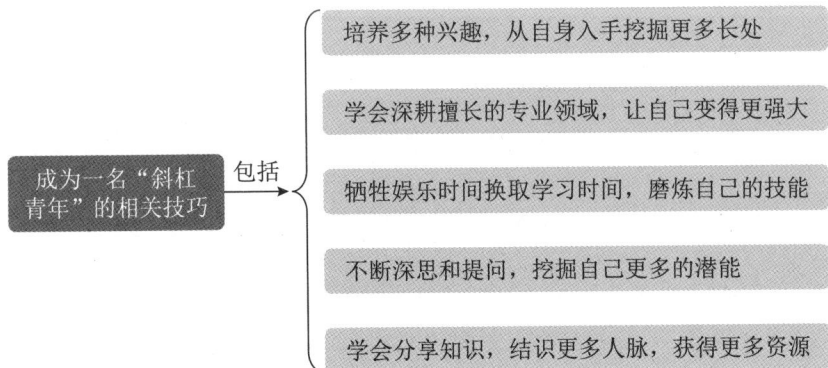

成为一名"斜杠青年"的相关技巧 — 包括 →

培养多种兴趣，从自身入手挖掘更多长处

学会深耕擅长的专业领域，让自己变得更强大

牺牲娱乐时间换取学习时间，磨炼自己的技能

不断深思和提问，挖掘自己更多的潜能

学会分享知识，结识更多人脉，获得更多资源

图 1-26 成为一名"斜杠青年"的相关技巧

在行 & 小米：寻找"90后""斜杠青年"

"寻找'90后''斜杠青年'"是由在行 & 小米联合推出的一个品牌推广 H5 页面，通过不同的页面点明黎万强的"斜杠身份"，包括"畅销书作家 / 摄影师 / 小米联合创始人"，在不同页面点击后可以通过视频的方式看到黎万强不同的身份介绍，从而突出"斜杠青年"的各种特质，起到了很好的宣传作用，如图 1-27 所示。

图 1-27　《寻找"90后""斜杠青年"》H5 页面

第 2 章

搜索内容：

快速找到想要的任何信息

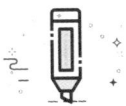

对于知识变现来说，首先我们需要掌握各种知识，那么，这些知识从哪里来？最简单的方法就是利用互联网的搜索引擎工具来搜索和学习知识。互联网是一个信息海洋，里面拥有各种资源，而且这些信息和资源会不断地更新。但是，要找到我们想要的信息是需要技巧的，本章主要介绍搜索内容的技巧，帮助大家快速找到想要的任何信息。

- 做知识变现，必须要掌握 3 项技能
- 6 种途径，快速提升你的"搜"主意
- 正确使用搜索渠道，找到想要的信息
- 10 种搜索技巧，教你有效搜索各类资源
- 在互联网上"埋下"答案，让别人主动找到你

2.1 做知识变现，必须要掌握 3 项技能

如今，知识变现已经进入了社交媒体时代，我们去做知识变现的时候应该掌握哪些技能？笔者觉得一定要掌握以下这 3 项技能。

2.1.1 第一项技能：提升"搜"主意

为什么我们要学会提升自己的"搜"主意呢？如今，大多数人都在使用互联网，我们用互联网做什么？我们要找信息，或者是找产品、找用户、找人、找工作、找老板，等等。大家都在互联网上找寻相应的内容或资源。

"搜"主意有两个层面的意思：首先，你要学会使用这种搜索引擎，学会使用搜索工具从互联网的海量信息当中找到你想要的信息；其次，你要学会在互联网上"埋下"答案，去给别人提供答案，当别人一旦想要去找答案的时候，能够在第一时间找到你。两层意思总结起来，就是**我们能够找到客户，或者是让客户能够找到我们，这是提升自己"搜"主意的关键动机。**

笔者之所以把"搜"主意排在第一位，是因为搜索引擎对于知识变现是非常重要的一环。打开各种搜索引擎网站后，我们只需要在搜索框中输入想搜索的内容，如文章、歌曲、游戏、电影、软件、图片、音乐、新闻以及视频等，就可以得到相应信息。图 2-1 所示为目前主流的互联网搜索引擎工具。

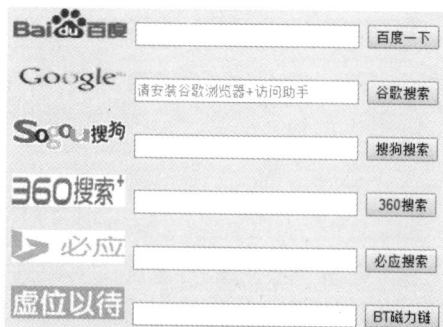

图 2-1 主流的互联网搜索引擎工具

2.1.2　第二项技能：学会讲故事

如今，为什么讲故事非常重要？因为讲故事能够触发人的情感，使人产生心灵共鸣，能够和人建立情感链接。

2.1.3　第三项技能：要学会去分享、学会去创作好的内容

创作好内容，建立你的影响力。

不管是要讲好故事还是要做出好内容，搜索引擎都能为我们提供很多帮助。如果你能做好这3点，再结合线上线下的渠道，在今天这个时代你就能够脱颖而出。

互联网上汇集了各种优秀的知识和创意，用户可以根据行业、特点或地区全面搜索各种内容，轻松准确地找到自己需要的资源内容。尤其是做知识变现的人，要想做出爆款知识产品，必须提高自己的"搜"主意，这样才能让你成为更好的知识变现运营人。

2.2　6种途径，快速提升你的"搜"主意

很多人觉得搜索很简单，无非就是把某个关键词放到搜索引擎里面，然后百度一下。例如，我们想找手机摄影构图方面的知识，只需打开百度主页，❶在搜索框中输入关键词"手机摄影构图"；❷单击"百度一下"按钮；❸下方即可出现相关的搜索结果，如图2-2所示。

但是，大家必须认识到，互联网上的信息是非常多的，这是一个爆炸式的信息海洋，哪些信息是对你有用的？怎样才能更快、更精准地搜索到你所需要的信息？所以，搜索不是我们想象的那么简单，我们要能够分辨互联网上哪些信息对我们来说是有价值的、哪些信息是广告信息、哪些信息是垃圾信息，这就需要提升你的"搜"主意。下面介绍提升"搜"主意的6种途径。

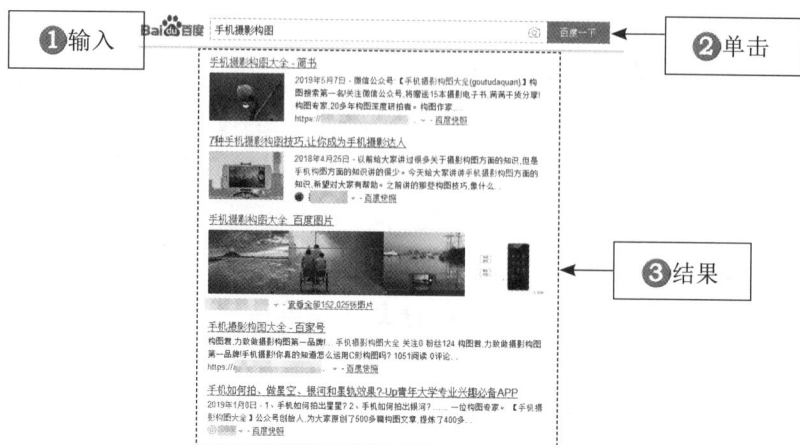

图 2-2　搜索手机摄影构图方面的知识

2.2.1　搜索引擎的搜索

　　第一个就是搜索引擎的搜索，除了百度外，其实还有谷歌、搜狗等搜索引擎，你要了解这些搜索引擎的差别，它们的不同之处在哪里？比如，百度搜索引擎，笔者很喜欢它的图片搜索功能，❶当用户把图片放进去之后，❷搜索结果界面会出现这个照片的来源和相关信息，或者类似的照片，而且还会跳转到这个图片的链接，如图 2-3 所示。

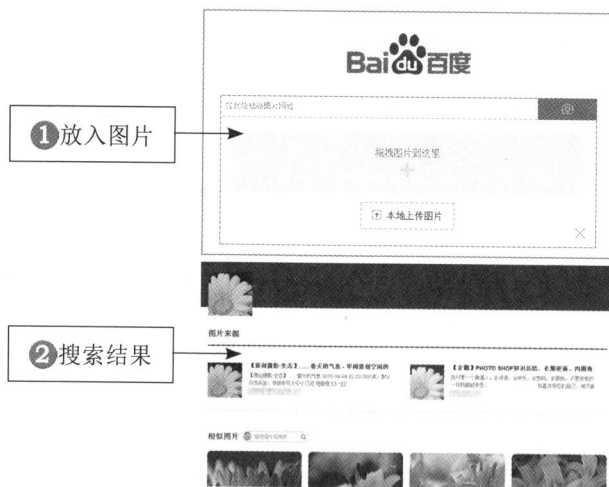

图 2-3　百度的图片搜索功能

还有一个就是搜狗，它有一个独有的"微信"搜索功能。如果用户想看微信中相关的互联网内容，如想搜索互联网营销，用搜狗的"微信"搜索一下，就会弹出所有有关互联网营销的公众号或者是文章，如图2-4所示。**如果你每天都会使用搜索引擎搜这些内容，那你一定可以成为这方面的专业人士。**

图2-4　搜狗独有的微信搜索功能

这是不同搜索引擎间的差别，用户必须了解不同的搜索引擎各自都有哪些特点。例如，搜狗还提供了"学术"搜索，用户可以在其中搜索相关的论文或者学者，如图2-5所示。

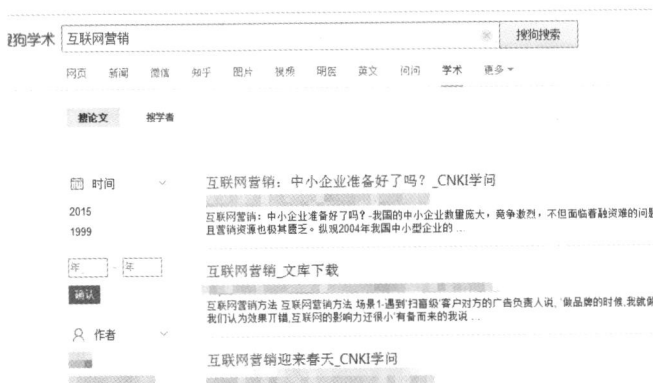

图2-5　搜狗的"学术"搜索功能

例如，360搜索拥有"趋势"搜索功能，用户可以通过搜索相关关键词，快速获取热度趋势、理解用户真实需求、了解关键字搜索的人群属性，如图2-6所示。

图 2-6　360 的"趋势"搜索功能

2.2.2　关键词的搜索

要用好关键词的搜索需要用户善于使用各种关键词，且关键词要足够精准，笔者之所以能够成为配音这个细分垂直领域的佼佼者，就是因为善用关键词。大家可以想一想，和配音、声音相关的关键词都有哪些？笔者想到的有"配音""配音演员""朗读""播音"以及"声优"等，搜索这些关键词，这个行业所有的信息都会呈现出来，所以笔者能够成为这个行业的专家。**用户想要的专家，一定是信息方面的专家。**

另外，笔者为什么会成为社会化营销和新媒体营销方面的专业人士？每天早上起来后第一件事就是先看一下这个行业发生了什么，有什么活动，谁提出了新的概念或者是观点等，这已经成为笔者的一个生活习惯，让笔者可以及时掌握行业的相关动态。因此，用户也要学会善用关键词的搜索，以便能够掌握更多与自己的知识产品相关的内容。

2.2.3　微博搜索

微博搜索有一个非常好的特点，那就是即时搜索，具有即时性、在场性等优势。一旦用户学会使用微博搜索，你就可以立刻知道当下发生的事情。

例如，家居行业、建材行业或者是机械行业，当下发生了什么事？用户都可以利用微博的即时搜索来了解。当然，你还可以用它来了解当下你所在行业正在发生的热点信息，这个正如微博的口号——"随时随地发现新鲜事"一样，如图 2-7 所示。

图 2-7 微博搜索

通过微博搜索可以看到即时产生的一些内容，这个是其他搜索引擎都代替不了的。其他大部分搜索引擎都需要一定的时间来抓取即时信息。所以，微博搜索也是一个不错的搜索工具。

2.2.4 微信搜索

微信搜索的搜索功能对我们查找各种信息也有很大的帮助，可以用它来搜索朋友圈、文章、公众号、小程序、音乐以及表情等指定内容，而且它支持语音搜索，能够让微信瞬间变成万能的搜索引擎。

微信搜索甚至还可以用来查询航班、股票信息、汇率、天气、快递、城市公交线路，可以说它是一个非常实用的搜索工具，如图 2-8 所示。例如，在微信的搜索框中输入近期的热门词语后，搜索框下方就会出现一系列与关键词相关的同类新闻，以帮助我们快速了解热点新闻。

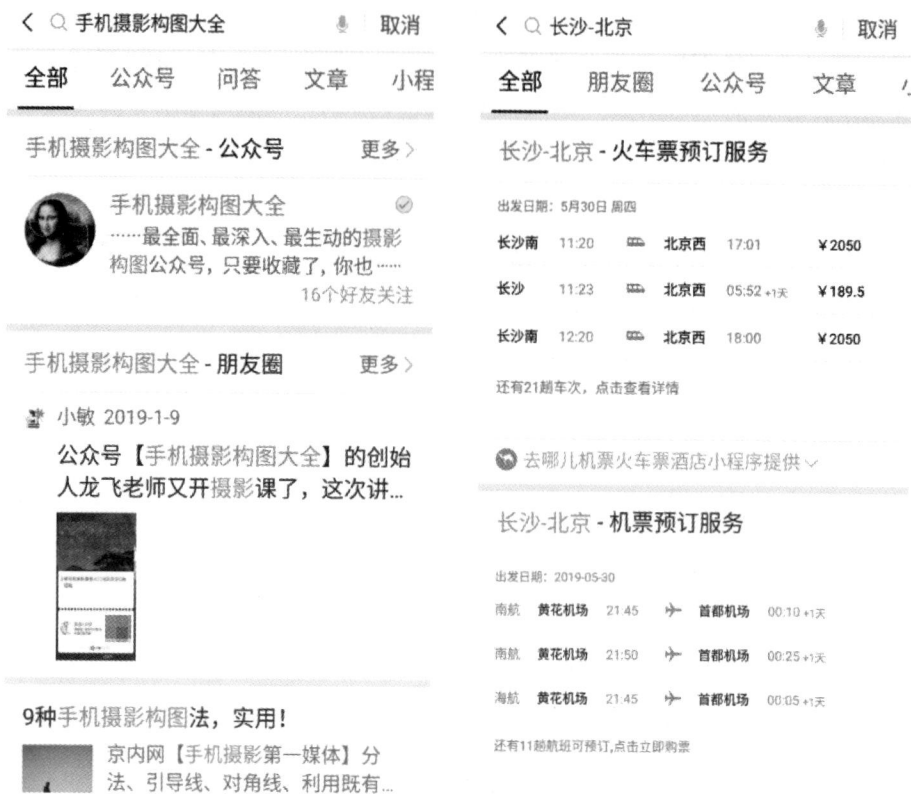

图 2-8　微信搜索功能

2.2.5　文献数据库搜索

各类文献数据库是获取文献的主要来源，此外，利用一些搜索引擎也可获得大量的免费文献资料，如百度学术、万方数据、中国知网以及维普数据库等。

如果用户要写某个行业领域的专业文章，即可通过文献数据库搜索找到相关的资源。因为这些是专业技能类的资源，需要大家去进行实际的操练。图 2-9 所示为使用中国知网查找信息通信相关的文献资料，这些资料对于从事科技类的知识变现的作者来说会有极大的帮助。

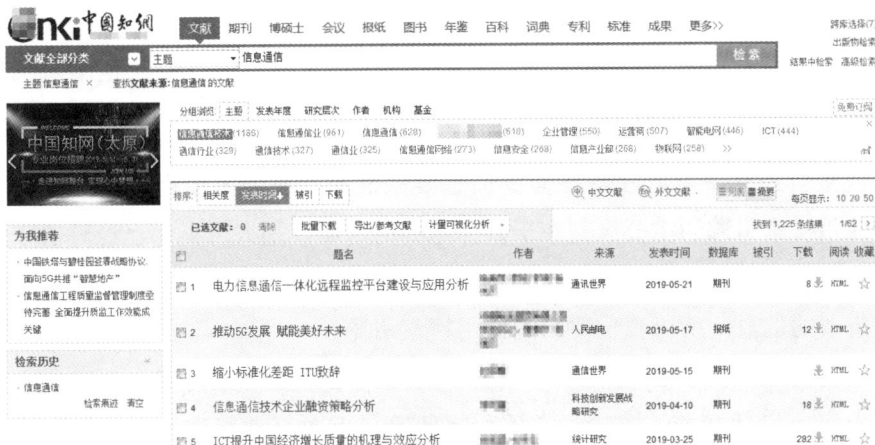

图 2-9　使用中国知网查找信息通信相关的文献资料

2.2.6　综合搜索

综合搜索也就是对这些搜索工具进行对比，当你将这些搜索工具全部用起来之后，就会搜索出比较真实、精准的数据，并且能够从这些信息当中筛选出你想要的内容。下面列出了一些主要搜索引擎的类别和特点，如图 2-10所示。

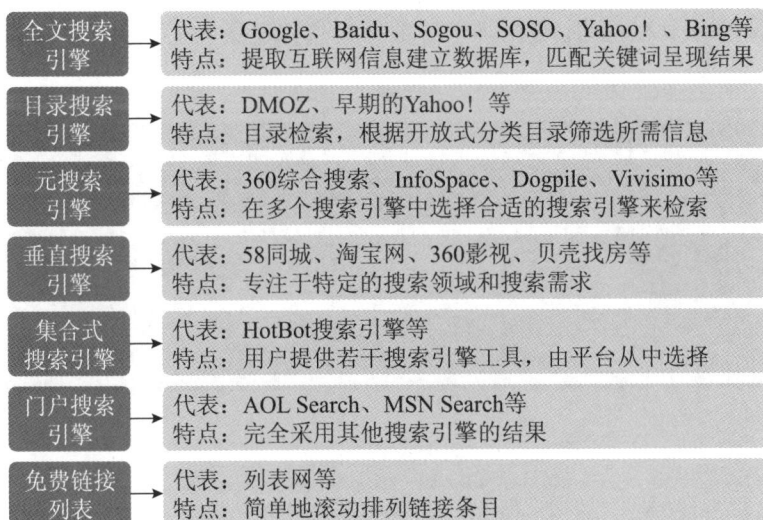

全文搜索引擎
代表：Google、Baidu、Sogou、SOSO、Yahoo!、Bing等
特点：提取互联网信息建立数据库，匹配关键词呈现结果

目录搜索引擎
代表：DMOZ、早期的Yahoo!等
特点：目录检索，根据开放式分类目录筛选所需信息

元搜索引擎
代表：360综合搜索、InfoSpace、Dogpile、Vivisimo等
特点：在多个搜索引擎中选择合适的搜索引擎来检索

垂直搜索引擎
代表：58同城、淘宝网、360影视、贝壳找房等
特点：专注于特定的搜索领域和搜索需求

集合式搜索引擎
代表：HotBot搜索引擎等
特点：用户提供若干搜索引擎工具，由平台从中选择

门户搜索引擎
代表：AOL Search、MSN Search等
特点：完全采用其他搜索引擎的结果

免费链接列表
代表：列表网等
特点：简单地滚动排列链接条目

图 2-10　主要搜索引擎的类别和特点

2.3 正确使用搜索渠道，找到想要的信息

很多人在互联网寻找信息的时候都不会正确地使用搜索引擎，其实使用**搜索引擎几乎可以找到任何我们想要的信息，普通人使用搜索引擎和高手使用搜索引擎的主要区别在于，**你遇到的问题，别人可能都已经解决了，而你还没有找到。如果你能够正确地使用互联网，那么几乎可以找到任何你想要的信息，所以我们要正确使用搜索引擎。

尤其是做知识变现的用户，不管是图文还是短视频内容，都需要大量的内容，包括文章、图片、音乐和软件等。下面笔者整理了一些做知识变现常用到的资源搜索网站和工具，希望对各位知识变现运营人员有所帮助。

2.3.1 搜索爆文资源：易撰

易撰是一个基于数据挖掘技术为自媒体内容创客提供写作灵感、创作工具的资源搜索平台，拥有非常齐全的自媒体数据库，包括各平台、各领域实时资讯、精选爆文等，每日的更新数据超过百万，可以有效帮助用户了解时下爆款内容，寻找创意要点，如图 2-11 所示。在易撰网站首页或搜索结果展示页面，用户可搜索全网数据（数据标题及数据标签），而且可以在针对阅读量、发布时间、数据类型等数据设置筛选条件后再进行关键词搜索。

图 2-11 易撰官网

易撰具有热点追踪、爆文分析、质量检测、标题助手、视频批量下载、稀缺内容分析等功能，能够帮助用户快速创作各领域的爆款内容，如图 2-12 所示。

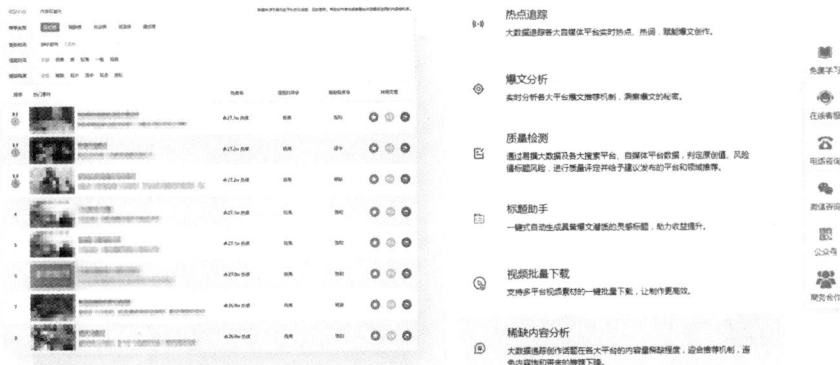

图 2-12 易撰的主要功能

2.3.2 搜索同行资源：新榜

使用新榜可以快速找到微信、微博、头条号、抖音号、PGC 视频、淘直播、小程序等内容资源，是搜索同行资源时常用到的工具。例如，搜索"手机摄影构图大全"这个账号主体，即可找到其微信公众号、头条号和相关的小程序，如图 2-13 所示。

图 2-13 新榜的主要功能

单击搜索结果，即可查看该账号下的所有文章资料，如图 2-14 所示。

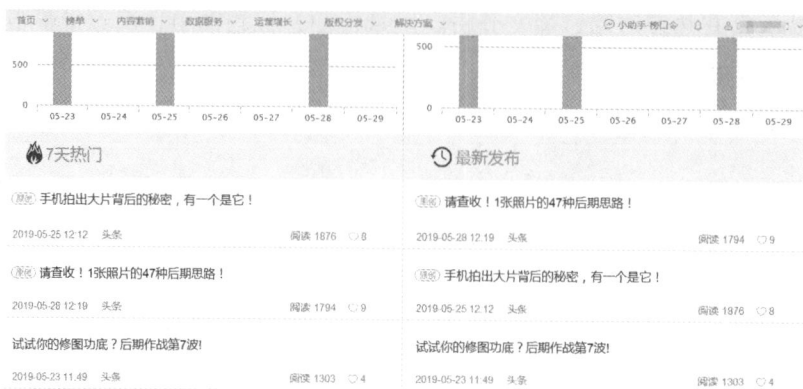

图 2-14　查看同行账号的内容

　　新榜编辑器具有丰富的样式和模板、海量的在线图片搜索、一键同步多平台等实用功能，而且还有大量爆文供用户参考，可以让图文编辑更加生动有趣。

2.3.3　搜索图片资源：Unsplash

　　Unsplash 中聚合了国内外所有的免版权图片网站，图片资源非常多，拥有超过 3 000 万幅免费商用大图供用户下载，如图 2-15 所示。Unsplash 最大的特色就是"免费、无版权"，而且收录的图片都极具美感、品味甚高。

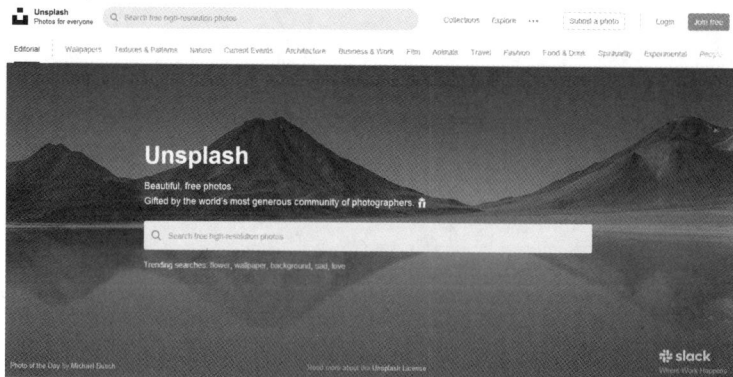

图 2-15　Unsplash 图片搜索网站

2.3.4　搜索干货知识：wikiHow

wikiHow 是一个类似于百度知道的经验网站，其中的经验内容质量非常高，有很大的参考价值。打开 wikiHow 官网后，用户可以单击右上角的"选择语言"按钮，选择"中文（简体）"选项，也可以直接在浏览器引擎上的英文网址"//"后面加入"zh."3 个字符，两种方法均可进入中文网页，如图 2-16 所示。

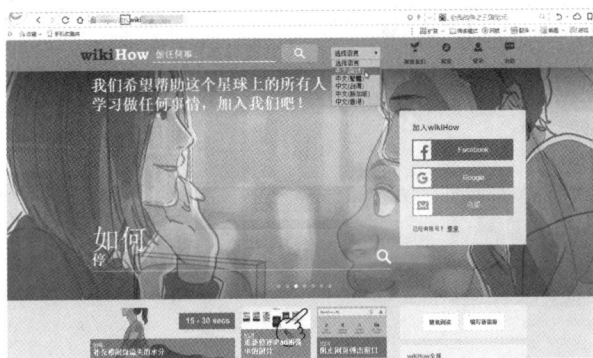

图 2-16　wikiHow 主页

在 wikiHow 右侧搜索框中输入中文或者英文关键词，单击右侧的放大镜图标，即可在网站内搜索出所有关于关键词的内容，单击一下即可观看，如图 2-17 所示。虽然该网站的中文内容很少，但是其中的每一篇文章都图文并茂，具有极大的参考价值。

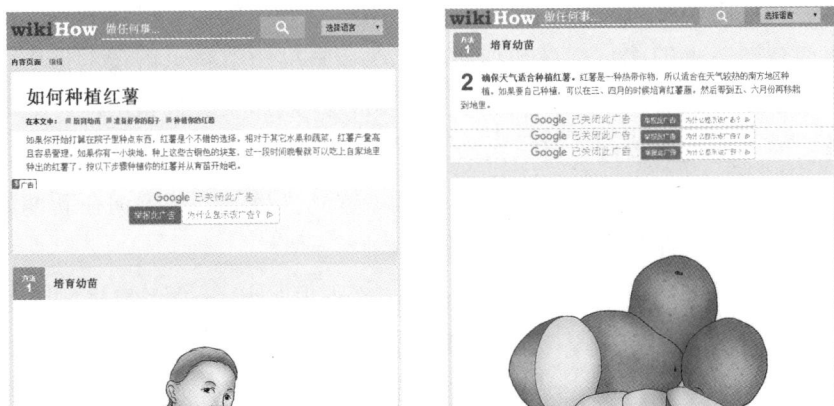

图 2-17　wikiHow 中的文章内容展示

2.3.5 搜索流行趋势：百度指数

如果用户想要创作出爆款文章，那么紧跟流行趋势是必不可少的，**这种流行趋势不能凭感觉，而是要看数据**。其中，百度指数就是一个通过对一段时间内的关键词搜寻量进行统计，从而得出当下时段热门内容的流行趋势的搜索工具，如图2-18所示。

图 2-18　百度指数主页

百度指数不仅可以对关键词搜索趋势进行分析，而且还能够深度挖掘舆情信息、市场需求、用户画像等多方面的数据特征，可以帮助用户了解某些词在网络上的流行程度和搜索指数。在百度指数首页的搜索框中输入要查询指数的关键词，如"摄影"，单击"开始探索"按钮，即可查看该关键词的具体搜索指数、资讯指数、媒体指数等情况，如图2-19所示。通过下方的"资讯关注"板块，用户可以了解到"摄影"关键词在新闻媒体等平台上被报道的相关次数。

再如，搜索"区块链"关键词后，单击导航栏中的"需求图谱"按钮进入其页面，即可查看和"区块链"关键词相关的搜索词，如图2-20所示。

图 2-19　使用百度指数搜索关键词的结果

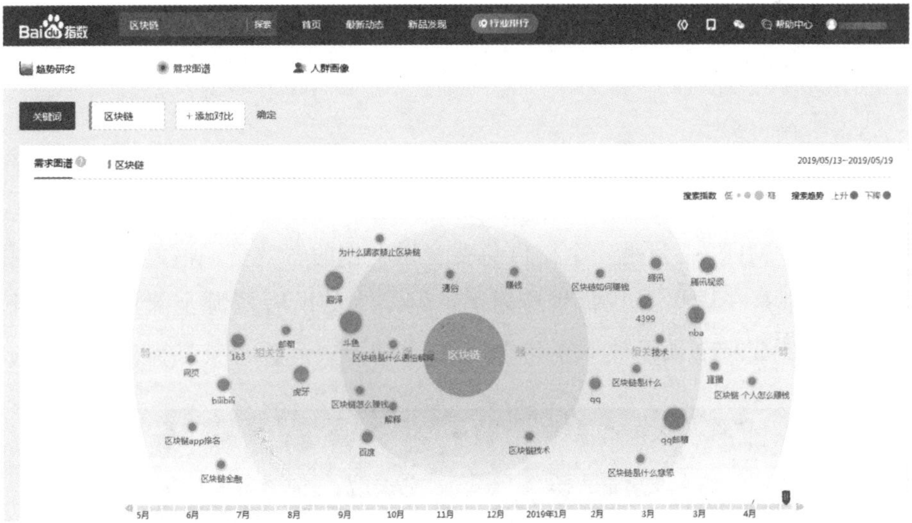

图 2-20　关键词"需求图谱"分析

另外，百度指数还提供了一个"人群画像"功能，用户可以通过该功能了解具体搜索某个关键词的人群的地域分布、年龄分布、性别分布和兴趣分布等情况，如图 2-21 所示。例如，我们在做知识变现时，可以根据特定地域的用户偏好进行针对性的运营和推广，获得更加精准的用户群体。

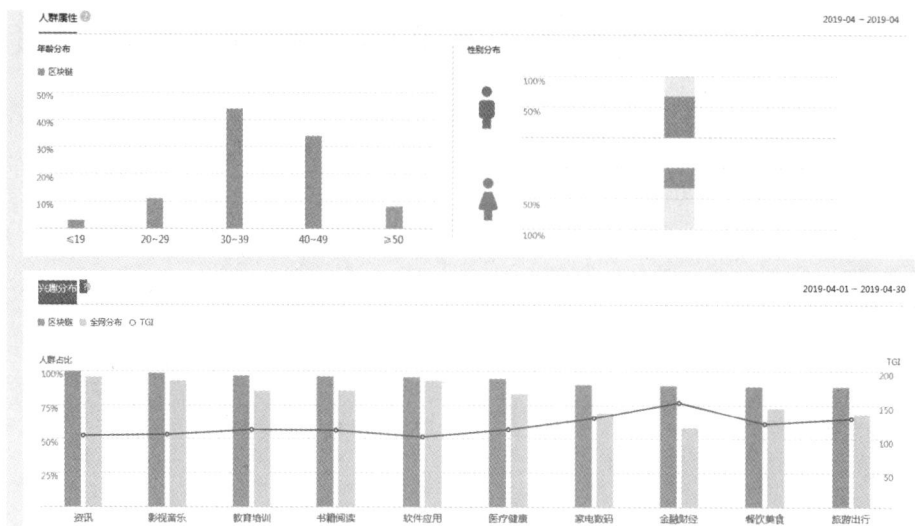

图 2-21　"人群画像"功能

2.3.6　搜索配乐资源：FREEPLAY MUSIC

对于做视频、音频类知识产品的运营者来说，配音是常常需要用到的重要资源，合适的音乐可以为内容增添色彩，让知识产品的内容更加饱满生动。FREEPLAY MUSIC 就是一个提供免费音乐制作的音效资源网站，很多视频剪辑高手都是在这里寻找背景音乐的，网站中的所有资源全部可以免费下载使用，如图 2-22 所示。

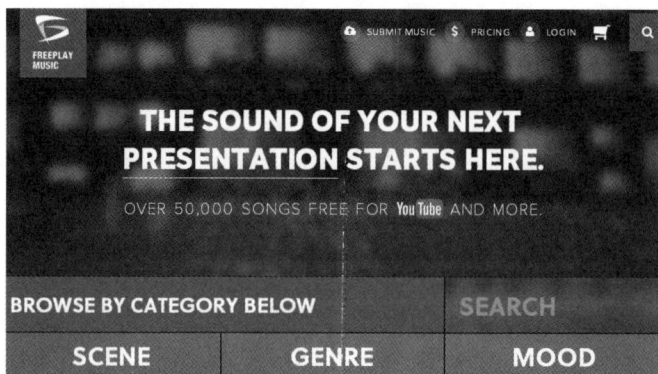

图 2-22　FREEPLAY MUSIC 网站

2.4 10种搜索技巧，教你有效搜索各类资源

做知识变现，除了要知道前述的那些搜索渠道外，用户还需要掌握一些基本的搜索技巧，以便快速找到你所需要的各类资源。

2.4.1 提取关键词搜索法

关键词搜索的基本要点是学会提取关键词，很多时候搜索**不同的关键词会得到不同的结果**，而且使用一些关键词可能还搜索不到你需要的结果。例如，你想学做一道麻辣小龙虾，如果直接搜索"如何在家做一道美味的麻辣小龙虾？"，那么搜索结果显然不如直接搜"麻辣小龙虾"搜索到的结果多，如图2-23所示。

图 2-23 不同关键词的搜索结果对比

2.4.2 "减号"搜索法

"减号"搜索法是一种去除某些特定搜索结果的方法，基本格式为"关键词A—关键词B"，注意关键词A后面有一个空格。例如，搜索"搜索引擎SEO—优化"，其结果就是包括"搜索引擎SEO"但是不包含词语"优化"，如图2-24所示。

图 2-24 搜索"搜索引擎 SEO—优化"关键词的搜索结果

2.4.3 双引号精准搜索法

双引号精准搜索法主要用于在搜索结果中固定出现某个关键词，使其不被拆分。例如，搜索""花卉摄影技法""（注意，双引号必须为英文状态），搜索结果中会出现连续的"花卉摄影技法"关键词，如果不加双引号，搜索结果中的"花卉摄影技法"关键词很多就会被拆分，如图 2-25 所示。

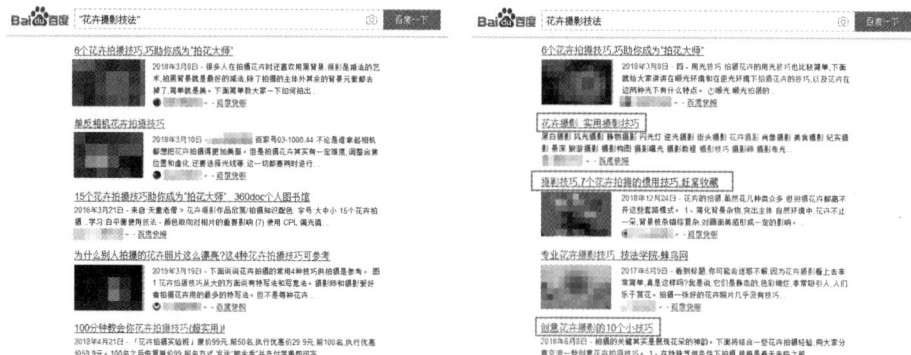

图 2-25 双引号精准搜索法和直接搜索关键词的区别

2.4.4　通配符模糊搜索法

用户在搜索关键词时，可以使用星号"*"作为通配符，用来代替其他文字内容，基本格式为"关键词 A * 关键词 B"。例如，我们在搜索某些名言名句、诗词、歌名或者歌词等描述广泛的内容时，可以采用这种方法，如图 2-26 所示。

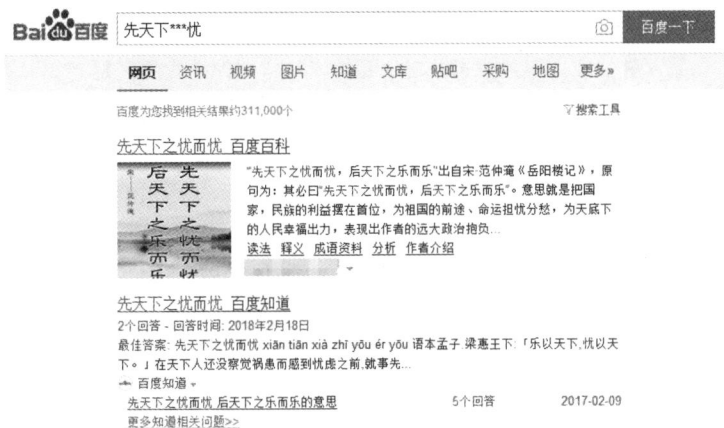

图 2-26　通配符搜索法示例

专家提醒

通配符是一种特殊语句，常用的符号有星号"*"和问号"?"，可以用来模糊搜索某些内容。

2.4.5　特定文件格式搜索法

在搜索某些文件时，如果只需要特定的文件格式内容，则可以用"filetype"来指定具体的文件格式，基本格式为"关键词 filetype: 文件格式"（注意，冒号为英文状态）。例如，搜索"大数据"关键词时，直接搜索的结果通常都是大数据相关的资讯，而如果搜索"大数据 filetype:ppt"关键词，则可以得到很多 PPT 文件格式的搜索结果，如图 2-27 所示。

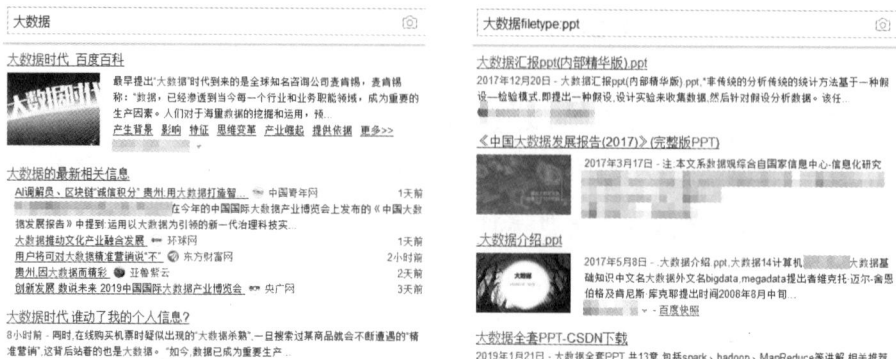

图 2-27　直接搜索关键词和搜索特定文件格式的区别

2.4.6　限定时间范围搜索法

如果用户想要搜索某个时间段内的信息也可以使用搜索工具来实现，以百度为例，单击"搜索工具"按钮展开其选项，在时间列表框中设定具体的时间区间，如图 2-28 所示。

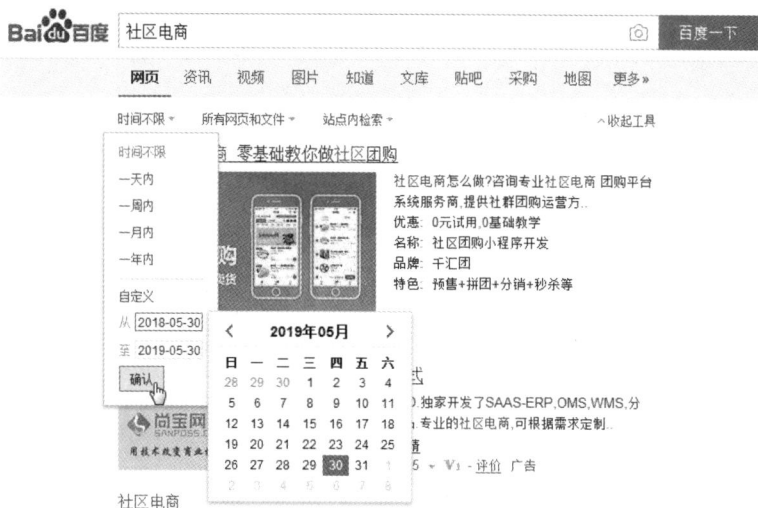

图 2-28　设置搜索时间区间

可以通过设定特定的时间区间来帮用户搜索特定事件或者新闻的发展历程，同时排除不相关信息的干扰，大大提高搜索效率。

2.4.7　特定网页内容搜索法

如果用户想要搜索某个网页中的指定内容，可以使用百度的"站点内检索"功能来实现，输入指定要搜索的网站，单击"确认"按钮即可开始搜索，如图 2-29 所示。另外，用户也可以使用"关键词 site ×××.com"（注意其中的空格）的格式来显示某网页中的内容。

图 2-29　特定网页内容搜索法示例

2.4.8　包含关键词搜索法

如果用户要求搜索引擎返回页面标题中包含关键词的页面，可以使用"intitle"命令符号来实现，基本格式为"关键词 A intitle 关键词 B"。例如，想搜索某个名人写的文章，就可以搜索"摄影 intitle 构图君"，如图 2-30 所示。

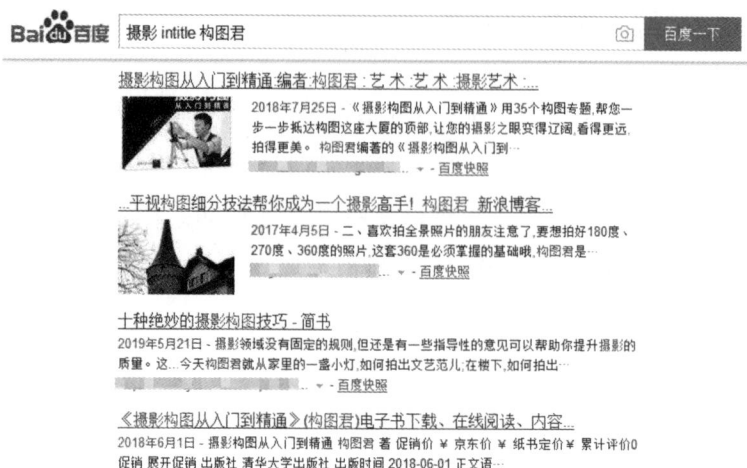

图 2-30　包含关键词搜索法示例

2.4.9　包含多组关键词搜索法

如果用户要求搜索引擎返回页面标题中包含多组关键词的页面，则可以采用"关键词 A allintitle 关键词 B 关键词 C"的命令格式来实现。例如，搜索"手机摄影 allintitle 构图 APP"，如图 2-31 所示。另外，allintitle 命令还可以用来指定每一条搜索结果的标题位置。

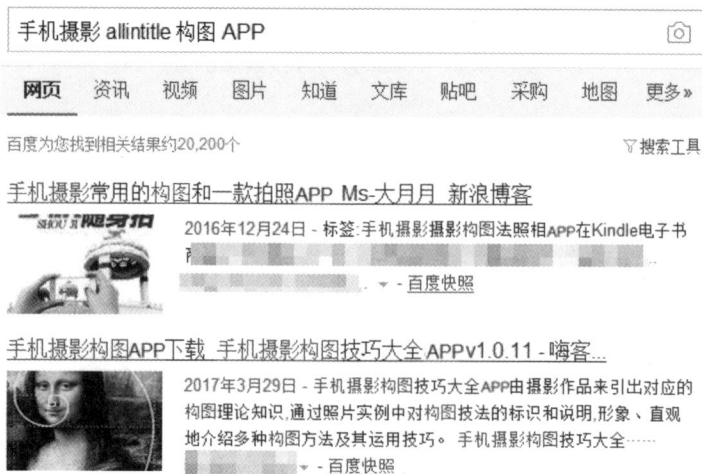

图 2-31　包含多组关键词搜索法示例

2.4.10 标准资源地址搜索法

标准资源地址搜索法主要用到"inurl"这个命令符号，将 inurl 拆开来就是 in 和 url，它的作用是限定在 url 中进行搜索，相关示例如图 2-32 所示。其中，url 的全称为 Uniform Resource Locator，中文译为"统一资源定位器"，就是地址栏里的内容。

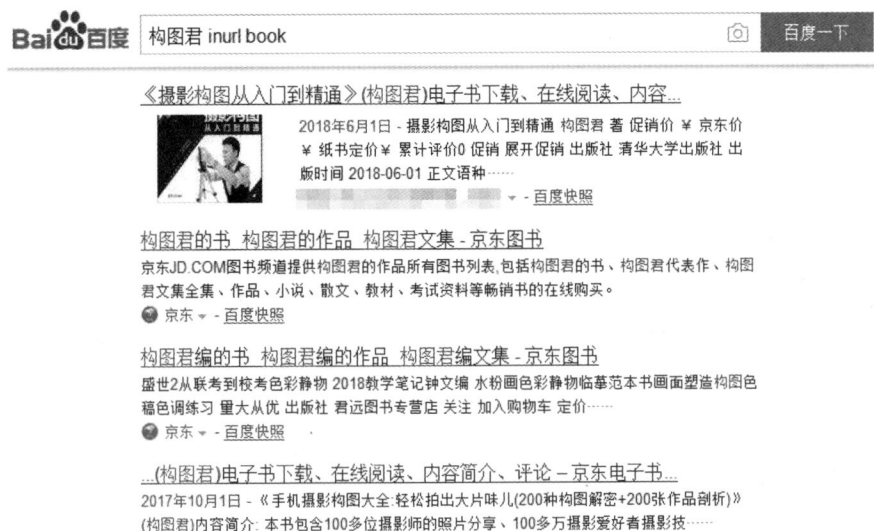

图 2-32　标准资源地址搜索法示例

标准资源地址搜索法的基本格式为"inurl:×××""inurl:××× 关键词""关键词 inurl:×××"，其中"×××"可以是任何字符。使用 inurl 命令可以缩小搜索范围，以便迅速找到更加精准的搜索结果。

2.5　在互联网上"埋下"答案，让别人主动找到你

除了搜索信息外，用户还可以**在互联网上"埋下"各种答案，让别人主动找到我们**，这相当于网络上流行的"种草"模式。

2.5.1 通过百度百科"埋下"答案

像"互联网营销""培训"这样的关键词，其实笔者在互联网上已经"埋下"了很多答案，当别人去搜索这个关键词的时候，比如搜"新媒体培训师"或者搜"知识变现"，即可跳转到相应的答案页面，而且会排在比较靠前的位置。例如，用户去搜"知识变现"，"知识变现"的百度百科其实是笔者个人创建的，这其实就是"埋下"了一个答案，如图 2-33 所示。

图 2-33 "知识变现"的百度百科搜索结果

笔者之所以能够接到一些业务或者工作，很多时候都是通过百度百科引流到笔者的联络方式上面的。所以，我们要学会主动在互联网上"埋下"答案，以便让找答案的用户顺着我们安排的路径找到我们，从而利用搜索引擎将自己推广出去。

2.5.2 让别人在互联网上搜索到我们的网址

除了通过百度百科"埋下"答案外，更多时候我们需要推广自己的企业官网，让别人能够在互联网上搜到我们的网址。下面以"百度"为例，介绍让百度收录自己的网址的操作方法。

（1）进入百度首页，在搜索栏中输入相应的网站网址，单击"百度一下"按钮，系统会提示找不到该网页，单击"提交网址"链接，如图2-34所示。

图2-34　单击"提交网址"链接

（2）跳转到"链接提交"页面，❶在"请填写链接地址"下方的文本框中输入自己的网址；❷然后单击"提交"按钮，如图2-35所示。待百度审核完毕后，其他人即可在百度上搜索到你所输入的网站网址。

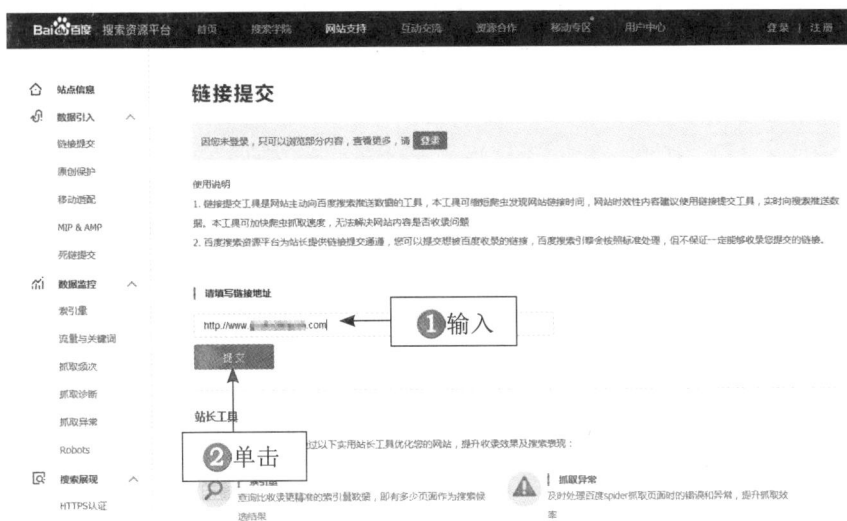

图2-35　单击"提交"按钮

专家提醒

当我们提交网址到百度后，可以使用"site：我的网址"来查询该网址是否已被百度收录。

第 3 章

专家内容：

成为所在行业领域的领军者

做知识变现的用户需要在自己所在的领域成为专家，也就是要建立个人的职业影响力，帮助打造你的个人品牌并聚集目标用户，这样那些潜在受众才能建立对你的信赖感，这是个人职业影响力带来的好处。如果你能够将自己打造成细分行业的第一人，这样不仅可以突破技术壁垒，掌握更多行业资源和人脉，而且还能产生强大的行业影响力和话语权，从而提升自己的知识产品含金量。

- ■ 个性标签："互联网+"时代下的自我营销
- ■ 信息专家：对行业内的所有信息了如指掌
- ■ 梳理提炼：筛选有价值、有帮助的信息
- ■ 付诸实践：写一篇文章，总结一些经验
- ■ 输出内容：找到适合的平台去输出内容
- ■ 行业 KOL：打造垂直细分领域的核心竞争力

3.1 个性标签："互联网＋"时代下的自我营销

个性化的第一个元素就是标签，个性化的标签不仅可以锻造职业影响力，还能让用户主动找到你。因此，你可以给自己贴一个标签，所谓的**标签就是与众不同**。给自己贴标签的目的是重构认知，即重新建立你的认知。当你给自己贴上标签之后，就会让自己专注在这个领域当中。例如，淘宝的标签就是网购，人们一提到淘宝首先就会想到在网上买东西，如图3-1所示。

图 3-1 淘宝的标签就是网购

案例
如何用 5 个标签重构认知

重构认知的第一个方法就是贴标签，如果你现在手边有纸和笔的话，不妨给自己写几个标签。笔者在课堂上的训练一般会让大家给自己贴 5 个标签，最后留下两个标签，这两个标签分别是你比较看重的和社会需要的。一方面，它可以帮助我们重构认知，重构自己对自己的认知。另一方面，也可以重构目标受众对我们的认知。我们是谁、重不重要，笔者认为这个问题不太重要，最重要的是别人觉得我们是谁。所以贴标签就是重构认知，让别人对我们有一个新的认知。

贴标签的目的是更加具有辨识度。

3.1.1　国家名字标签

例如，笔者叫韩朝宾，韩国的韩、朝鲜的朝、菲律宾的宾，这样介绍，很容易让人记住笔者的名字。

3.1.2　营销培训师

笔者个人是易官专家库智囊团的成员之一，也是几个高校的互联网营销老师，原来一直从事营销培训互联网推广的相关工作，在自我营销方面积累了一些经验。

3.1.3　配音演员

笔者曾从事过配音演员的工作，并把在配音行业的相关工作经验运用到了声音的训练当中，帮助一些企业家和创业者利用声音打造自己的影响力。同时，笔者还创建了微博综艺账号"配音那点事"，该账号链接了全国的大多数配音演员，让笔者成为这个行业的意见领袖，如图 3-2 所示。

图 3-2　微博综艺账号"配音那点事"

3.1.4　个人品牌管理

同时，笔者在个人品牌管理方面也有一定的研究，曾指导过一些企业家和艺人使用社交媒体去打造自己在互联网上的个人品牌。

3.1.5　小儿麻痹症

笔者还有一个特殊身份，相信这个大多数人都没有，笔者是一个资深的小儿麻痹后遗症患者，大概在两岁的时候笔者得了小儿麻痹症，现在已专注研究小儿麻痹症30年，是这个行业的资深人士。大家看完笔者的自我介绍之后，有什么感受？记住了哪一个符号？笔者相信给你印象最深的一定是最后的那个"资深小儿麻痹后遗症患者"，这就是一个点，或者说是一个标签。

在今天的互联网时代，如果我们要去做自我营销，要去做传播，**你一定要有一个点，那这个点一定是独特的、独一无二的**。像笔者得小儿麻痹后遗症，这本身是一个事故，但是今天笔者讲出来可以变成笔者的故事，这是我们在做自我营销、社交媒体和互联网传播时非常重要的一个点。你一定要有一个独一无二的标签，这可成为你的个性化特点。

3.2　信息专家：对行业内的所有信息了如指掌

知识会成为商业的流量入口，也就是说，知识不仅可以变成产品拿来卖钱，在我们分享知识产品的过程当中，还会不断地去扩大个人影响力，构筑行业的竞争壁垒。那么，怎样去做产品呢？前提是要有一个知识产品，必须在我们擅长的领域成为专家。那如何成为专家呢？

笔者认为，**成为专家的第一步是先成为信息专家**。这个因素非常重要，当你对某一个行业、对你所在的领域掌握了足够多的信息的时候，对这个行业有了比较透彻的理解，你才有可能成为这个领域的专家。比如，谈到知识付费、知识变现或者知识服务等概念时，因为笔者对这个行业的信息了解的足够多，所以笔者就是这个行业的信息专家。

3.2.1　数据分析：行业需求和竞争

首先我们需要分析所在行业的各种数据，找到用户的需求，了解行业的竞争情况。在分析用户需求时，我们可以利用各种关键词查询工具，找到高质量、高付费意愿的用户群体。图3-3所示为使用搜狗指数查询到的"摄影"领域的热度趋势。

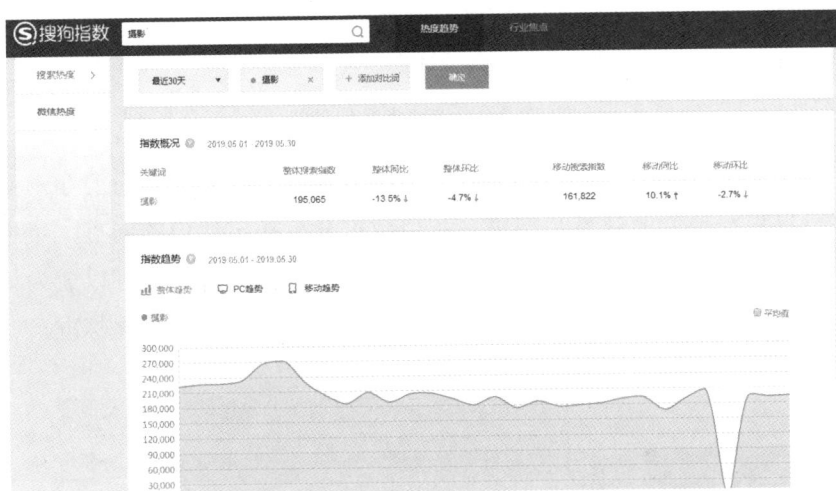

图3-3　使用搜狗指数查询到的"摄影"领域的热度趋势

这些关键词的搜索指数，代表的就是用户的需求量的大小。用户可以综合利用多种关键字查询工具来进行分析，如百度指数、搜狗指数、Google指数、艾瑞指数、腾讯浏览器指数以及360趋势等。

找到热点需求后，接下来从不同的平台入手，使用大数据工具分析竞争对手的情况，如清博指数、新榜、数说风云、易赞、微风云、西瓜数据、微信热榜以及微指数等。其中，清博指数提供微信热门文章排行榜和公众号榜单，坐拥微信大数据，是微信运营推广的必备工具。用户可以打开清博指数的各种榜单，然后在分类中选择自己所在的行业领域，如"创业"，选择后即可看到所有"创业"领域的公众号数据情况，如图3-4所示。

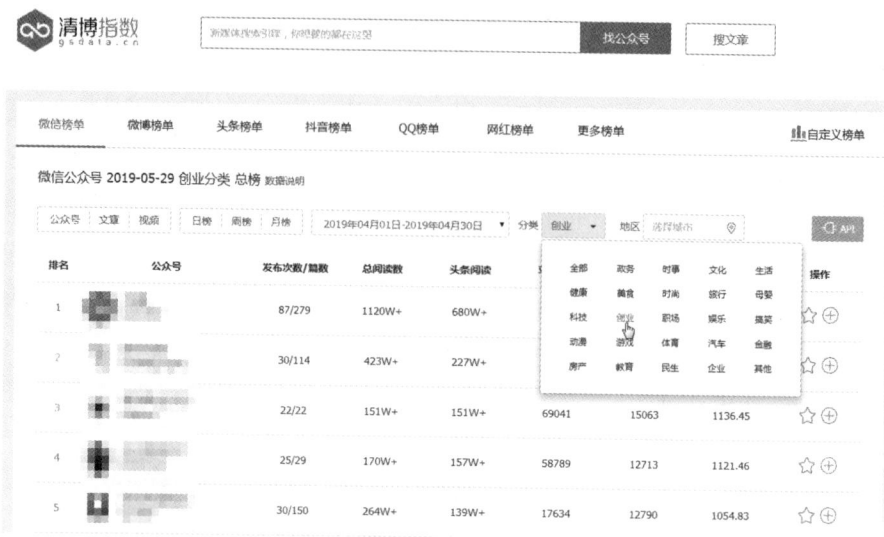

图 3-4　清博指数榜单

通过这些大数据分析工具，用户可以找到各平台上的大部分竞争对手，此时可以根据他们的数量和规模，利用数据分析找出他们的弱点，集中火力从多个维度进行突破，来战胜和超越他们，这样你很快就可以成为该领域的领军者。要成为行业领军者，需要具备如图 3-5 所示的一些标准。

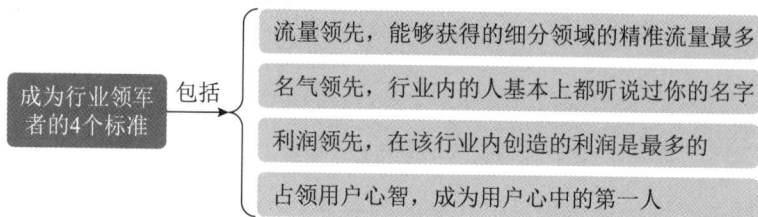

图 3-5　成为行业领军者的 4 个标准

3.2.2　掌握信息：创造各种新概念

用户可以根据收集到的各种信息创造出新的概念，然后取一个独特的名称去全网占位，这样你自然而然地就成了这个领域的领军者，从而可以创造更多的个人品牌价值。当然，台上一分钟，台下十年功，要做到这个程度，我们需要付出很多努力，因此需要脚踏实地，一步一个脚印地去执行，从公司到城市，到省级，到全国，最后到全世界领先者。在这个过程中，你拥有的该领域的信息量会越来越大，最终可能会成为该行业里名副其实的信息专家。

案例

构图君：将兴趣变成事业，打造摄影构图领先者

作为构图专家的"手机摄影构图大全"公众号创始人构图君，在一年多的时间里为大家分享了 500 多种原创、细分构图，是目前国内分享构图技法较多、挖掘较细的领先者，如图 3-6 所示。因此，构图君可以称得上是摄影构图领域的信息专家。

图 3-6　构图君通过公众号和文章吸粉引流

同时，构图君还出版了大量图书来印证其构图领域的信息专家的身份，如图 3-7 所示。构图君现在每年出版摄影图书 5～10 本，总计出版摄影图书 30 多本，不敢说全国，在湖南应该是出版摄影图书较多的领先者，做到了省级领先者，现每年的图书版税收入在 20 万元以上，还有图书输出版权到中国台湾。要知道，摄影也只是构图君的业余爱好，他成功地将这个兴趣爱好转换成副业和收入。

构图君作为摄影讲师，之前的性格很内向，不喜欢交流，但从一年

前开办公众号以来，他利用晚上或周末写摄影文章，粉丝从 0 到现在的 33 765 名，头条号从 0 到有 9 万多，手机微信里约有 4 000 个摄影朋友，还开设了千聊微课、京东直播，并给湖南芒果台讲课等，如图 3-8 所示。

图 3-7　构图君通过出版图书实现知识变现

图 3-8　构图君通过线上课程实现知识变现

另外，构图君还开设了线下课程，与粉丝分享摄影技巧、变现方法，以及如何成为某个摄影细分领域的领先者、如何出版自己的摄影图书，帮助普通人逆袭为名人。构图君在课程中具体分享的内容包括：如何开办公众号？如何选择自己的作品分享平台？哪个平台最适合你？如何引流吸粉？如何在网络上开设课程？如何进行线下课程的分享？如何打造自己的自媒体？如何经营有格调的朋友圈？如何成为摄影的自明星？摄影一共有多少种变现方法？哪一种最适合你？这些内容都可以真正帮助到有需求的用户。**与其随便玩玩，不如长远规划；担心主业不顺，不如多个副业。**

3.3 梳理提炼：筛选有价值、有帮助的信息

不同的信息介质的变化，都会产生新的知识升级，同时带来更多的学习形式。例如，过去我们往往都是通过读书看报、上课听讲以及咨询老师和专家等方式来获得所需的信息，而如今却是通过上网搜索图文、看直播、看视频或者听音频等形式来获得信息（如图 3-9 所示），学习的范围越来越广，程度也越来越深，同时获得的信息也越来越多。

图 3-9 通过直播和音频来进行学习并获得相关信息

当你成为某个领域的信息专家之后，还需要对信息进行筛选、梳理和提炼，确定哪些信息是有价值的、有帮助的。在刚开始的时候，可能你也

不太了解这些问题的正确答案，因为你也不确定哪些是有价值的信息，所以你必须有大量的信息输入，有了足够多的信息的时候才能形成正确的判断标准，这是成为专家的第一步。

3.3.1 梳理信息

由于信息生产的门槛越来越低，信息开始出现圈层化的趋势，同时也产生了更加严重的信息爆炸问题。尤其是各种新媒体平台的出现，如微信、微博、今日头条、抖音以及喜马拉雅 FM 等平台，这些信息生产者不一定是专业的机构，也有很多是个人，他们在带来大量信息的同时，也增加了无数信息噪音，这也给我们梳理信息带来了不小的难度。

因此，我们首先需要选择合适的信息，可以从以下 3 个方面入手。

1. 选择平台

在众多的内容平台中选择高质量的平台，从中挑选适合自己的信息源。

2. 选择对象

我们获取的大部分信息来自各种社交媒体中关注的人或好友，信息的传递被固定在某些特定圈层，而且这种关系会不断强化。在这种情况下，我们可以尽量选择更加优秀的人作为自己的学习对象，吸收他们的信息，选择的基本要素包括权威性、多样性、高效性和互动性 4 点。

3. 碎片时间

随着移动互联网的不断普及，人们的时间变得越来越碎片化，用户可以在互联网上完成很多事情，从而将自己的整块时间不断分解。因此，用户可以根据需要在碎片化时间内，尽可能多地获得更加高质量的信息。注意，在此过程中，切不可随意堆积信息，而是要梳理成思考体系，这样才能不断提升自己的知识水平，让学习更加有效。

3.3.2 提炼信息

用户可以根据所在行业当中存在的一些问题，利用收集到的信息梳理出一些方案。例如，笔者的课程大纲其实就是在笔者成立一个社群之后，通过不断调研、研究总结得出来的结果和一些问题的解决方法。比如说，知识付费的平台如何选择？用户没有知识怎么办？如何找到自己的知识变现模式？输出的产品不是刚需怎么办？这些是笔者针对大家的问题梳理出的一个课程大纲。下面笔者总结了一些提炼信息的基本技巧，如图 3-10 所示。

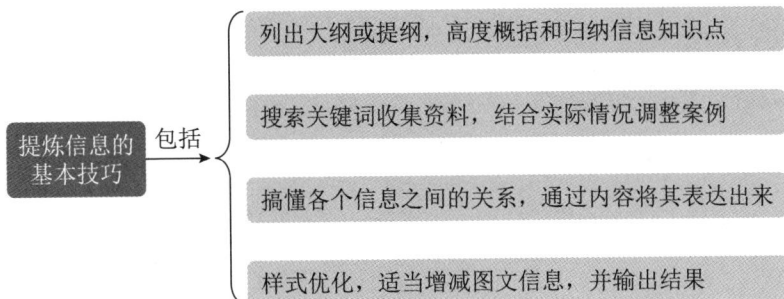

图 3-10　提炼信息的基本技巧

专家提醒

此外，**出书也是一种不错的提炼信息的方式**。可以通过撰写书籍梳理、总结自己的思想和技巧，还可以将自己的经验和案例放在书中分享给读者。

案例

印象笔记：整合碎片信息，永久保存

印象笔记是一个帮助我们管理工作和生活等各类信息的好工具，它会自动在所有设备上完成同步，然后可以在计算机上编辑笔记，并随时通过手机进行查看。用户可以使用任何一台设备打开印象笔记，以便非常便捷地捕捉点滴灵感、轻松收集资料。当用户创建印象笔记账户后，该工具会自动创建一个默认笔记本。笔记本中集合了所有笔记，可以用来保存用户所创建的每条笔记，如图 3-11 所示。

图 3-11　印象笔记的笔记本

　　另外，用户也可以通过印象笔记的"标签"功能为笔记添加关键词，方便日后查找，还可以通过标签将笔记与类别、记忆或地点相关联，如图 3-12 所示。

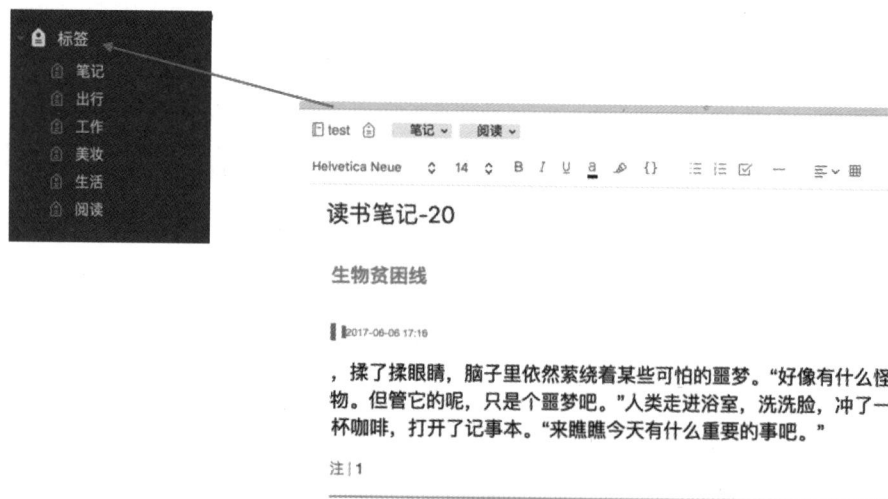

图 3-12　利用"标签"整理信息

3.4 付诸实践：写一篇文章，总结一些经验

有了标签和内容以后，我们还需要进行专业化的产品设计。例如，可以写一篇与你所在领域相关的文章，写一本书，做一节微课，做一场公开活动，拍一个短视频或者录一个音频等，这些都可以成为你的知识产品，都可以帮你扩大影响力。

行业中有影响力的东西，要么是唯一的，要么是第一的。如果你所在的这个领域没有出版相关的书籍，你来写的话，你就是业界第一；如果有人写了相关书籍，但是没有出版过实用或应用方面的书籍，那么你写的书就是独一无二的。

当然，书是一种载体，视频、音频也是，如果你可以在其他视频平台中录制超过100多集的相关领域的小知识、小案例，每集5分钟，用户在搜索相关产品时，搜到的全部都是你的知识产品，你说你的影响力大不大？

不管是哪个行业或领域，你都可以试着将自己的知识付诸实践，比如录制100集视频或音频、写100篇系列文章来总结你的经验。这些东西都是你的原创作品，然后你可以将其整理成电子书或出版成实际的书籍，你的影响力就出来了。但是，对于这些知识的输出，你必须为其取一个易于传播的名字，这是标准配置，下面介绍一些文章写作的相关方法和技巧。

3.4.1 文章的整体思路要循序渐进

对于文章的写作思路，常用的主要有归纳、演绎、因果、比较、总分和递进等，其中应用得最为广泛的主要是归纳、演绎和递进3种，同样遵循循序渐进的基本要求，相关分析如下所述。

1. 归纳思路

- **形式表现**：归纳思路是指从具体的前提过渡到一般性结论的文字表达过程，在常见的文案写作中，主要是作为基本思路存在的。
- **根本作用**：归纳这种方式概括了一般情况，从而推测出将来的结果，主要作用是得到的结论在内容上会比之前的结论有一定的深入。

2. 演绎思路

■ **形式表现**：写作思路是根据前提来推导结论，出发点通常是一些假设的命题形式，通过有逻辑的规则来导出另一命题的过程。

■ **根本作用**：得出的结论通常会限定在给出前提条件的框架内，因此结论存在一定的推理性，不是空穴来风。

3. 递进思路

■ **形式表现**：递进思路讲究的是逻辑的层层递进，内容的讲解必须是由浅入深的，不会出现强烈的过渡。

■ **根本作用**：这种创作思路可以将复杂的事物非常清晰地描述出来。

3.4.2　用主题突出内容的中心思想

文章主题是整个文章的生命线，知识变现运营者的主要职责就是设计和突出知识的主题。所以要想以内容为中心，须花时间、下功夫确保主题的绝妙性，且有一定的真实价值。整个文章的成功与否主要取决于文案主题的效果。

在一篇文章中，中心思想往往是最为醒目的，文字也是较为简洁的，通常只用一句话来概括主题，如图 3-13 所示。

图 3-13　主题突出的文章示例

3.4.3 词语短句信息更容易被接受

在实际的阅读过程中，**短句所展示的信息比长句更容易被接受，**不仅是在文章创作领域，在其他的文字工作领域，比如报社写手、公关人员、杂志作者等，文字的简洁和句子的有效性一直都是基本要求。

善于运用词语短句是文章写手优秀与否的重要标志，如图 3-14 所示，这篇文章几乎都是采用短句的表达形式，读者读起来会感觉非常轻松。

二、平常的景，用不平常的构图

在我们每个人家的附近，处处都有公园，奇怪的现象是：

越是熟悉的地方，我们越觉得稀松平常。

有个现象，也情同此理：

伟人身边的人，并不觉得伟人伟大，因为天天见到，也见其缺点，便会觉得也很平常。

那怎么拍出不寻常的照片？

通过前期构图和后期修片，特别是颜色光影，多管齐下，让普通的照片变得有亮点。

下面举例说明，这是在长沙某公园拍的一张普通照片，很平常的景。

图 3-14 词语短句的文章示例

单个短句的效果可能并不突出，但是在较长篇幅的文章中，短句就体现出了长句所不能达到的效果。文章中的长句往往会让读者精神疲劳、头昏眼花，并且容易遗忘之前的内容。在成熟的文章中，句子的文字个数往往在 10 个左右，少数较长的句子文字个数在 15 个左右。

3.5 输出内容：找到适合的平台去输出内容

在互联网上输出内容是一件非常简单的事情，但是要想找到合适的平台输出有价值的内容并获得用户的认可，这就有难度了。特别是在如今互联网上的内容生产者多如牛毛，知识变现已经成为一种新风口，越来越多的人参与其中的情况下，如何才能找到适合的平台输出内容呢？怎样提升内容的价值呢？下面笔者给大家介绍一些具体的方法。

3.5.1　选择合适的内容输出平台

当你修炼成信息专家，有了足够多的优质内容之后，就可以去输出这些内容了。那么，从哪里输出内容呢？你可以从得到、喜马拉雅 FM 等不同的内容平台去输出合适的内容。

如果你擅长写作，可以写专栏，如写公众号；如果你的声音具有感染力，可以在喜马拉雅 FM、荔枝微课等这些音频平台去输出内容；如果你的镜头感比较好，则可以去抖音拍一些短视频内容，如图 3-15 所示。**通过不断地在这些平台输出内容，即可在比较短的时间内成为这个领域的专家。**

图 3-15　通过抖音输出短视频内容

3.5.2　持续输出有价值的内容

在互联网时代，内容的输出方式非常多，如图文、书籍、音频、视频、直播以及短视频等，这些你都可以去尝试。对于持续输出有价值的内容，笔者有一些个人建议，如图 3-16 所示。如果用户只创作内容而不输出内容，那么这些内容就不会被人看到，你也就无法通过内容来影响别人。

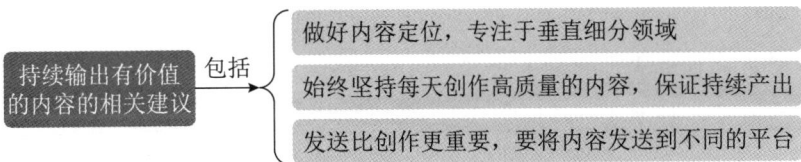

图 3-16　持续输出有价值的内容的相关建议

案例

宋启瑜：《跟着脱口秀学幽默》

宋启瑜是脱口秀表演者，北京喜剧中心的创始人，同时也是一个喜剧培训师。宋启瑜的镜头感比较好，所以他录了一个视频课程《跟着脱口秀学幽默》，并通过网易云学堂、学两招等平台输出视频内容，如图 3-17 所示。

图 3-17　《跟着脱口秀学幽默》在网易云学堂的内容输出

案例

刘辉律师：通过书籍、微博和头条输出内容

笔者的朋友刘辉律师，是现北京市隆安律师事务所合伙人律师，北京市律协婚姻家庭委员会委员，新浪微博法律博主，北京电视台《现场说法〈律师门诊室〉》特邀律师。她不仅出版了很多相关书籍，而且还通过微博和头条等新媒体平台输出内容，吸引了一百多万粉丝的关注，如图 3-18 所示。

同时，刘辉律师还通过微博问答来实现知识变现，同时加入 V+，发布特定的付费内容，只有开通了刘辉律师的专属 V+ 会员的粉丝才可以查看这些内容，如图 3-19 所示。

图 3-18　刘辉律师的微博

图 3-19　刘辉律师的微博问答

总之，我们要根据自己的特点去生产和输出内容，最重要的一点就是要持续不断地输出。**因为只有持续输出内容，才有可能建立自己的行业地位，**

成为所在领域的信息专家。

3.6　行业 KOL：打造垂直细分领域的核心竞争力

在知识变现市场中，主要存在 3 个不同功能的角色，分别为知识平台、知识生产者和知识消费者，它们之间的关系如图 3-20 所示。在知识变现的产业链中，知识消费者不仅能够获得更多的充电学习机会，而且还能节约很多时间和金钱成本，甚至还能扩大自己的社交网络。

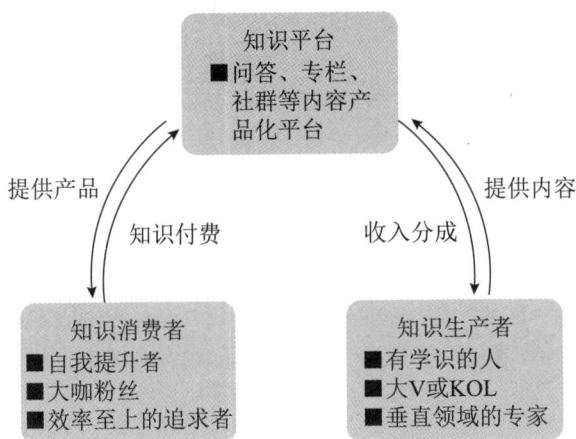

图 3-20　知识变现市场中的角色关系

由知识变现市场中的角色关系可以看出，在内容方面，知识变现的垂直细分领域开始崛起，各行业的 KOL 都在内容的载体、品类和平台等方面打造自己的核心竞争力。

3.6.1　内容载体：图文、音频和视频

目前，知识产品的主要载体包括图文、音频和视频，其中用户付费意愿最高的是图文类知识产品，而音频类知识产品所占的比重也在不断增大。

不管借用哪种内容载体，**都必须围绕知识产品本身的市场定位、卖点进行**，知识产品主要能解决哪些消费者什么样的需求与痛点，结合知识主题并

将所有载体元素组合起来，逐步解除消费者的疑虑，以提升他们的付费意愿。

3.6.2 内容品类：增品扩类，垂直细分

在知识变现发展初期，商业财经和技能培养是最常见的品类。如今，通过大量 KOL 在细分领域的挖掘，内容品类的范围也越来越广泛，而且知识生产者也从过去的"大 V"和 KOL，快速扩展到各行各业的自媒体人，内容品类更加垂直化，同时这些垂直领域都有可能出现"爆款"。表 3-1 所示为笔者统计的一些重点知识平台的内容细分情况。

表 3-1　重点知识平台的内容细分情况

平　　台	内　容　品　类
喜马拉雅 FM	有声书、音乐、相声评书、情感生活、娱乐、影视、儿童、历史、商业财经、人文、教育培训、IT科技、外语、旅游、健康养生、时尚生活、头条、二次元、戏曲、广播剧、电台、汽车，共 22 个大品类，5 453 多个分类
蜻蜓 FM	精品、小说、脱口秀、相声小品、头条、情感、儿童、出版精品、历史、评书、音乐、财经、教育、搞笑、娱乐、影视、文化、外语、公开课、汽车、科技、体育、健康、戏曲、广播剧、二次元、校园、旅游、品牌电台、女性、时尚、自媒体、中国之声、超级会员、联合专区、AI、生活、母婴，共 38 个品类
在行一点（原分答品牌升级）	行业经验、求职面试、职业规划、职场人际、工作效率、管理能力、礼仪素养、房产、健康、个人形象、理财、两性情感、家居生活、家庭教育、海外经验、法律、兴趣技巧、英语、心理、学习力、个人品牌、个人效率、沟通社交、演讲与写作、阅读、眼界谈资、思维能力、跳槽、搞定老板、行家讲书、其他，共 31 个大品类
知乎	科学、前沿、财商、文学、艺术、社科、成长、职人、通关、乐活、亲密、亲子，共计 12 个大品类

随着知识产品品类的不断增加和扩充，知识变现行业形成了非常明显的长尾效应，但行业仍然需要各行业 KOL 来引流和提升用户留存率，才能实现各个领域的爆款产品打造。其中，内容的专业性和强大的影响力是 KOL 的主要价值所在。如今，知识变现不仅仅是头部 KOL 的"专利"，各细分领域中的广大腰部 KOL 也在逐渐被用户认可，拥有了大量粉丝追棒的各细分行业的 KOL，也就拥有了自己的核心竞争力。

蜻蜓FM＆高晓松：《矮大紧指北》

由蜻蜓FM平台和高晓松联合出品的音频节目《矮大紧指北》，截至2019年5月播放量已达到1.6亿次，如图3-21所示。据悉，《矮大紧指北》上线仅一个月就拥有规模超过10万人的付费用户，且营收超过2 000万元。

图3-21　音频节目《矮大紧指北》

这个音频节目也让高晓松一跃成为蜻蜓FM平台的头部KOL。随着知识产品的成功以及资本的注入，蜻蜓FM也在不断发力头部KOL资源，拓宽内容使用场景及分发渠道，由平台化运作深入IP化运营。

3.6.3　内容平台：横向并购，争抢KOL资源

如今，由于平台的同质化现象越来越严重，知识消费者对于平台的依赖性正在逐渐降低，转而更加关注知识生产者和知识产品本身。在这种情况下，**KOL拥有更多的粉丝和流量代表着他们的主动性更强，更有能力实现知识变现**。

因此，这些有限的 KOL 资源成了各个平台争抢的对象，甚至连各细分行业的腰部 KOL 也成为各平台争抢和培养的目标，可以说各个平台之间的 KOL 资源之争已经进入白热化。当然，各平台争夺 KOL 资源，最终还是为了获得它们所掌握的用户和切割流量，通过不同的流量产品来吸引用户。

案例

今日头条：不断推出各种激励机制

今日头条推出了"千人万元"计划和"新媒体孵化器"计划等一系列激励机制，并且针对原创作者提供了大量的补贴。其中，"千人万元"计划中的"千人"指的是头条号计划将扶持 1 000 个头条号创作者，"万元"指的是这些被扶持的创作者每人每个月将至少获得 1 万元的保底收入，如图 3-22 所示。

图 3-22 头条号"千人万元"激励机制

同时，参与"千人万元"计划后，头条号创作者需要履行一定的义务并遵守一定规范才能获得保底收入。"千人万元"计划不仅对创作者每月的原创文章数量有要求，而且原创文章应全网首发 3 小时，同时在其他平台发布文章时需要添加头条号标签。

第 4 章

痛点内容：

打造让用户上瘾的好内容

当你成为自己所在领域的专家之后，就要开始量身打造你的知识变现模式和知识变现产品。如何打造自己的知识变现产品呢？我们要确定自己是在为谁服务？你的用户对象是什么群体？因此，我们在做知识付费产品的时候，首先要考虑的就是目标客户是谁，做好人群定位分析，找到他们的痛点所在，掘金垂直细分领域。

- ■ 人群定位：找到特定的知识受众群体
- ■ 垂直细分：确定谁会买我们的产品
- ■ 挖掘痛点：发掘目前服务群体的需求
- ■ 学会讲故事，让读者产生情感上的认同
- ■ 以消费者的需求为中心，解决刚需痛点

4.1 人群定位：找到特定的知识受众群体

我们必须明白一点，除了一些通用课程，大部分知识产品并不适合所有的人，因此一定要找到一个特定的受众群体，才有可能卖出更多的产品。

4.1.1 选对风口，选择知识产品

对于广大内容创作者而言，要将自己的知识产品打造成爆款，首先要做的事情是选择自己要生产的知识产品。找准自己要打造的知识产品，这样才能以最正确的方式开启自己的知识变现爆款之路。

对于内容创作者而言，在选择自己的爆款产品之前，首先要明白爆款知识产品必须承载的几个特质。只有明白了这几个特质，内容创作者才能找到最合适自己的知识产品，成功将其打造成爆款产品。

1. 知识产品的竞争力强大

我们在选择可以打造成爆款知识产品的时候，需要选择那些在市场上及同一领域里具有强竞争力的知识产品。所谓的强竞争力，**就是指放眼同类知识变现市场，只有少部分甚至没有可以与之抗衡的知识产品存在**。这类产品的强竞争力，可以在受众人群、作者包装、课程目录以及功效对比等各个方面突显出来，如图 4-1 所示。

图 4-1　通过知识产品的功效对比突出竞争力优势

2. 知识产品的利润非常可观

有可观的利润是指，我们在选择要打造的爆款知识产品的时候，必须要确定产品是能够为我们带来一定利润的。这样才能够保证在知识产品进入市场以后，有很多的消费者愿意为产品付费埋单，同时也能够保证知识产品成为爆款产品之后，不会使内容创作者亏损，让他失去继续创作的动力。

同时，产品有客观的利润才能确保内容创作者或者相关企业机构有足够的周转资金，从而继续进行知识产品的开发、包装、宣传、推广，推动知识产品持续曝光，成为爆款产品。

3. 知识产品符合时代趋势

知识产品需要符合时代趋势，因为在大时代背景下，这样才能够更加符合人们的需求，也更加容易成为爆款。

4. 知识产品满足消费者需求

消费者需求决定了一款产品的销售量。**消费者需求越强烈，产品的销售量才会越高**。因此，内容创作者首先要清楚自己的目标客户需要的是什么，这样才能够生产出满足消费者需求的知识产品。

案例　《每天听见吴晓波》：年入 2 千多万元

吴晓波是一名财经作家，出版了《大败局》和《激荡三十年》等热销图书，同时他也是"蓝狮子"财经图书出版人。2014年，吴晓波创建了微信公众号"吴晓波频道"，拥有 340 万用户订阅量。《每天听见吴晓波》是中国当代非常著名的一位财经作家——吴晓波推出的一档音频类节目，采用会员制收费模式，目前已经更新到第三季，获得了雷军、梁文道、徐小平和柳传志等名人的推荐，如图4-2所示。

据悉，吴晓波凭借《每天听见吴晓波》这档爆款音频类知识产品，轻松实现了年收入 2 千多万元。吴晓波进入内容变现领域属于早期，此时的热门产品前面笔者也介绍过，那就是商业财经和技能培养这两类，因此他选择的财经类知识产品正好处于风口，这也是他获得成功的重要原因。

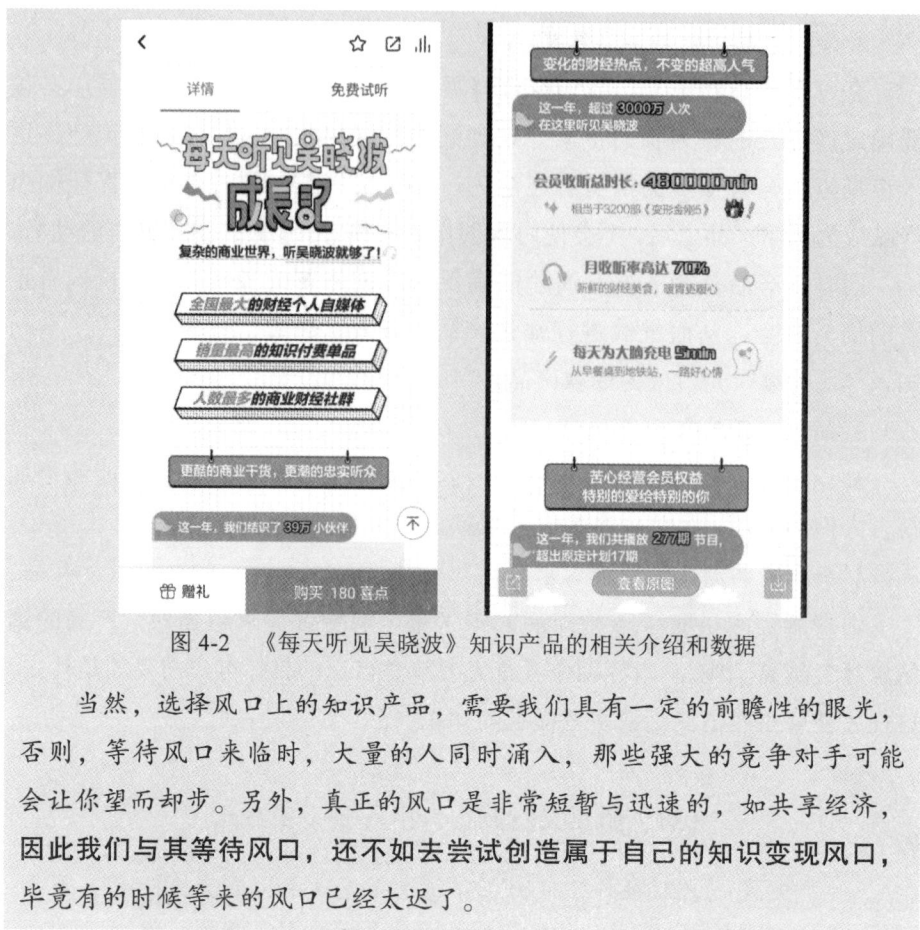

图 4-2 《每天听见吴晓波》知识产品的相关介绍和数据

当然，选择风口上的知识产品，需要我们具有一定的前瞻性的眼光，否则，等待风口来临时，大量的人同时涌入，那些强大的竞争对手可能会让你望而却步。另外，真正的风口是非常短暂与迅速的，如共享经济，**因此我们与其等待风口，还不如去尝试创造属于自己的知识变现风口，**毕竟有的时候等来的风口已经太迟了。

4.1.2 了解消费者，做好人群定位

我们在打造自己的知识产品之前，还需找到自己的目标客户群，也就是找到自己的精准消费者，人群定位是必不可少的一步。作为知识产品的开发者，你要清楚地了解你的消费者是谁。不仅如此，你最好还能生动形象地描述出消费者的各种特性以及其喜欢的生活状态。

那么，应该如何找准目标受众呢？方法有两种：一种是根据年龄来分段；另一种是按照兴趣爱好来划分。

1. 根据年龄分段

知识变现属于一种新的商业模式，也需要进行营销，营销与人密不可分，

研究营销之前一定要先了解人。因此，打造知识产品也少不了对消费者心理的掌控。根据年龄对目标受众进行分段的要点如图 4-3 所示。

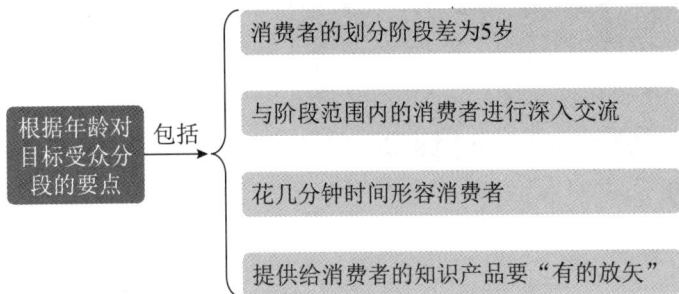

图 4-3　根据年龄对目标受众分段的要点

在做知识变现时，同其他商业模式一样，我们也需要为不同类型的消费者提供相对应的知识产品或服务。如果不这么做，就很难找准受众群体。因此，要学会根据年龄分段去进行产品人群定位，而不是盲目地打造产品。例如，少儿英文知识产品针对的肯定是儿童人群，包括 2 ～ 12 岁的孩子、小学生以及有心辅导孩子英语入门却无从下手的家长。如果你拿去卖给大学生，他们对你的产品肯定没兴趣。

2. 按照兴趣爱好划分

除了年龄，我们还可以根据兴趣爱好来划分消费群体。例如，做手机摄影知识产品，其针对的人群年龄范围就非常广泛，无论是年轻人还是老年人，无论是男人还是女人，几乎都有拍照、摄影的爱好，因此他们都有可能成为这个产品的消费者，如图 4-4 所示。因此，按照兴趣爱好划分消费人群有效地打破了年龄的限制，让不同年龄的人对同一种产品情有独钟。

相同类型的人对知识产品的喜爱是建立在共同的兴趣爱好基础上的，这与年龄阶段的关系不大。而我们需要明确的是，**打造成功的知识产品就需要抓住消费者的特点，从而找准目标受众。**

无论选择什么样的知识产品，都应该对目标受众进行目标锁定，可以按照年龄阶段对目标受众进行划分，也可以根据兴趣爱好对目标受众进行划分，总之要找准目标受众。这样，我们就可以顺利找到他们的消费需求，从而更好地进行营销。

图 4-4　手机摄影知识产品的人群定位示例

4.1.3　用数据说话，研究用户行为

学会在内容平台后台和数据服务平台上查看数据并分析用户行为，对我们开发和选择知识产品来说，都能够提供很好的方向，同时还能够获得精准的用户画像。图 4-5 所示为一点资讯平台的后台用户画像数据分析功能。

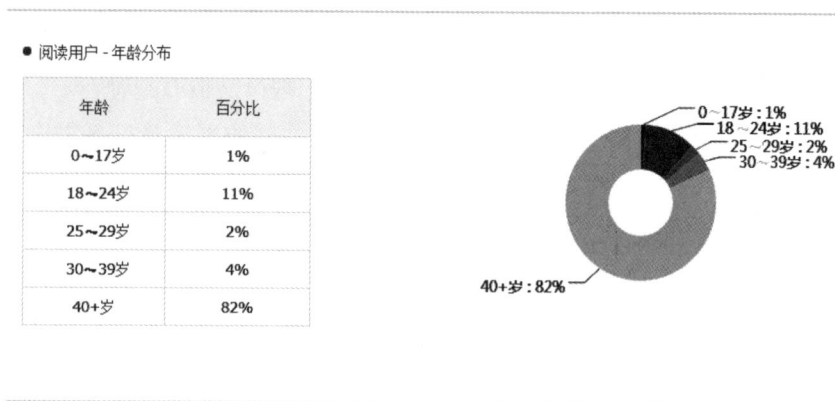

图 4-5　一点资讯平台的后台用户画像数据分析

4.2　垂直细分：确定谁会买我们的产品

在国内，知识变现这种商业模式目前还处于初级阶段，目前看来，未来至少有 3 大拓展方向。

（1）**新中产阶级**。新中产阶级是指以 30～40 岁的人为基础的一个强大族群，这些人群精神文化需求非常强烈，而且还热衷于自我提升，逐渐成为知识变现领域中的主力消费群体。

（2）**专业化、垂直化**。随着各领域越来越专业化、垂直化，加大了各行各业对于知识和经验等内容的深度需求。

（3）**消费理念升级**。伴随消费的观念升级，消费者日益呈现出多元细分的消费诉求，他们渴望获得更加优质的信息。

如今，各平台和内容创作者不断地挖掘用户需求，内容也在不断细化，针对不同的消费者群体，打造出不同的时间颗粒度和不同功能的知识产品。同时，对于不同群体的内容分发，也呈现出越来越细化和智能的趋势，大数据和人工智能等技术的运用越来越频繁，也为消费者带来更多个性化的产品推荐。

随着知识变现的整体领域发展，未来可能会出现更多针对某一细分领域的知识变现平台。例如，智合法律新媒体，就是一个专门为律师提供法律领域的知识产品和服务的平台，如图 4-6 所示。

图 4-6　智合法律新媒体平台

如果我们做的是垂直细分的领域，还需要确定一下谁会购买我们的产品，如笔者的知识变现课程，定位为"人人都能用的到的知识变现"，其实就是希望人人都能来买。所以我们一定要确定好为谁服务，谁可能会购买这一知识产品。比如说下面这个"看图写话"课程，该知识产品就是针对小朋友学好语文所设计的，那么购买对象显而易见就是他们的父母，如图 4-7 所示。

图 4-7　"看图写话"知识产品

知识变现的发展空间非常广阔，通过各种类型的知识变现平台对垂直细分领域的深度挖掘，也会让内容创作者与内容消费者之间的交流"跨越鸿沟"，变得更加精准、实时和垂直。

案例

朝夕日历：将日历变成知识产品

"朝夕日历"是一款智能社交日历，也是一款神奇的时间管理工具，不仅有"朝夕"APP，而且还拥有微信公众号"朝夕日历"。"朝夕日历"在公众号中推出了"幕布"功能，其中发布了很多学习课程，如图 4-8 所示。

图 4-8　微信公众号"朝夕日历"和相关课程分类

　　"幕布"是一种大纲式的写作类工具，可以通过层级折叠式文字的方式来整理内容的大纲，一篇文档的组成单位是"主题"，一个小圆点就是一个主题，如图 4-9 所示。"幕布精选"是一个内容互动型社区，好的内容是"幕布精选"的核心与基础，需要满足价值性、干货性、美观性和传播性 4 个特征。

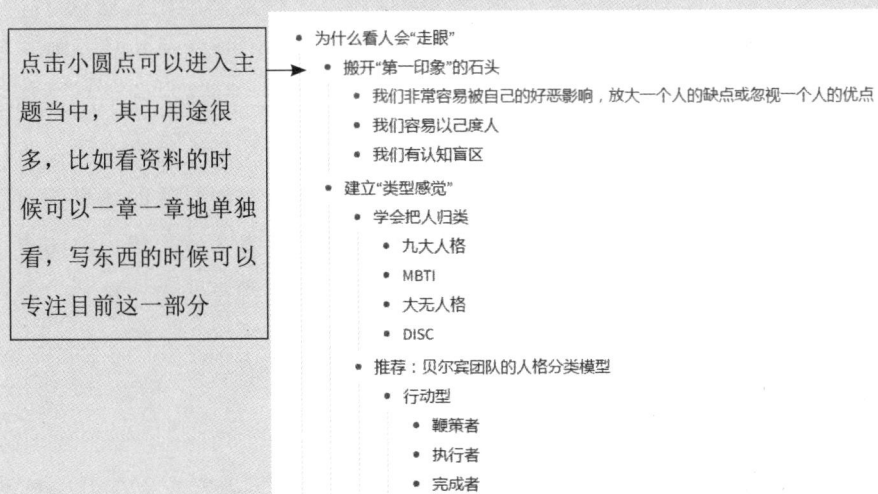

图 4-9　"幕布"文档内容

　　用户可以免费注册使用"幕布"核心功能，同时还可以开通高级账户，订阅更多功能需求，目前每月仅需9元。"朝夕日历"这一平台，借助智能的时间管理功能聚集了大量的粉丝，同时在自身领域深度挖掘垂直细分的商业机会，打造"幕布"知识产品，以此来实现规模化盈利。

4.3　挖掘痛点：发掘目前服务群体的需求

　　我们在做知识变现的过程当中，除了要掌握选择垂直细分领域的知识产品、做好用户定位这两大要素之外，还要清楚一个非常重要的要素——这个目标用户群体有哪些痛点、需求和问题？

4.3.1　什么是消费者的痛点

　　痛点是指用户的核心需求，是我们必须为用户解决的问题。**用户在做某件事的时候觉得非常不方便，甚至感到非常难办，做起来很痛苦，这就是用户的痛点**。例如，我有知识，但不知道选什么平台，也不知道通过什么形式来变现，这就是一个痛点。对于消费者的需求问题，我们可以去做一些调研，最好是采用场景化的描述方法。场景化的描述就是指具体应用的场景。

　　例如，笔者在做知识变现的课程时，已经有了知识付费产品，那么该选什么平台去推广呢？这就是一个具体场景的问题。再举个例子，说话太久嗓子会累，这也是一个场景。上课的时候说话太久，开会的时间太久，讲话太多，嗓子会痛、会累，这就是一个痛点，而且是更具体的场景痛点。痛点其实就是人们在日常生活中的各种不便，我们要善于发现用户的痛点，并帮助用户解决这些问题，对于知识变现来说，这些都是蓝海市场。

4.3.2　挖掘痛点有什么作用

　　找到目标消费者的痛点，对于内容创作者而言，主要有以下几个方面的好处，具体如图4-10所示。

| 创作出最受欢迎的知识产品 | 内容创作者如果找到了内容消费者的痛点，那么就可以根据他们的痛点，开发出解决其痛点的知识产品，这样的知识产品自然能够成为最受消费者欢迎的产品，同时这样的知识产品也是最具市场竞争力的产品 |

| 赢得消费者，占领市场先机 | 当内容创作者抓住了内容消费者的痛点之后，那么研究出的知识产品就会符合消费者的最佳需求，从而在无形中就已经抢占了消费者的市场先机 |

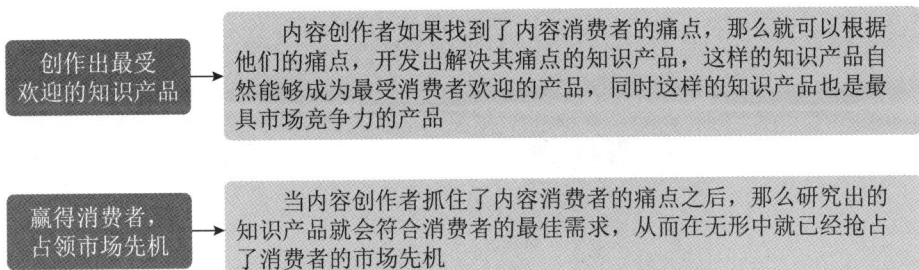

图 4-10 找到目标消费者痛点的好处

4.3.3 如何挖掘消费者痛点

所以，确定好为谁服务之后，我们要发掘用户的问题、痛点、需求在哪里。很多人说，我不知道用户的痛点、需求和问题该怎么办？很简单，有一个方法就是我们拿起电话去问对方，或者打电话给对方，这样就可以根据用户的痛点、需求和问题，去打造我们的知识变现模式。

要想找到消费者的痛点，还需要掌握一些方法，一般找到消费者痛点的方法有以下两种，具体如图 4-11 所示。

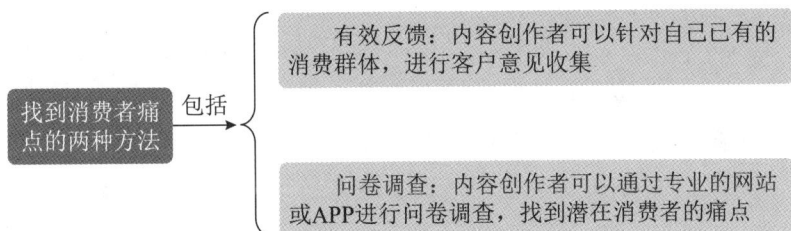

| 找到消费者痛点的两种方法 | 包括 | 有效反馈：内容创作者可以针对自己已有的消费群体，进行客户意见收集 |
| | | 问卷调查：内容创作者可以通过专业的网站或APP进行问卷调查，找到潜在消费者的痛点 |

图 4-11 找到消费者痛点的两种方法

对于内容创作者或者运营者来说，"内容"可以理解为自己的知识产品，如果你要打造爆款内容，那么就需要清楚自己的粉丝群体最想看的内容是什么，也就是**抓住粉丝的痛点，然后你就可以根据粉丝的痛点生产内容**。以微信公众号"手机摄影构图大全"来说，其内容运营者就在自己的公众号平台上，收集粉丝的痛点和需求，具体如图 4-12 所示。

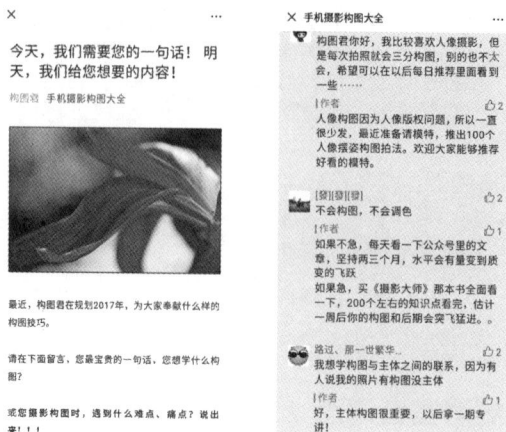

图 4-12　微信公众号"手机摄影构图大全"收集粉丝痛点

案例

粉丝画像：找到平台用户的内容偏好

"粉丝画像"是头条号粉丝管理中的重要组成内容，是对头条号粉丝数据化的描述。头条号后台的"粉丝画像"页面，从性别、年龄、地域、终端、内容分类、更受关注的关键词和与其他平台的共同用户等用户属性方面，为内容创作者和运营者构建起一幅较完整的用户画像。通过这些用户属性的信息，内容创作者可以从用户角度更好地创作符合他们需求的内容，从而增强粉丝黏性。通常情况下，用户偏好哪些分类内容，更多的是建立在主观上的数据情况，为内容创作者提供明确的内容运营方向。图 4-13 所示为某款摄影类知识产品的用户偏好分类内容分布图，将光标放在图上，可以看到该柱形条所代表的分类内容的具体比例。

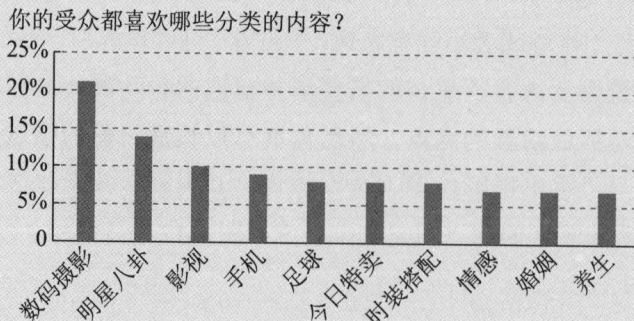

图 4-13　用户偏好分类内容分布图

从该柱形图中，我们可以很清楚地看到偏好不同分类内容的用户比例差距和具体的占比。有了这些数据，内容创作者对知识产品的可拓展方向就有了大致的把握，接下来的运营工作也就会相应成熟，做到得心应手。

与偏好哪些分类内容相似，用户偏好哪些关键词也是可以为具体的知识产品创作提供直接指导的。更重要的是，它是针对头条号所推送内容的所属分类而得来的结果，因而可以在内容中更多地合理植入用户偏好的关键词，以便让内容更多地被用户搜索和喜欢，从而促进头条号的发展和壮大。图 4-14 所示为某款摄影类知识产品的用户偏好关键词分布图，同样的，将光标放在图上，可以看到该柱形条所代表的关键词的具体比例。

你内容里的哪些关键词更受关注？

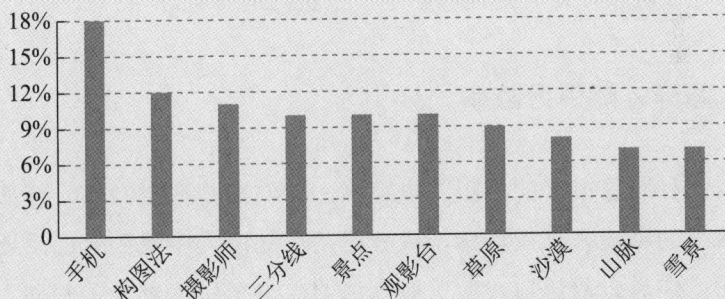

图 4-14 某款摄影类知识产品的用户偏好关键词分布图

4.4 学会讲故事，让读者产生情感上的认同

在打造痛点内容时，好的体验可以让用户产生消费动机，更愿意在你创作的痛点场景中埋单，从而提升转化率。因此，体验不仅可以解决用户的痛点和难点，同时还能为用户带来痒点和尖叫点，成为知识变现的引爆点。如果说痛点是解决用户的问题，那么痒点就是激发用户的欲望，在情感或心理上为用户带来更好的满足感。那么，如何提升用户体验呢？学会讲故事，让读者产生情感上的认同，就是打造痛点内容、提升用户体验的最佳方式之一。

4.4.1 讲故事有什么作用

在知识变现领域中"体验为王"，谁的知识产品和服务可以真正令用户满意，谁就能赢得用户。因此，平台和内容创作者需要共同努力，来为用户提供最优质的内容场景，给他们舒适和贴心的体验，在解决用户痛点的基础上，带来更多的痒点和尖叫点，提升内容的核心竞争力，才能引爆知识产品和服务。因此，在互联网上做营销、做传播，**一定要学会讲故事，一个好故事可能会使消费者产生情感上的认同，他会被你和你的故事所吸引**。

为什么大家都喜欢听故事呢？笔者觉得这是人性使然。从生物进化的结果来看，在远古时代，可能就是因为大家彼此陌生，不知道怎样去建立一个链接。在一个不安全的氛围和环境当中，如果讲一个好故事，就很容易和别人建立链接，或者是能够相互产生认同的感觉。

4.4.2 怎样才能讲好故事

如今，我们看很多的电影、电视剧，它们都是在讲故事，可能你会通过这个故事的剧情来抒发情感，或者在某个故事当中找到自己想要变成的某个角色，你想去效仿他，希望通过他的故事来带给你更多的动力。笔者觉得这是人们喜欢故事的一个重要原因，故事能抒发情感、效仿英雄，让我们获取动力。

另外一个原因，就是讲故事的时候，我们的信息和情感会进行交织，左右脑协同会让人产生更加深刻的印象，这就是今天我们为什么要讲故事的原因，因为大家喜欢听故事。

那么，我们怎样才能讲好一个故事呢？笔者觉得讲故事应该有一个基本的框架。例如，某人讲的故事是一个英雄之旅的事迹，很多好莱坞大片的主人公都有一个目标或者是有一个梦想，然后在实现目标或者达成梦想的过程当中，遇到了困难和挑战，那他又是怎样克服困难的呢？这就是一个英雄之旅的故事，通过这个故事让大家能够获得突破困难的动力。

在讲故事的时候，一般有两种方式：一种是第一人称讲述，讲的都是"我"和"我"身边的人的故事；另一种是第三人称讲述，以全局的视角讲述故事，多是虚构的人物。两种方式各有千秋，但是第一人称讲述更有代入感，特别是情感类的内容，讲起来更容易打动读者。

专家提醒

人都是有好奇心的，而这种好奇心正是激发人形成某种行为的原动力，比如标题制造了悬念、冲突以及对比，那么人们就会忍不住想要进入文章查看究竟是写的什么内容、表达了什么观点。

案例

笔者从流水线转型到美工的故事

笔者也可以讲一下自己的故事。我没有读过大学，16岁半就进入了社会，当时第一份工作就是做流水线上的操作工，生产DVD设备中的一个小螺丝。假如说每天要生产1 000台DVD产品，我每天大概要分批做2 000个电动螺丝。做这种重复性极强的工作，通常使我头晕眼花又恶心。

这种生活肯定不是我想要的，当时没有什么技能，也没有什么经验，就是有一颗渴望改变的心。当时，我几乎每天都要加班，只有每周三不加班。不加班的时候，我和工友们就会出去放松一下，我们会跑去镇上（当时是在惠州一个小镇上）买一些日用品，如牙膏、牙刷等，这是唯一感觉到自由的一天。

进到商场，当时我觉得这个商场琳琅满目什么都有，不像在流水线上，每天对着那个螺丝工作。于是我想，如果有一天我能够进入商场工作，就太好了，有各种各样的人，琳琅满目的商品。于是，这个想法就成为我当时的一个目标，我该怎样去达成这个目标呢？

当时我去商场应聘，但我的身体有缺陷，商场人事很明确地说："对不起，我们不需要残疾人。"于是，我接着想，那我能不能掌握一个与商场相关的技能或者是经验呢？我发现在商场有个美工的工作岗位，就是做POP（Point of Purchase，卖点广告）海报。大家一定见过超市的POP海报，最常见的就是那种特别可爱的脑袋大、中间小，或者左边大、右边小的海报字体，能有效地吸引顾客的视线唤起其购买欲，如图4-15所示。

图 4-15　POP 海报

因此，我想如果我能学会写这种字，就有机会进入商场工作，当个美工，就是每天写字，不需要干重活，也不需要做其他工作，如果我能掌握这个技能就好了。那怎样去实现我的梦想呢？我还是采用自己的策略，想成为什么人，就跟什么人混在一起。当时，我就想要跟美工建立链接关系，后来只要是不加班或者休息时间，我都会跑到商场跟美工去套近乎、打招呼。后来，我们的关系非常熟了，我帮他拿些纸或者递递笔，到最后因为太熟了我常常到他家里住。

我跟他在一起的时候，他就告诉我这个字该怎么写，比如说这个字是上面大、下面小、头显得可爱，或者是左边大、右边小，它就显得很萌。大概用了不到一个月的时间，我就掌握了其中的规律。每天我回到宿舍里，都会捡一些废纸，然后买一支马克笔，就是那种头特别大的笔。每天晚上，当别人都睡觉了，我就在宿舍练字，或者有时要关灯，我就跑到楼道走廊里练字。这种字体其实很容易学，我大概只用了一个星期，就可以写出很好看的文字。

我还采用了一个免费试用的策略来找工作。我跑到一家商场，说我不需要钱，免费给你们写。负责人认为我的方式可行，反正是免费的，我又不收钱，于是我就在这个商场练了一段时间。有一天，我上网去找和这方面有关的工作，发现有一个比较火爆的美工论坛。当时，还没有微博、微信这些社交媒体，都是在论坛上面发布信息。有人在这个美工论坛发了条信息："我们在深圳新开了一家商场，需要招一个美工，没有什么特殊要求，只要会写字就行，我愿意带他。"我觉得这是一个很好的机会，一定要争取。

因为当时在工厂做工，工厂会押我们一个月的工资。我也被押了一

个月工资，而且那时又快到发工资的时候，其实就相当于押了两个月的
工资。但是，我觉得不能错过这个可以改变自己的机会，特别想去做一
个美工。当时，我放弃了两个月的薪水，一个人带着行李箱跑到深圳，
结果也如愿以偿地获得了这份商场美工的工作。

这就是笔者自己的一个故事，不知道你听完这个故事有怎样的感想。
讲故事一定是有情节的，通过故事你可以了解一个人，这个人他是怎样对
待困难或者挑战的？同时，你还可以了解一个人的态度和想法。我们每个
人都有自己的故事，不妨试着去讲述自己的故事。

4.5　以消费者的需求为中心，解决刚需痛点

如今，我们正处于互联网高速发展的时代，不管是企业机构还是个人
创作者，其创作出爆款内容，都是以消费者的需求为中心来解决他们的刚
需痛点的。

在知识变现的生产链上，对于内容创作者来说，创作一款知识产品，
其最终目的是获得收益。内容创作者要想获得收益，就必须有消费者购买，
而消费者购买你的知识产品的前提是**这个产品是他想要的产品，这样消费
者才会选择去购买**。

对于知识产品而言，消费者是其最终服务的对象，要想让他们为产品
付费，那么这个产品就必须能够满足消费者的需求。

虽然市面上，大多数产品都能够满足消费者的需求，但其并不一定是
以消费者需求为中心的。这种产品本身可能具有吸引消费者的闪光点，但
是这种闪光点并不是消费者必需的，因此它就容易被其他产品所替代。只
有真真正正、完完全全以消费者需求为中心的知识产品，才能够不被其他
产品随意取代，也才能够获得长久的变现。

对于喜马拉雅FM、悟空问答、今日头条以及微信等平台来说，这些平
台之所以能够获得大量用户的关注，就是因为用户可以从中获取他想要的
信息，能够满足他们的信息需求。因此，我们在创作知识产品时，一定要

保证推送的内容是具有价值的内容，这样做有以下两个方面的作用。

- 证明平台的专业度。
- 提升用户的关注度。

如果消费者能够通过你的知识产品，学到一些具有实用性和技巧性的生活常识和操作技巧，帮助他们有效解决平时遇到的一些疑问和难题，那么就证明了知识生产者在内容运营方面是专业的，其创作的内容也是接地气的，带来的是实实在在的经验积累。

案例

李笑来：《一小时建立终生受用的阅读操作系统》

原新东方名师李笑来如今是一个著名的天使投资人，著有《把时间当作朋友》等多本畅销书，同时创立了情非得已（北京）科技有限公司，致力于"让一部分知识分子先富起来"。

李笑来在知乎上推出了《一小时建立终生受用的阅读操作系统》Live讲座，通过分享一个对所有知识体系都适用的阅读操作系统，让任何人都可以学会使用这个阅读操作系统，如图4-16所示。《一小时建立终生受用的阅读操作系统》Live讲座收费为100元，吸引了超过12万人的参与。

图 4-16 《一小时建立终生受用的阅读操作系统》Live 讲座

李笑来对于"解决痛点"问题的解释也有自己的看法，他在打造知识产品时，通常会以消费者的需求为中心，找准他们的刚需痛点，然后再用自己的知识产品来解决消费者的问题，这样即使让他们为此付费也心甘情愿。

第 5 章

经验内容：

把碎片化的知识变成系统

在移动互联网时代，碎片化学习已经成为一种生活习惯，包括学习内容的碎片化和学习时间的碎片化。在打造知识产品的时候，我们不仅要适应这种新的学习方式，还必须学会萃取自己所在行业的知识、技能和经验，萃取就是把碎片化的知识变成系统。否则，我们会慢慢将其遗忘，而且如果碎片化知识太多，而你不能完全将其吸收和消化掉，会使自己产生焦虑。

- 主题确定：解决用户的实际问题
- 场景描述：引起用户的心灵共鸣
- 归纳总结：探寻并找到价值经验
- 4 大特点：打造优质内容的方向
- 3 种形式：内容的价值在于输出

5.1 主题确定：解决用户的实际问题

将碎片化的经验变成知识系统后，不仅能够扩大我们的知识面、了解自己的兴趣点，而且学习效率也非常高。那么，该怎么萃取碎片化的知识和经验呢？

5.1.1 了解碎片化知识和系统化知识

如今，我们可以将自己的知识经验分为两大类，包括碎片化知识和系统化知识，下面将分别进行介绍。

碎片化知识就是利用各种碎片化的时间学到的碎片化内容，如我们在公交车上看了一个编程的课程，然后在睡觉前听了一段英语口语教学音频，这些都是碎片化知识。获得碎片化知识的主要渠道有知乎、喜马拉雅FM、微课以及公众号等。这种碎片化知识的主要缺陷在于记忆不够深刻，学习的内容也比较浅显。

最典型的系统化知识就是学校教育了。从零开始，通过一节节的课程、一本本的书籍递进学习，让我们能够彻底了解某一门学科的来龙去脉，掌握一套完整的知识体系，将相关的知识牢牢记在心中。例如，钢琴考级就是这么一个过程，钢琴等级考试一共分为10级，每次考级都是对自己钢琴水平的一次极大的提升。

但是，这种系统化知识的获取时间通常都比较长，过程也非常枯燥，容易让人产生排斥或中途放弃。

5.1.2 将碎片化知识变成系统化知识

笔者认为，不管是碎片化知识还是系统化知识，我们都需要合理安排时间去学习，这样才能掌握完整的知识体系。更重要的是，我们要提升自己的学习能力，善于将碎片化知识变成系统化知识。

要做到这一点，首先要确定的就是我们的知识经验会不会有人埋单，**可以站在用户的角度去思考，能帮助用户解决什么问题，然后再去确定主题。**就像我们设计知识产品的时候会去确定这个主题会不会有人来买，这是必要的步骤。

案例

王炬：制定京剧课程主题

笔者在帮王炬老师设计课程主题的时候就考虑到了这一点，如何欣赏京剧？这个课程能够解决什么问题？解决什么需求？我们对该领域进行了深入的调研，有什么问题就解决什么问题。

王炬老师是著名的戏曲文化学者，致力于京剧大众化的当代传播，同时他还是有名的"文艺侠客"，推出了自媒体脱口秀节目《咣咣十日谈》，在喜马拉雅 FM 上获得了 160 多万的播放量。

5.2 场景描述：引起用户的心灵共鸣

用户所在的领域中可能有很多同类型的主题，因此我们还要对这些主题进行细分。例如，知识付费领域的主题就有很多，如知识付费产品的打造、知识付费产品的设计、知识付费产品的营销等。

确定主题之后，我们要尽量细分主题，同时要对用户的具体使用场景进行一些描述，那就是用户在什么样的场景之下能够用到你的产品。在做场景描述时要有画面感，当你讲出问题之后会让客户觉得"哇，这个就是我亟待解决的问题呢！"

场景的描述很简单，有时候就是一个问题。问题越具体，越容易引起用户的共鸣。有的时候，只要把用户的问题描述出来，他们就可能会为这个产品埋单。例如，下面这个主题为"淘宝不刷单，如何快速累积宝贝权重"的课堂就是采用问题的形式来描述场景的，该课程的累计报名人数超过了25万，如图5-1所示。

图 5-1 用问题式主题来描述场景的示例

因此，我们在描述场景时就可以按这个思路去设计，**将自己的技能和经验应用到具体的场景当中，引起用户的心灵共鸣**，这样用户就会产生"哦，原来如此"的感觉，同时会产生"获得感"。

案例

樱桃画报：《如何假装成一个好妈妈？》

以微信公众号"樱桃画报"为例。"樱桃画报"曾经推出了一篇《如何假装成一个好妈妈？》的爆文，如图 5-2 所示，一时之间在朋友圈掀起了不小的"浪潮"。带有争议性和逆反思维的标题为它吸睛不少，阅读量一路飙升，突破 1 400 万。而在此之前，"樱桃画报"只不过是一个阅读量保持在 3 万左右、点赞量很少破千的账号。而这一篇文案就成功赚取了 1 400W+ 的阅读量，各大微信公众号争相转载。

《如何假装成一个好妈妈？》这篇文案的标题一反常态，不按常理出牌，一开始就吸引了读者的注意，"好妈妈"的形象在大众心里已经根深蒂固，为什么是假装成一个好妈妈？这其中有什么缘故？而它的吸睛点远远不止于此，总体来说有如图 5-3 所示的 3 点。

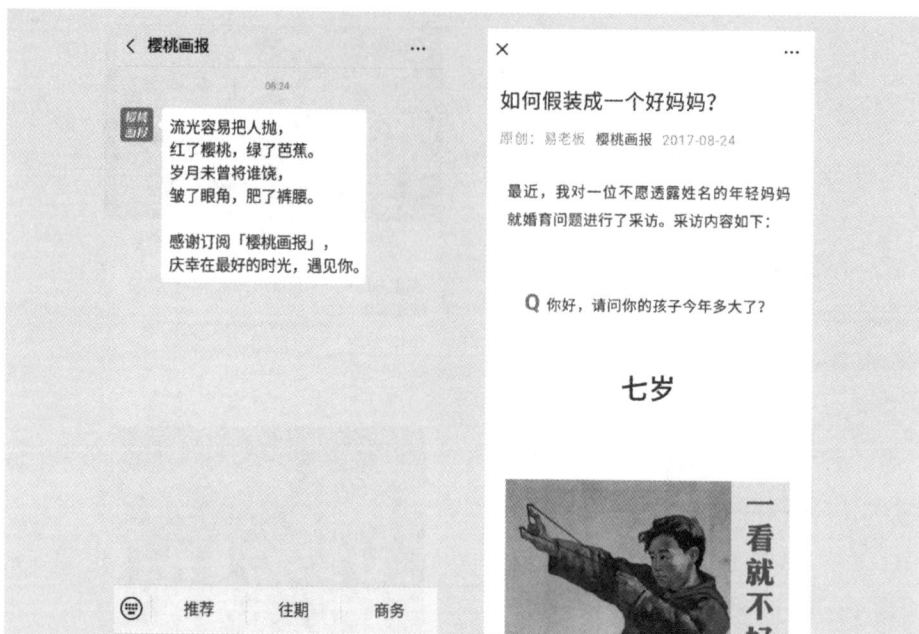

图 5-2　微信公众号"樱桃画报"与《如何假装成一个好妈妈？》内容展示

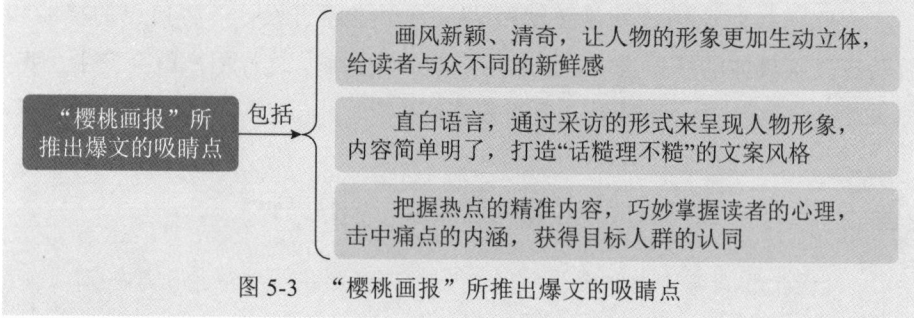

图 5-3　"樱桃画报"所推出爆文的吸睛点

专家提醒

　　文案抓住了不同年龄阶段、不同类型的人群的情感共鸣，比如忙于带孩子的宝妈能对文章中的观点感同身受，而还没有生孩子的少女们看了这篇文章则选择继续"做梦"，奶爸们也可从文章中窥视到一些自己的影子。这就是它的高明之处：涵括了比较广的人群范围，从而形成井喷之势。

5.3 归纳总结：探寻并找到价值经验

将碎片化知识变成系统化知识的第三步，就是探寻并且找到有价值的经验，同时要善于归纳、整理和总结。那么，怎么去探寻，怎么去找到经验呢？其实，**经验就是我们过去验证过的、行之有效的方法。**

5.3.1 归纳总结碎片化知识的形式

在归纳和总结这些碎片化知识时，我们可以采用摘要式、提纲式、表解式以及图解式等方法。

1. 摘要式

摘要式即提取知识中的部分重点内容，或者将其精华部分进行浓缩，使用简练的文字呈现出来。例如，我们可以将文章中的重点内容加粗，以加深自己的阅读记忆，如图5-4所示。

第1个技巧：品相为上，会拍的不如会选的。

一般的人遇到花，初一看，花好看，就去拍了。

会拍的人则不急，先选花，再选花，然后再拍。

与其拍10朵花，不如选10朵中，最漂亮的那一朵来拍。

图5-4 重点内容加粗示例

2. 提纲式

提纲式即抓住知识中的重点内容进行系统归类，并使用简练的文字表达出来，同时要注意这些知识点之间的关系和逻辑性。

3. 表解式

表格可以非常直观地呈现各种信息内容，不仅可以分析相关的现象或者过程的变化，同时还可以用来进行对比。例如，使用 Excel 表格中的数据透视表工具可以非常容易且直观地观察数据的总量，在想要知道某一项的合计数量时很常用，尤其是数据量庞大时，使用数据透视表工具操作起来非常方便，如图 5-5 所示。

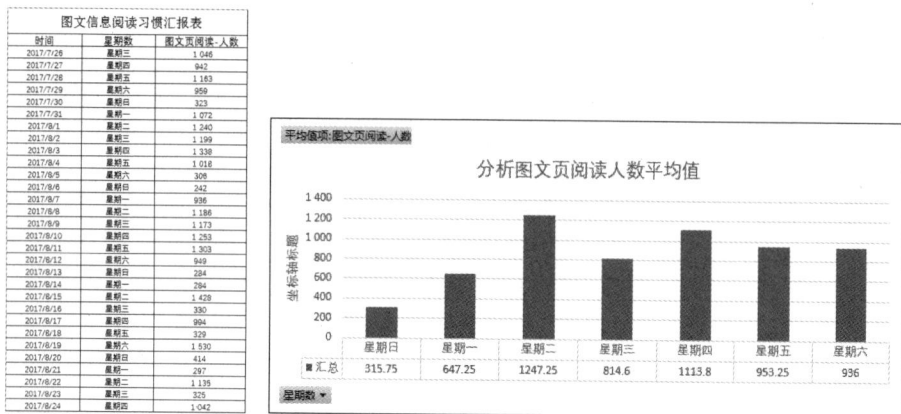

图文信息阅读习惯汇报表		
时间	星期数	图文页阅读-人数
2017/7/26	星期三	1 046
2017/7/27	星期四	942
2017/7/28	星期五	1 183
2017/7/29	星期六	959
2017/7/30	星期日	323
2017/7/31	星期一	1 072
2017/8/1	星期二	1 240
2017/8/2	星期三	1 199
2017/8/3	星期四	1 338
2017/8/4	星期五	1 018
2017/8/5	星期六	308
2017/8/6	星期日	242
2017/8/7	星期一	936
2017/8/8	星期二	1 186
2017/8/9	星期三	1 173
2017/8/10	星期四	1 253
2017/8/11	星期五	1 303
2017/8/12	星期六	949
2017/8/13	星期日	284
2017/8/14	星期一	284
2017/8/15	星期二	1 429
2017/8/16	星期三	330
2017/8/17	星期四	994
2017/8/18	星期五	329
2017/8/19	星期六	1 530
2017/8/20	星期日	414
2017/8/21	星期一	297
2017/8/22	星期二	1 135
2017/8/23	星期三	325
2017/8/24	星期四	1.042

平均值项:图文页阅读-人数

分析图文页阅读人数平均值

纵坐标标题

	星期日	星期一	星期二	星期三	星期四	星期五	星期六
汇总	315.75	647.25	1247.25	814.6	1113.8	953.25	936

星期数 ▼

图 5-5　数据透视表示例

4. 图解式

图解式即通过图解的形式有效整合各种碎片化的知识信息，并通过关键词来连接记忆烦琐的信息，方便用户随时、快速地寻找并运用知识信息，如图 5-6 所示。

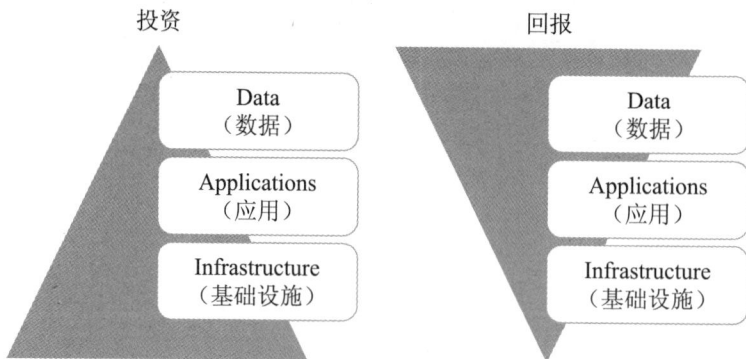

投资　　　　　　　　　　　回报

Data（数据）

Applications（应用）

Infrastructure（基础设施）

Data（数据）

Applications（应用）

Infrastructure（基础设施）

图 5-6　图解式归纳信息示例

5.3.2　快速找到有价值的经验信息

我们可以将很多碎片化知识通过数据来进行量化，分析这些碎片化知识的基本功能及相关案例，快速找到其中有价值的经验信息，从中获取用户痛点并转化为知识产品需求。我们可以从以下3个方面入手，如图5-7所示。

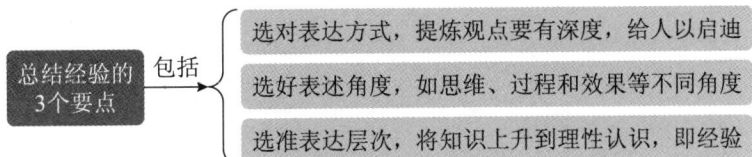

图 5-7　总结经验的 3 个要点

在学习各种碎片化知识的过程中或在工作、生活当中，我们可以对其中的典型经验进行总结，找出经验教训，引出规律性的内容，再推而广之，从而去掉盲目性，提高科学性。例如，"手机摄影构图大全"创始人构图君在写文章的过程中，经常会在末尾处对文章的重要知识点和经验进行总结，帮助大家来回顾知识、加深记忆，如图5-8所示。

图 5-8　在文章末尾总结经验示例

总结经验还有一个好方法，那就是做笔记。当然，做笔记并不是随意乱写，也需要掌握一些方法来提高笔记的效率和效用。例如，沃尔特·鲍克等人发明的康奈尔笔记法，通过分类别记录的形式将一页纸拆分为 3 个区域：**左边四分之一左右的空间作为线索栏，下方五分之一左右的空间作为总结区域，右上最大的空间作为草稿区域**。这种方法能够极大地提升学习效率，如图 5-9 所示。

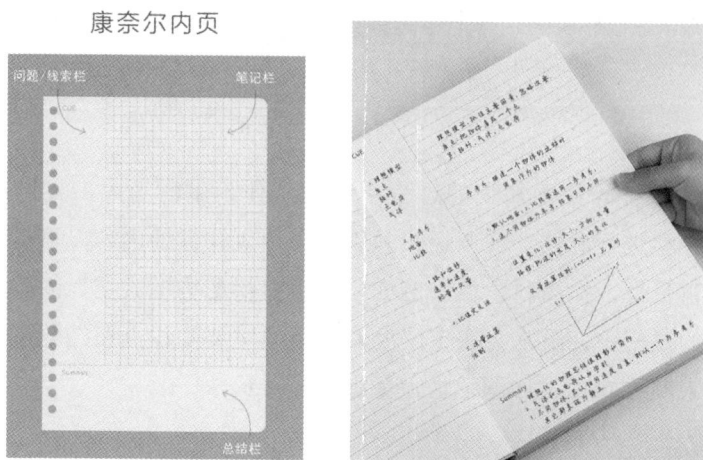

图 5-9　康奈尔笔记法

5.4　4 大特点：打造优质内容的方向

在互联网上，我们靠什么来获取用户？靠什么来获取影响力？笔者认为，**一定是靠优质的内容**。如今，移动媒体发展得非常快，让我们随时随地都可以生产制造内容，但是优质的内容永远是稀缺的。

5.4.1　优质内容有哪些特点

什么样的内容才是优质内容？笔者觉得下面的内容才是优质内容，如图 5-10 所示。

指导性的内容	例如，你可以告诉大家这个翻页笔怎么去使用，或者如何成为一个优秀的PPT制作者，这些都是指导性的内容
娱乐性的内容	娱乐性的内容是大家都比较喜欢的，每个人都喜欢快乐，假如你能以有趣的方式去表达专业的内容，笔者相信你的内容一定会更受欢迎。比如像于丹老师，她讲的《论语》让每个人都有自己的理解
说服性的内容	说服性的内容是指你可以通过发表一些专业的文章、专业的内容来构建你的影响力
分享性的内容	分享性的内容包括你的专业、你的技能、你想要分享的一切东西，这些都属于优质的内容

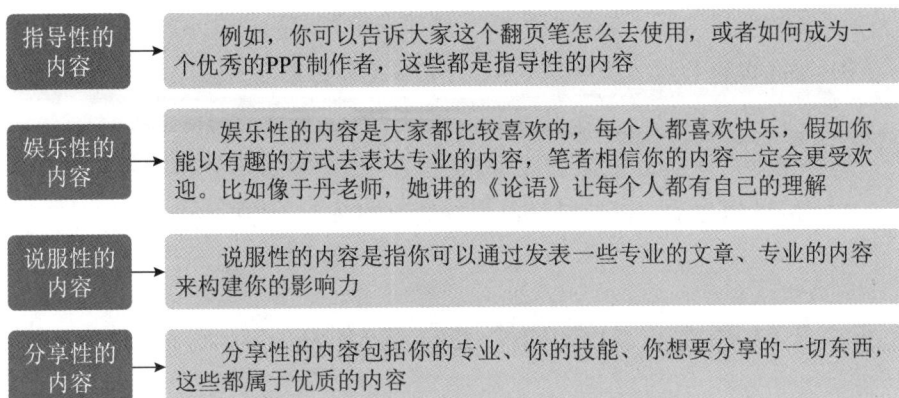

图 5-10 优质内容的 4 大特点

如果你能做出具有指导性、娱乐性、说服性或者分享性的内容，并且坚持做下去，就能在互联网上构筑自己的影响力。

5.4.2 创作优质内容需要考虑的问题

在创造优质内容之前，笔者有一个观点要分享给大家：**"给的再多不如懂我。"** 笔者非常喜欢这句话，因为在互联网上相关情况是大量存在的。你提供了很多内容，那是不是用户想要的内容呢？这就需要我们去思考，要考虑以下几个问题。

- 第一，我们的受众是谁？每一个产品都有特定的受众，谁会来买？谁会使用我们的产品或者服务？在互联网上做内容一定要明确这一点，一定要了解自己的目标客户是怎样的群体。
- 第二，要考虑目标客户感兴趣的内容形式，具体是哪一类信息。
- 第三，要考虑自己可能出错的地方有哪些？还要考虑对自己有什么期望，以及目标客户有什么问题需要我去解决？

下面以笔者的知识变现课程为例来思考这 3 个问题。

- 我的课程受众是谁？一定是对自我营销、互联网以及社交媒体非常感兴趣的人群。
- 让他们感兴趣的信息有哪些呢？让他们感兴趣的可能是如何通过互联网来构筑自己的影响力、如何通过新媒体来获取更多的关注，以及如何通过新媒体来销售更多的产品或服务。

- 可能出错的地方有哪些？一方面你要考虑自己；另一方面也要考虑客户可能出错的地方有哪些、他们需要我解决的问题是什么。

笔者认为，在做完上述自我分析之后，你大概就能知道自己应该怎样结合上面所讲的方法，再结合自己的专业去创造一些优质的内容了。

5.5 3种形式：内容的价值在于输出

内容的价值在于输出，内容创作者还可以输出以下这3类信息。

5.5.1 咨询答疑类

现在很多人遇到困惑时就会去互联网上寻找答案，这个时候如果你能够提供这种答疑类的信息，一定会被你的受众群体所欢迎，如图5-11所示。

图 5-11 咨询答疑类内容示例

5.5.2 知识干货类

例如，如何成为一位优秀的配音演员，这也是知识干货类的信息资讯，如图 5-12 所示。每个人都需要对自己的行业有所认知和了解，因此每个人都需要一些信息资讯，如果你能生产这些内容，也会为自身树立良好的专业形象。

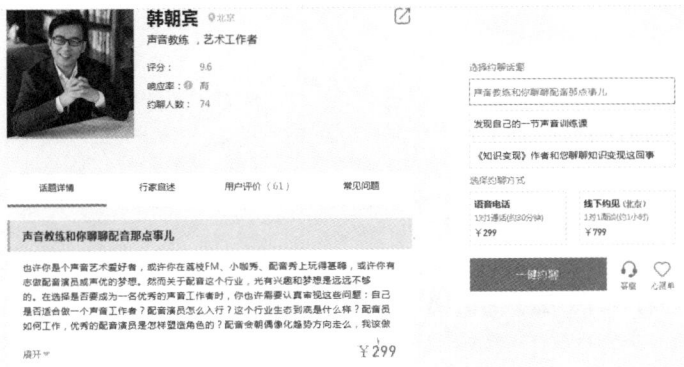

图 5-12　知识干货类内容示例

5.5.3　利益的回馈

最后一种内容价值就是利益的回馈，如果你在做内容输出的时候能做一些抽奖活动或者评论送礼活动等，这也是一种价值输出，也能吸引更多的人来关注你，如图 5-13 所示。

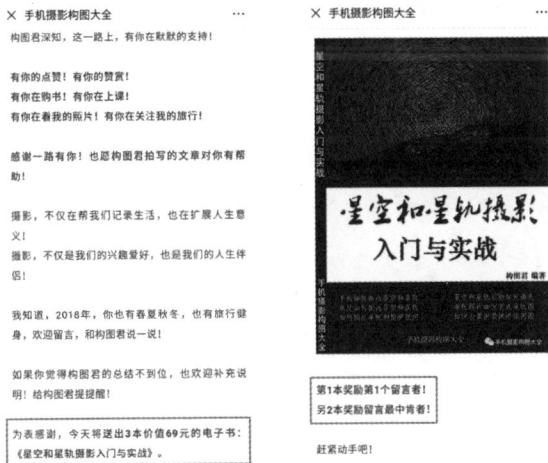

图 5-13　利益的回馈内容示例

第 6 章

营销内容：

爆款知识付费产品的设计

爆款知识产品是如何设计出来的呢？我们首先要了解知识变现的生产流程。知识变现的生产就是先进行选题，选完题之后就开始确定经验，确定目标用户是谁，然后再根据经验去设计知识产品。有了知识产品之后，你就可以去不同的平台分发，产品可能是音频，可能是视频，也可能是订阅专栏或者是培训课程，还可能是一本书，总之你要找到适合自己的变现路径。

- 5 种产品形式：打造知识变现的营销内容
- 爆款设计路径：选题—大纲—目录—内容
- 产品标题创意：写出让人不可抗拒的标题
- 知识分享经济：轻松打通知识变现的途径
- 产品设计逻辑：内容不同，平台产品如何做
- 产品定价技巧：成本定价还是价值定价

6.1 5种产品形式：打造知识变现的营销内容

随着各个内容平台和机构对知识变现新方向的不断探索，知识产品化进程也在不断向前推进。在这个过程中，知识创作者和内容平台也产生了很多发展机会。

6.1.1 认识内容的基本形式

互联网营销一直都是内容为王，那内容包括哪些形式呢？在互联网上内容的传播无外乎3种形式：一种是文字类的信息；另一种是图片；还有一种是视频，当下又新增了一个直播类的内容平台。

那么，文字、图片、视频这些内容都有哪些形式呢？

- 可以利用社交媒体发博文、发朋友圈。
- 可以写新闻类的稿件。
- 可以做一些音频。
- 可以写一些行业白皮书。
- 可以做一些图片、信息图表、幻灯片视频。
- 可以开展一个在线研讨会。
- 可以录制一些短视频。

以上这些都是内容的形式。当然，如果你的预算比较多，甚至可以开发一个APP应用的小游戏，或者是一些程序，或者是用H5制作一些场景动态的演示画面等，这些都是内容形式。同时你要考虑，你的公司、业务或者产品怎样去结合这些内容形式，制作一些营销内容。如图6-1所示为H5形式的营销内容示例。

图 6-1　H5 形式的营销内容示例

6.1.2　多元化的知识产品形态

随着移动互联网的不断发展，演化出了多元化的知识产品形态，如图 6-2 所示。

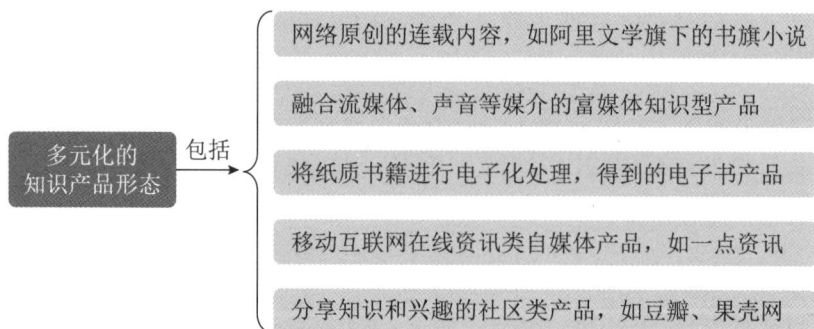

图 6-2　多元化的知识产品形态

一点资讯：以用户兴趣为引导推送资讯内容

一点资讯自媒体平台又称"一点号"，是由一点资讯推出的一个内容发布平台。当你申请到"一点号"账号后，即可通过一点资讯平台为用户提供更精准的资讯内容，如图6-3所示。

图6-3 一点资讯平台

一点资讯还首创了"兴趣引擎"模式，以用户兴趣为引导来推送各种资讯，同时结合了个性化推荐和搜索技术，成为移动互联网时代高效、精准的内容分发平台。一点资讯通过掌握并分析不同用户的兴趣，然后根据用户的主动订阅行为来加强对其兴趣的解读，并在这些兴趣之间建立一种连接关系，主动为用户推荐他们感兴趣的内容。

丰富的内容再加上独特的"兴趣引擎"，一点资讯通过移动互联网技术极大地提高了用户体验，对于互联网创业者来说，也为他们带来了更多的用户群体，可以帮助优秀的自媒体人更快地找到与自己匹配的粉丝。

6.1.3 5大付费知识产品形态

在所有知识产品中，**付费知识产品是可以让内容创作者直接受益的产品类型，也是知识变现的主要方式。**目前，主流的付费知识产品形态有以下5

种，如图 6-4 所示。

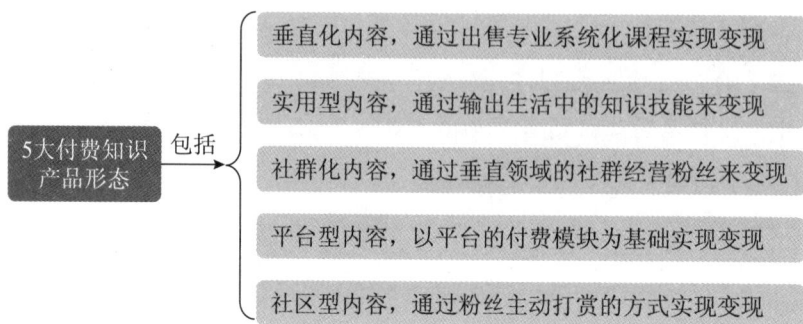

图 6-4　5 大付费知识产品形态

案例

汽车之家：打造垂直门户的内容社区

　　要想做好论坛营销获得良好的推广效果，内容是重中之重。例如，汽车之家的重点产品就是汽车产品库和汽车论坛。其中，以用户为核心的汽车论坛就是一个社区型内容的知识产品，通过将同一车型、同一地区或者同一兴趣的用户聚集在一起，增加用户之间的交流和互动，如图 6-5 所示。

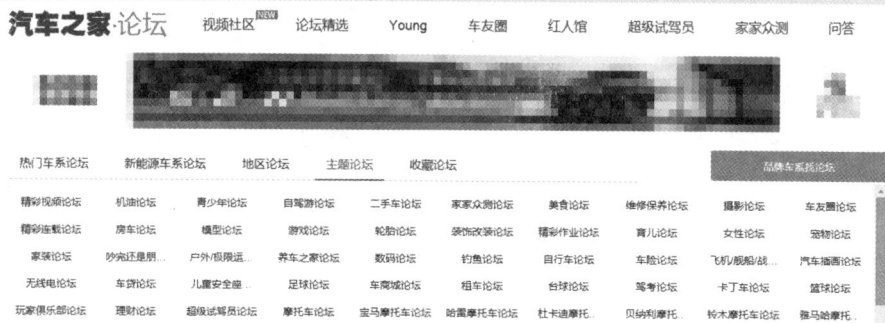

图 6-5　汽车之家·论坛社区

　　同时，用户在逛论坛时还可以对喜欢的帖子内容进行打赏，如图 6-6 所示。社区型内容是一种主动性极强的知识变现方式，主要依靠用户对内容的认同感以及对知识创作者价值观的认可来主动形成知识付费。

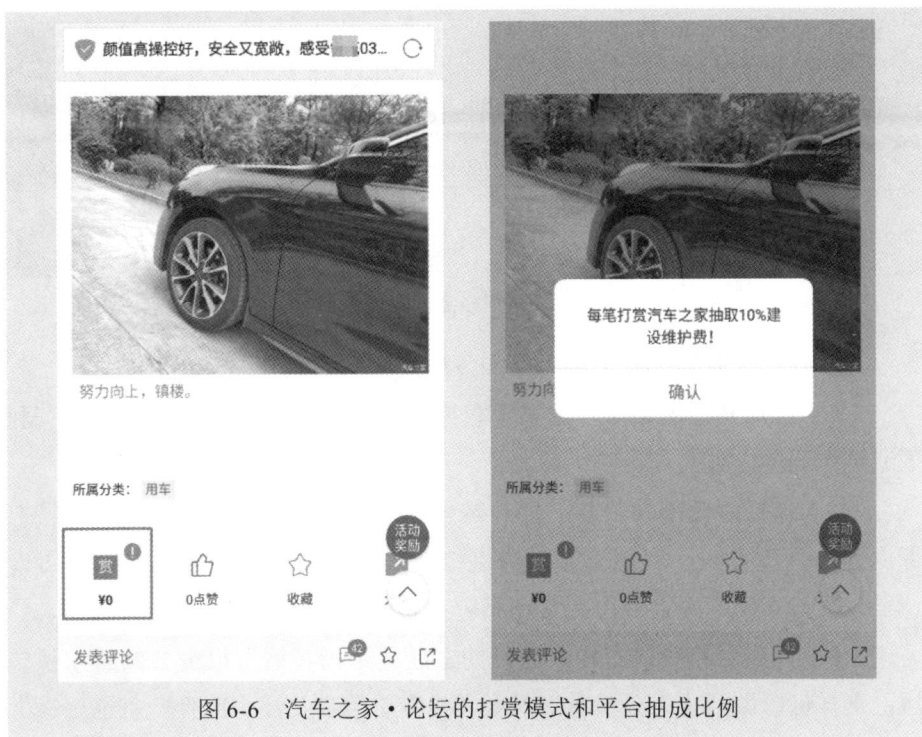

图 6-6 汽车之家·论坛的打赏模式和平台抽成比例

6.2 爆款设计路径：选题—大纲—目录—内容

不同的知识产品，适合的推广平台也是不一样的，你可以在得到、喜马拉雅 FM 或者千聊上面推广自己的内容。另外，不同的平台也有不同的知识产品逻辑，下面介绍爆款知识产品的设计路径。

6.2.1 选题：构思知识产品主题

选题是对知识产品主题的一种设想和构思，通常表现为知识产品的名称以及对知识产品的大致规划，如图 6-7 所示。可以通过不同的选题方向给我们发掘更多的"斜杠身份"。

图 6-7　知识产品的选题示例

爆款知识产品的选题策划思路如下所述。

（1）**选择熟悉的领域**。这样不仅有利于自己的内容创作，而且也有利于通过专业性内容提高影响力。

（2）**选择切口小的题材**。切口越小，内容讲得越透彻，你就更容易把握内容的具体方向，有助于循序渐进地解决问题和用户痛点。如果切口设计得过大，不仅不好把握，而且还不容易将内容讲清楚。

（3）**选择更新颖的主题**。新颖的主题就是指其他人很少去做的知识领域，这样可以做到"人无我有"，更容易吸引用户关注，而且竞争也更小。

6.2.2　大纲：内容的总纲和要点

大纲，也就是知识产品的总纲和要点，是总领全篇内容的重点所在。大纲通常是在选题的基础上对内容要点进行系统排列而形成的规划宏图，**并且具有一定的顺序性、逻辑性**，如图 6-8 所示。

6.2.3　目录：知识产品的组织架构

如果说大纲是对内容创作思路的阐述，那么目录就是所有基于大纲的内容标题的集合，通常目录要比大纲更加详细。目录是指按大纲将知识产品的细分内容要点列出来，起到一个内容索引的作用，如图 6-9 所示。用户可以根据这些目录中的标题或页码，快速找到所需的内容。

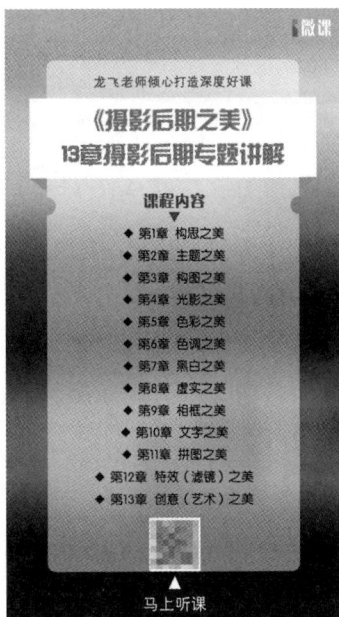

图 6-8　知识产品的大纲示例

图 6-9　知识产品的目录示例

6.2.4　内容：场景化、问题、解决方案

知识产品的具体内容可以从以下 3 个方面来进行创作。

（1）**场景化**：场景就是限定了某个功能的场所，在一个固定的空间里可能会触发的一些事。

（2）**问题**：在这个场景下会产生哪些问题。

（3）**解决方案**：如何解决这个场景下的问题。

例如，某集团公司的总经理需要经常去外面开会，这就是一个场景。那么，问题是什么？如穿什么衣服去开会比较合适、会议上要说一些什么内容等，这些都是基于这个会议场景下可能产生的问题。接下来是解决方案，你可以设计一个形象管理的知识产品来解决会议场景下的穿着问题；你也可以设计一个关于会议演讲的知识产品来解决会议场景下的沟通交际问题。

刘润：《5分钟商学院》

润米咨询董事长、互联网转型专家、前微软战略合作总监刘润老师，在"得到"APP上开设的订阅专栏《5分钟商学院》，分为基础篇（第一季）和实战篇（第二季）两个课程，累计有34万人学习，如图6-10所示。

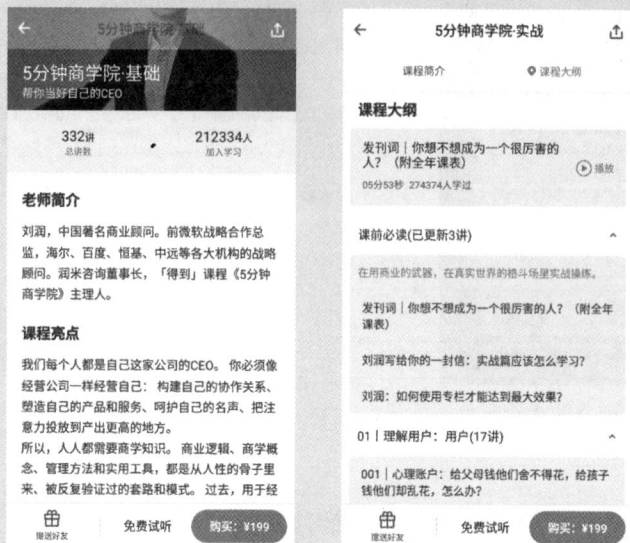

图6-10　刘润老师的《5分钟商学院》

其中，《5分钟商学院·基础》课程已经全部完结，采用图文＋音频的内容形式，通过260课核心内容和52期客座教授的特别内容，帮助用户系统地学习经典实用的商业知识。《5分钟商学院·实战》课程分为4大核心模块，通过260个真实场景来阐述商业世界的所有制胜规则。

《5分钟商学院》不仅选题清晰，有完整的大纲和目录架构，而且内容采用"场景化＋问题＋解决方案"的设计方式，让用户每天只需花费5分钟时间，即可看懂商业世界各种玩法背后的根本逻辑。

6.3　产品标题创意：写出让人无法抗拒的标题

很多自媒体人都知道标题的重要性，因为50%的用户是否会打开你发布的内容都取决于标题，所以标题是影响用户打开率的非常重要的一个因素。如果你的标题没能立刻吸引住用户，那这个用户可能就流失了。所以，现在有句话是这样说的：**"互联网上没有读者了，只有'瞟客'，就是'瞟'一眼决定要不要继续往下阅读。"** 因此，在设计爆款知识产品时，写好标题是非常重要的一步。那么，好的标题有什么标准呢？

6.3.1 "撩"起读者的情绪

笔者觉得，**好的文章标题必须能够把人的情绪调动起来**。现在有个很流行的词语叫作"撩"，意思比较类似，就是说要把读者的情绪"撩"起来、调动起来，然后突然又停下来，让他们"欲罢不能"想要阅读，忍不住点开标题往下看，这样的标题就是一个好标题。

▶ **专家提醒** ┈┈┈┈┈┈┈┈┈┈┈┈┈┈┈┈┈┈┈┈┈┈┈┈┈┈┈┈┈┈┈┈┈┈

我们在构建自己的内容库时，可以从 3 个方面来考虑，分别是话题、标题和关键词。话题必须是你的用户比较感兴趣的内容，不管你的产品是什么，都必须对你的用户有深刻的洞察，了解他们对什么话题感兴趣，然后你再去做一些相关的内容。同时，做内容的时候要考虑标题，标题起得好不好，决定着你的用户会不会往下看。最后，还有关键词的设定，如果你能设置好一个关键词，那一定会吸引到更多的潜在目标客户。

┈┈┈

6.3.2 写出细节冲突与真情实感

首先，写出细节冲突，在标题中表现出人与人之间的矛盾关系或者人的内心矛盾，或者把环境进行"人化"处理，从而带出人物的性格与选题的立意。

其次，**写出发自内心的真情实感**。例如，笔者曾经在文案课上做过一个练习。笔者的同桌是个女同学，她在写自己父亲的时候，写到小时候父亲为了给她买一个文具盒，走遍了镇上的每一家商店，同时写了哪怕是刮风下雨，父亲每天早上都会骑单车从家里送她到学校。结果写着写着，她把自己感动了。笔者觉得这就是写出了真情实感，这就是好文案。

6.3.3 好标题的基本"套路"

如果你实在写不出好的标题，可以按这种方法往上套，这也是写好标题的"套路"，比如，"标题＝目标人群＋问题＋解决方案"。下面来看一个例子，如"销售人员提升的5条途径"，这是一个标题。其中，目标人群是"销售人员"，问题是"想要提升"，解决方案是"5条途径"。这也是一个好的标题，针对目标人群提出他们面临的问题并给出解决方案。

另外，我们也可以按照在限定的时间内得到结果的"套路"来设计标题。例如，"教你一分钟写出一个好标题"，这就是在限定的时间内给出对方想要的结果。这些还不够，再来看几个例子，如"高手教你如何一分钟写出一个好标题""任何人都可以学会的秘诀"等，这个标题是不是比上一个更加吸引人？再如，"大家来看2019年最新版文案教程，教你一分钟写出一个好标题的心法和原理"，你一定想要了解是什么心法、原理，这也是一个好标题。"高手是如何一分钟写出一个让人不可抗拒的好标题的？"这些都是用揭秘的方法来设计标题的。

最后，我们可以**在标题中加上符号性的词汇，借一些名人明星或者热点事件来写出一个好标题**。我们经常看到一些标题说马云如何如何，其实马云并没有说过那样的话，但是创作者在标题中加上了这个名人后，标题就会更加吸引人。

用户不妨结合自身的行业和职业来写一些标题，要能够写出冲突、写出细节，然后在标题中运用一些数字，或者是结合名人，或者是能够调动人的情绪，多去练习，即可锻炼写出好标题的能力。

> **案例**
>
> **视觉志：借势热播剧打造好标题**
>
> 　　除了明星人物和热点事件外，热门的音乐、影视剧也可以成为符号性标题的依托，如热播剧《琅琊榜之风起长林》就成功吸引了广大观众的注意力，微信公众号"视觉志"就借助它的人气，打造了一篇标题为《〈琅琊榜之风起长林〉：成长选择了我，所以我成长》的文案，如图6-11所示。

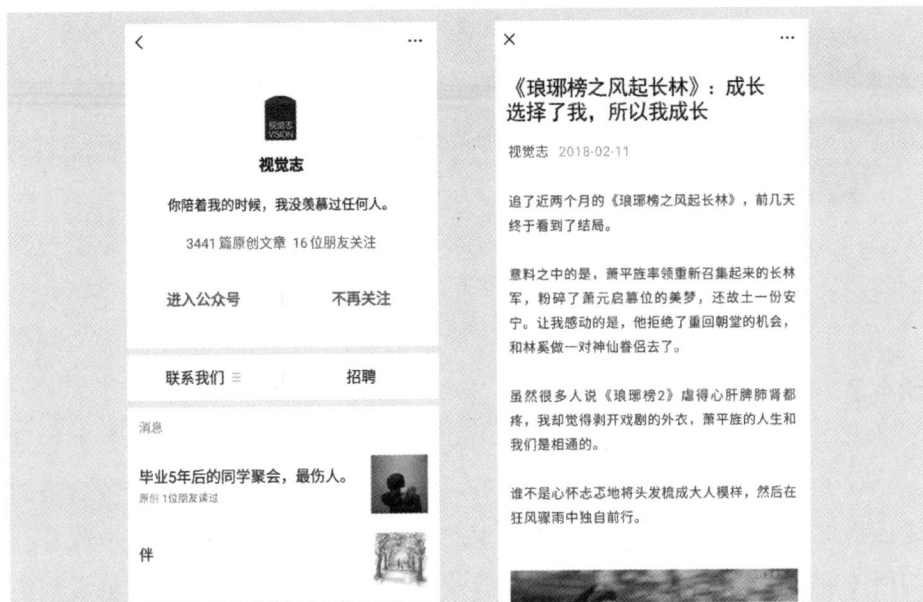

图 6-11 微信公众号"视觉志"和标题示例

"视觉志"一直都非常注重原创内容，同时以温暖励志、正能量为主要选题标准，吸引了众多读者粉丝的关注，其微信公众号粉丝量超过1 000万，矩阵账号的粉丝量更是超过4 000万，而且打造了数篇1 000W+阅读的爆文，粉丝黏性非常高。

6.4 知识分享经济：轻松打通知识变现的途径

新媒体平台的不断崛起以及各种新媒体技术和工具的不断升级，共同推动了知识产品与服务的创新发展，同时也让知识变现的途径更加多元化，让我们进入了知识分享经济时代。

6.4.1 知识分享经济的类型

知识分享经济的两大主要类型包括知识产品与知识服务，如图 6-12 所示。

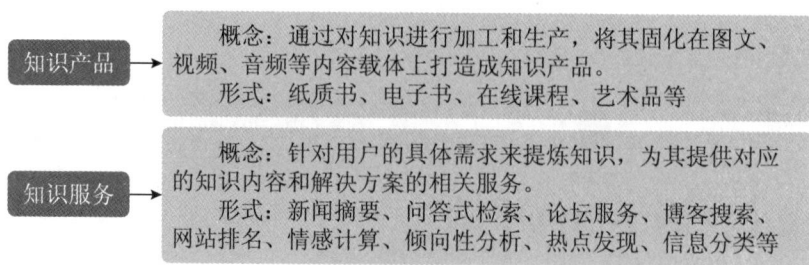

图 6-12　知识分享经济的两大类型

6.4.2　寻找知识变现的途径

有了相关的知识产品或知识服务，接下来我们还需要寻找一种合适的途径将这些知识变现，通过销售知识产品或者提供知识服务来获取收益。如何才能把知识变现呢？我们还需要找到一个合适的平台。下面笔者列举了一些常见的知识变现的途径，供大家参考。

1. 文章变现渠道

例如，如果你的知识产品是文案内容，那么你可以选择一些自媒体渠道来变现，如头条号、大鱼号、豆瓣、知乎或者简书等平台都可以发布文章，如果有人喜欢你的文章，你就可以沿着这个方向继续创作，从而实现量变到质变的演化，获得平台收益。另外，你也可以主动投稿赚钱，如杂乱无章、我要 whatYouNeed、花边阅读、真实故事计划、概率论以及丁香园等，这些公众号平台都有投稿邮箱。

2. 经验变现渠道

如果你对某些行业的研究非常深入，有自己独到的见解或者相关的行业经验，也可以去一些问答类平台，通过付费回答用户的问题来进行知识变现，如知乎、悟空问答以及在行一点等平台。

3. 视频变现渠道

如果你有一门特殊技能，如唱歌跳舞、画画或者拍照等，也可以去一些视频、短视频或者直播平台，如千聊、网易云课堂、京东教育、今日头条等，可以提前录制相关的视频教程，也可以直接采用直播的形式来上课，以吸引用户付费购买课程。

专家提醒

当然，如果你是一名"斜杠青年"，也可以做多个知识产品，通过不同的途径来实现知识变现，但需要注意以下两点。

- **"斜杠青年"是结果，不是目的。**
- "斜杠青年"要有钉子精神，才能发展多元化收入。

发掘"斜杠身份"可以从以下两个方面入手：

- 技能盘点：如摄影、PS、演讲、健身以及乐器等。
- 传播方式：采用"技能＋互联网"或者"技能＋跨界"的形式，来将自己所掌握的技能分享给用户。

案例　真实故事计划：适合大众的公众号投稿

"真实故事计划"是一个以真实故事为内容选题标准的公众号平台，其创始人为媒体人出身的雷磊，其发布的第一个故事《临终者联盟里的布道人》，一天内便有超过 100 万人阅读。在"真实故事计划"公众号的菜单栏中有一个"投稿合作"的功能，其参与方式和稿酬如图 6-13 所示。

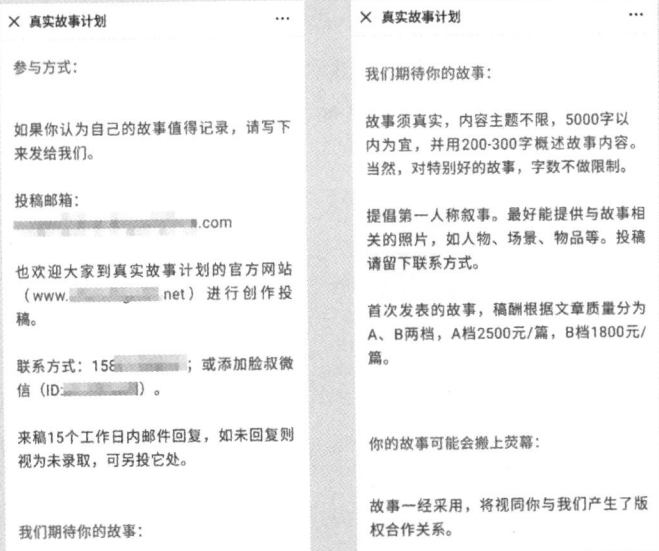

图 6-13　"真实故事计划"的投稿说明

6.5 产品设计逻辑：内容不同，平台产品如何做

如今，各种社会化媒体平台越来越多，如论坛、商务社交网络、问答类网站、博客类网站以及即时通信应用等。面对这么多的平台工具和应用，我们应该选择什么样的平台去推广自己的知识产品呢？

大家都知道，**利用社会化媒体去做营销推广，成本是比较低的，相对来说不需要花钱去购买媒体资源**。另外，越是人多的地方越容易形成影响力，影响力一定是来自人的聚集。所以，我们在选择社会化营销阵地的时候，有两个阵地是必须要占领的，那就是微博和微信，下面分别以这两个平台为例来介绍知识产品的设计逻辑。

6.5.1 微博的两个特性：全开放、社交

微博始于 2009 年。三年前，很多人都跟笔者说微博不行了。那么，微博真的如他们所说已经不行了吗？要知道，微博首次公开募股（IPO）的发行价为 17 美元，如今已经涨到了 41.11 美元（2019 年 6 月 4 日行情）。微博的用户群体还是非常庞大的，而且由原来的"大 V"、意见领袖、名人明星逐渐下沉到二三线城市，微博的影响力和商业价值也越来越大，所以它仍然是一个不可替代的"发声"工具和传播平台，如图 6-14 所示。

图 6-14 微博的内容展现形式和主要内容形式

如果选择微博作为知识产品的传播平台，那么我们必须要了解微博的特性。

1. 全开放平台特性

俗话说"物以类聚，人以群分"，通过微博这个社交媒体你会吸引到很多与你志同道合的人，并将这些人聚集到一起。如果你想在某个领域有所成就，就可以专注于某个领域，然后在微博上持续分享你的信息、知识、见解，即可吸引和你志趣相投的人，这是因为微博具有全开放的特性。比如，谣言在微博上很难扩散开来，因为微博是全开放的，如果你发布了一个谣言或者不实信息，被粉丝或者网友转来转去，它就会自动被修正，总会有人看到这个信息并将它修正过来。所以，微博是一个全开放的平台，是一个被大众围观并能够快速扩散信息的社交媒体，它的作用在于舆论引导或者是危机公关。

2. 社交特性

不管用户距离你多远都会被吸引过来，这是微博的社交特性。用户要学会在微博上寻找你想结识的人，这个人可能是一个意见领袖或者是某个"大V"，或者是一个你比较欣赏或钦佩的人。如果你想和他建立链接或者一种关系，就可以通过微博去跟他进行社交，如关注他，给他发布的微博点赞和进行评论等。

案例 胡华成：以微博打造个人品牌影响力

智和岛咨询公司创始人、亚洲财富论坛理事长、国内知名青年创业导师、互联网财经职场知名作家胡华成老师，主要从事项目咨询、创业辅导、人才孵化、天使投资等工作，同时还担任多家上市公司、企事业单位战略顾问及创业导师。在知识变现领域，胡华成老师不仅出版了大量的书籍作品，包括《不懂带团队，还敢做管理？》《互联网＋顶层商业系统》《颠覆HR》《社群思维》《游戏化营销》等十多本畅销书，还通过自己的微博来宣传这些书籍，如图6-15所示。

图6-15　胡华成老师通过微博来宣传自己的书籍

同时，胡华成在新浪微博上通过软文广告来变现，单次推广价格为3 800元，微博问答的价格为99元。另外，他还投资孵化了很多创业项目，如HR商学院、人力资本、管理价值、今日才经、智库识堂、私孵成长器、胡华成频道以及智和岛商学院等众多新媒体与实体项目，个人全媒体影响力超20亿，目前平台用户超600多万、付费会员超10万、人才孵化超300余人。

微博玩的是关注，如果你关注了正确的人，那就会觉得微博很好玩；如果你关注了不正确的人，你就会觉得微博很无聊。所以，如果在微博平台上做知识产品，一定要了解微博的特性，这样才能更好地利用微博达到你的营销目标。当然，微博也是绝佳的建立个人品牌的平台，用户可以利用微博更新消息，向网友传播知识产品的相关信息，以此增加知识产品的曝光率。

6.5.2　微信的两个特性：强关系、圈子

那么，我们再来看一下微信的特性。微博是开放的，但是微博也有一个明显的特点，那就是它的关系是弱关系，而微信则是相反的，它最明显的特征就是强关系。在微信的好友列表中，这些人可能都是你在线下见过面的人，这就是强关系。

同时，微信的圈子相对来说比较封闭，不管是朋友圈还是视频动态，陌生人都是看不到这些信息的。**微博玩的是关注，而微信玩的是关系**，这是微博跟微信的主要区别所在，在设计这些平台的知识产品时一定要注意这一点。

6.6 产品定价技巧：成本定价还是价值定价

合理的定价也是打造爆款知识产品的重要因素，可以吸引消费者购买。如果你太过急功近利，把知识产品的价格定得太高，不仅会扰乱市场秩序，而且也会让消费者对你失去信任。所以，知识产品的定价非常关键，笔者通过研究发现，大部分的爆款产品定价都在 99 ～ 499 元，这也是大多数消费者可以承受的价格区间，比较符合付费消费者的性价比预期，如图6-16所示。

图 6-16　知识产品定价示例

除了海量的免费知识产品外，目前付费知识产品的定价主要有两种方式，分别为成本定价和价值定价，下面分别进行介绍。

6.6.1 成本定价：以生产成本为依据

成本定价是指用户在给自己的知识产品设定价格时，主要是根据制作成本或者预期利益来给产品定价的。成本定价必须反映知识产品生产过程中必要的物质消耗和劳动者为自己劳动时产生的消耗，如果无法计算的话也可以参考行业的平均成本。

成本定价有一个非常明显的缺陷，就是价格过于封闭，没有考虑知识产品给用户带来的实际价值，可能导致知识产品与消费者脱节，从而使用户黏性越来越低。

6.6.2　价值定价：以实际价值为依据

价值定价是指以知识产品带给消费者的实际价值来决定售价。当然，不同的消费者对于知识产品的价值认知和理解程度也不相同，这样会产生不同的定价上限，如果价格刚好定在这一范围内，消费者能顺利购买，知识生产者也有利可图。

价值定价有利于生产出更多的优质内容，那些低价值内容自然而然就会被市场淘汰，同时也能够提高知识生产者创作内容的积极性。

案例

美时美客：价值定价＋垂直直播的组合

美时美客是一个专注定制化视频直播的平台，以满足客户的个性化需求为目的，根据不同的应用场景来开发专属的定制功能，实现一对一的知识服务直播化需求，是一个典型的价值定价的垂直知识付费产品，如图 6-17 所示。

图 6-17　美时美客

　　美时美客可以说是直播版的在行一点，在行一点以问答的内容形式提供知识服务，而美时美客则是以直播的形式提供知识服务，两者都具有极强的定制化特点，而且在价值定价模式上也是相互印证的。例如，美时美客的互动直播服务支持计时收费的方式，主播可设置计时收费，即用户进入直播间需付费观看，每分钟收取相应费用等。

传播平台篇

第 7 章

网感训练：

正确使用互联网和新媒体

　　笔者经常说要用内容来打造影响力，那怎么样去做内容呢？其实最快的方式就是通过互联网和各种新媒体平台做传播。这就是为什么同样的内容，有的人发了之后会有阅读量、点赞、评论和转发，而有的人发了内容但却没有被传播，总的来说就是网感的问题。因此，我们在宣传知识产品时，还需要培养自己的网感，正确地使用互联网，正确地使用新媒体，让知识产品实现最大化的传播。

■　培养网感：在网络上发展自己的兴趣爱好

■　新媒体营销的时代背景：特征＋链接＋跨界＋变化

■　新媒体营销的三大原则：诚信、分享、互动

■　社群构筑：利用 KOL 发掘种子用户，引爆知识点

■　借势传播：借势其实就是借影响力

■　使用社交媒体建立个人品牌，还原真实的自己

7.1　培养网感：在网络上发展自己的兴趣爱好

在笔者看来，可能有很多读者都是传统企业的从业人员，也有一些是已经接触了互联网的人群。笔者在做培训和咨询的过程当中，经常会遇到这样的提问：为什么发的内容没有人看？为什么没有人评论？为什么没有人点赞？为什么策划的活动没有人来参与？这到底是什么原因呢？

笔者觉得这跟网感是有直接关系的，在互联网上生存和经营产品一定要有网感。例如，你刚学会开车的时候，都是非常小心翼翼的，但是后来熟练了之后就可以轻轻松松地开回家去，这就是你有了开车的感觉。同样的，我们在互联网上做内容也要有网感，网感是可以训练的。

7.1.1　强迫自己去使用互联网的工具和应用

培养网感的第一点，就是要**强迫自己去使用互联网的工具和应用，在互联网上发展自己的兴趣爱好**。例如，你喜欢股票、财经，可以加入类似的社群；你喜欢汽车，也可以加入汽车的社群。就像笔者个人爱好配音，于是便创建了一个微信公众号"配音那点事"，如图7-1所示，吸引了近4万名粉丝关注。虽然粉丝不多，但是笔者通过这个公众号的运营，成了配音领域中的佼佼者，也接到过一些企业的相关业务，带来了收益。当笔者进入培训师这个行业的时候，因为大家对笔者的经历都比较了解，因此笔者也接到了很多声音训练的培训业务。

这个就是笔者本人的案例，通过发展自己的兴趣爱好，发掘"斜杠身份"，不仅可以训练自己的网感，而且还可以变现。你可能对黄金、理财产品、保险等比较感兴趣，那不妨做一个有关金融的账号，只要你对任何一个领域有兴趣爱好，并且有深入的研究，都可以去输出内容。

另外，用户可以强迫自己使用微博来看新闻，使用微信来看自己朋友圈的动态，了解这些互联网用户和亲朋好友感兴趣的东西。需要记住的是，不是学会而是习惯，你一定要学会习惯使用这些新媒体工具。

图 7-1　微信公众号"配音那点事"

7.1.2　了解互联网上的热点，清楚这些新闻是怎么热起来的

我们要多关注互联网上的热点，当然了"外行看热闹，内行看门道"，虽然我们表面上看的是热门新闻，但更多的是**了解这个热门事件是怎么热起来的？它是怎么传播的？**

这个训练也非常的简单，每天利用等车、在通勤路上等碎片化时间，我们可以看一下微博的热点新闻、热门事件，去百度的风云榜上看一下什么样的新闻排在前面，大概了解这些网友的兴趣、爱好和价值观，大家喜闻乐见的是什么内容。这些都是可以训练我们网感的行为，可以让我们知道在互联网上，大家更愿意看到什么样的内容，以及什么样的内容可能会成为热点，这样我们就可以去转发和传播这些内容。

7.1.3　要对一些新锐的媒体和工具保持敏感

移动媒体、社交媒体的变化是日新月异的。例如，你现在再让笔者去做一个微博的自媒体大号，笔者可以很明确地告诉你，笔者本人是做不起来的，为什么呢？因为微博的红利期早已经过去了，过去笔者在经营微博的时候，每天都会有100多个人来关注，来看所发的内容。但今天，笔者觉得增加1个粉丝相对来说都是比较困难的。为什么笔者当时能够做起来呢？是因为笔者比别人聪明吗？当然不是，而是因为笔者的网感比较好，所以**用户一定要对一些新锐的东西保持高度敏感**。

比如，当下流行的平台就是"双微一抖"，即微博、微信和以抖音为代表的头条系列产品，那你是不是也在尝试？是不是也在使用呢？你如果可以抓住这些产品的早期红利的话，是有机会和平台一起成长的。再例如，笔者在喜马拉雅FM平台上读德鲁克的管理学内容，而且现在也是商业财经领域排名比较靠前的博主，就是因为笔者抓住了喜马拉雅FM这个音频媒体的早期红利，如果现在进驻也就没有早期那么有优势了。

案例　音频主播：如何训练音频媒体素养

有很多主播在做内容的时候都会遇到一个问题，那就是产量高产出低。曾经有一个主播把他的链接发给笔者，在听了他的内容以后，总觉得缺点什么东西，但是怎么补上这个东西呢？这个就需要培养我们的音频媒体素养。

音频主播也是在移动互联网上传递内容和传播价值的，就是已经进入互联网和新媒体这个领域，所以一定要具备一些网络的嗅觉，这种对网络的敏感度就叫作网感。一条声音发出去后会不会有人收听？会不会有人评论？大概会有多少人转发和传播？我们要对我们的栏目有一个判断，这个判断就是网感。

例如，喜马拉雅FM《百车全说》的窦超，他刚开始就是个4S店的销售员，很喜欢汽车，于是他就把这个爱好作为专业，在喜马拉雅FM上面做出了《百车全说》栏目，总播放量已经突破了2亿次，粉丝人数也达到了27万，如图7-2所示。当然，你也可以创建或者加入QQ群、贴吧或者是微信群，目的是什么呢？那就是去了解用户的想法，试着站在用户和听众的角度去思考，这样有助于培养我们的网感。站在听众的角度去感受，你就能够清晰地知道自己该做什么样的栏目以及如何去做。

图7-2 《百车全说》栏目

因此，音频主播也需要培养自己的网感，保持对于网络的敏锐度。然后，第二点就是语感，语感就是主播对语言文字的敏锐感受，我们**在演播或讲述的时候，能够让听众听出感觉、听出味道**，对语言的感觉能力也是音频主播的一个基本素养。那么怎么样去训练语感呢？下面有两个方法可以帮助你去训练自己的语感。

1.诵读，就是朗诵和朗读

自己的语感可以通过诵读的方式来训练，怎么样诵读呢？笔者常用的方法是反向诵读法，比如说你的声音是温柔的、温和的，是相对比较内敛的，你就可以去练一练曹操的古诗词。这种豪放的古诗词，有助于你打开自己封闭的内心。如果你的声音本身就是豪放的，则可以去练一些内敛的、比较细腻的古诗词或者是文艺作品，如《春江花月夜》等。这种反向训练法效果是非常明显的，能够提升你的语感，让你的声音更加多元化。

2.和我们的生活经验联系起来

在你诵读古诗词的时候，内心可以联系自己的生活经验来形成画面感。比如，当朗诵李白的诗句"床前明月光，疑是地上霜。举头望明月，低头思故乡"的时候，你的眼前能不能浮现出诗人当时的情景，内心能不能产生情感共鸣，或者是结合一下自己的生活经验，在外打拼，自己有没有在寂静的月夜思念家乡呢？如果有这种感受，不妨结合一下自己的生活经验来诵读。

7.2　新媒体营销的时代背景：特征＋链接＋跨界＋变化

接下来笔者将会从传播层面，去拆解如何做新媒体和自我营销，并且根据不同的社交媒体的特性来制订属于自己的营销策略，每个人根据自己的职业、身份和定位，来制订一个属于自己的新媒体营销计划。

7.2.1　特征：了解新媒体营销的基础

首先，我们要了解做自我营销和新媒体营销的基础是什么，有哪些特征。

1. 新媒体催生了"工作革命"

今天的时代特征，是一个属于数字化的时代，一个属于"我的时代"，**我们要善于给自己贴一个标签，展现出自己的形象**。过去，传统的儒家思想是不赞成这种行为的，但是在如今的互联网时代，为什么我们需要去张扬自我，要去表达自己呢？这是因为互联网时代是一个信息大爆炸的时代，每个人都可以利用手机去发送消息和生产内容。在这些海量信息当中，我们不确定哪些东西是有价值的，哪些东西是垃圾信息，所以我们要去学习使用新媒体和互联网来张扬自我、亮出自己。

2. 职场特征发生了明显变化

在过去，"铁饭碗"是很多人都梦寐以求的，但今天，已经没有了所谓的"铁饭碗"，每个人都需要通过自己的能力、专业、技能和知识来生存。例如，"罗辑思维"的创始人罗振宇老师，他提到一个"U盘化生存"的概念，总结起来就是"自带信息，即插即用"的意思。现在，也有人在讲"人才优步化"，也就是人才共享的意思，笔者觉得在今天这个职场特征发生变化的时代，每个人需要利用互联网和新媒体去做自我营销，去亮出自己。

专家提醒

"人才优步化"是指像优步（Uber）司机一样接单工作，最大的好处是技术会让我们的工作、生活更有弹性。

3. 产生"自我"特征

在今天这个物质生活极为丰富的时代，每个人都是自己的主人，每个人都在通过自己的努力奋斗，来追求自我成长和自我价值实现，因此如今是一个"我的时代"。

7.2.2 链接：个人品牌崛起的影响力

如今，人性逐步走向解放，趋向独立、自由和平等。例如，杜子建和薛蛮子，两个不同的人，杜子建是微博上的"营销教父"，原来就是一个草根；而薛蛮子上过新闻联播，是一个投资人。那么，杜子建是怎么认识薛蛮子的呢？他们是通过社交媒体和互联网产生交集的。

如今，我们想认识一个人，都可以通过社交媒体和他建立链接。互联网中有一个六度空间理论，也就是说你想和你认识的人发生链接，中间所间隔的人不会超过6个人，也就是说通过6个人你就可以认识任何一个人。对于这一点，笔者是深有体会的，并且在互联网和社交媒体上遇到过很多人，笔者之前在做社会化营销的时候，就已经发现今天在互联网上个人品牌要比企业品牌更加有影响力。

案例

笔者是如何与李洁明老师搭建链接的

笔者觉得现在是个人品牌崛起的时代，当时就开始研究个人品牌，并且向所在领域内最优秀的人学习。笔者当时通过互联网去搜索，发现在中国研究个人品牌的只有两个人，一个是徐浩然；另一个则是李洁明。笔者想认识两位老师怎么办呢？而且李洁明老师在东北，因此很难有线下见面的机会。但是，李洁明老师有自己的微博，于是笔者就通过微博来和他搭建链接，经常给他评论和点赞，如图7-3所示。

后来李洁明老师也关注了笔者的微博，也会经常来看笔者发的内容，于是就有了沟通，约好在线下见面聊一聊，见面后我们聊得非常投机。后来，他还给笔者推荐了出版社，让笔者写一本和社交媒体相关的图书。这个笔者自己的案例，就是新媒体改变的事实，你可以跟任何人建立链接。

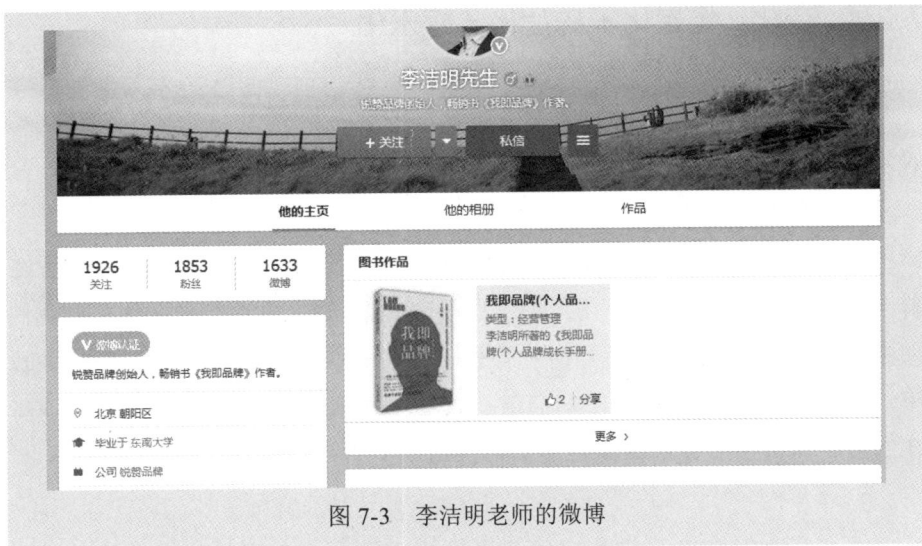

图 7-3　李洁明老师的微博

7.2.3　跨界：自我营销成为全球现象

新媒体改变的另一个事实就是打造了一个颠覆跟创新的时代，而且是一个跨界与混搭的时代。例如，雷军晒自己在《芭莎男士》的照片，他其实也在做自我营销，一个已经非常有影响力的人还在做自我营销，可见自我营销已经成为一个全球的现象。

例如，男子演唱组合 TFBOYS 之所以取得如此大的名气，他们靠什么来传播？笔者认为，他们也是通过互联网来传播，先在线上获取影响力，然后再慢慢地在线下产生影响力。在过去一个艺人如果要出道会怎样做？他首先会去参加一次大的活动，如春节晚会，然后再去开演唱会，发行磁带或 CD 专辑。然而，如今这种传播方式已经发生了翻天覆地的变化，很多名人都是先在社交媒体上形成影响力，过去是自上而下，如今是自下而上，每个人都可以借助互联网和社交媒体来发出自己的声音，进行自我营销。

传播方式发生变化，营销方式也一定会发生变化，如今是一个特殊的时代，也是最好的时代，自我营销让我们有机会能够利用互联网去构建自己的影响力。

7.2.4　变化：场景化 + 碎片化 + 娱乐化

如今，互联网带给我们 3 个很明显的变化，分别是场景化、碎片化和娱乐化。

1. 场景化

为什么要创建一个场景，因为场景有非常强的代入感。例如，笔者之前在广州参加了一个活动，活动主题是一个创业孵化器，它会主动帮助我们创建场景。这个创业孵化器当时就提供了这样一个场景，在墙上做一个画布，用户进入后会显得非常高，然后就会产生拍照和分享的冲动，这个创业孵化器就是通过场景来刺激用户去为自己免费做宣传。

2. 碎片化

在互联网时代，我们的时间已经被切碎了，几乎已经没有大块的时间了，你随时随地都在刷微博、微信，或者利用碎片化时间去购物、去学习、去销售产品，去做各种各样的事情。

3. 娱乐化

如今，可能一本正经的内容很难吸引人们的眼光了，因此我们需要把自己的身段放低，然后创造一些娱乐化的内容，来吸引我们的用户关注。

7.3　新媒体营销的三大原则：诚信、分享、互动

做新媒体营销和自我营销，必须遵守三大原则，分别是诚信、分享和互动，掌握了这三个原则，你会更加得心应手。

7.3.1　原则一：基于诚信

笔者很早就接触了互联网，大概在 1999 年的时候，那时候还没有视频，只有网页和电子邮件，还有当时非常流行的社交软件 QQ。笔者印象非常深刻，当时有一个同学和网友在 QQ 上聊得很投机，因此他想和网友见面，但网友拒绝了见面的要求，为什么呢？因为当时互联网还不够发达，网友

不确定对面是一个什么样的人，对面可能是一个美女，但也可能是一个"抠脚大汉"。

这是过去的互联网，但是今天的互联网越来越发达、越来越公开、越来越透明，你在互联网上有任何一个瑕疵，都会被互联网记录。所以，做自我营销的第一个原则，笔者觉得就是**基于诚信，你在互联网中应当诚实、守信用，必须呈现一个真实的自己，没有假装或伪装的面具。**

7.3.2 原则二：基于分享

第二个原则是基于分享，很多成功人士的影响力都是通过不断地分享自己的知识获得的。笔者原来在喜马拉雅 FM 平台上面读过一本书，这本书叫作《德鲁克谈自我管理》，我觉得这本书非常不错，每天晚上回家大概都会读十来页，然后再睡觉。当笔者读完这本书后，发现书中的内容写得非常好，于是就想，如果把它读下来放到互联网上和大家分享，会不会有人听呢？

当笔者把这本书读出来之后，不到一个月的时间，便获得了 13 万次的播放量，而且还有一家深圳的咨询公司，给笔者发来私信。

他说："韩老师能不能留一个你的电话？"

我说："可以啊。"

于是我把电话号码发给他，然后他立刻打电话过来，他说："韩老师我们公司邀请您来给我们讲德鲁克。"

说实话，当时我真的吓了一跳，我说："对不起，我不会讲德鲁克。"

他说："韩老师，我们都听过您讲的，讲得真的很好。"

于是我问："你在哪里听的？我从来没有讲过德鲁克。"

他说："我们在喜马拉雅 FM 平台上听您分享过德鲁克。"

要知道，当时我根本就不懂德鲁克，只是拿了一本书对着念而已，读完这本书之后，别人都觉得我是专家，这就是分享的力量。

另外，笔者还有一个自身的案例，那就是通过分享做成了一个垂直领域的自媒体账号。大概在 2011 年，我在录音棚做配音演员，每天都待在一个小黑屋里，去给电视剧、电影专题和纪录片做配音工作。当时我就想，我能不能把自己的专业和经历总结一下，发到互联网上？

于是，我创建了当时配音行业里唯一的一个自媒体账号。因为配音行业是一个幕后工作，国内的配音演员加起来大概不到500人，但是如今这个自媒体账号有多达18 000多人关注，同时为配音演员建立了一个链接，而且也让笔者成为这个行业的意见领袖。现在，笔者甚至可以通过这个自媒体账号发广告来赚钱，这就是分享的魅力！

笔者是怎么做的呢？就是把自己工作当中的一些经验和心得体会总结了一下，然后通过社交媒体来分享。当笔者去分享这些内容的时候，就会有很多人来关注。其中，有一个人给笔者留下深刻印象，那就是曾经给梁朝伟、刘德华配音的中国香港配音演员叶清老师。笔者当时在上海出差，需要用到一个话筒来录音，于是便在微博上发了一条信息，之后叶清老师就和笔者联系，通过微博来建立联系，也是基于分享来建立笔者的影响力。

另外，知识技能共享平台在行，也是通过账号找到笔者，然后希望笔者入驻在行平台成为一个行家，这些都是通过分享来建立的影响力。

7.3.3　原则三：基于互动

其实，在互联网上做自我营销和新媒体推广跟线下做的道理是一样的，都是基于互动的原则。例如，我给你评论或者我给你点赞了，你也会给我一个回应，这样你来我往就会产生互动。互动原则的另一层意思，就是要让用户能够参与进来，让你的粉丝和关注者一起参与到你的工作、学习或者活动当中。

案例

音频直播如何与听众进行互动

做音频直播的知识产品，怎样和听众互动？音频主播的互动能让听众更多地了解并且认识主播，我们在做直播的时候，并不是自说自话，互动的诀窍就是让听众有参与感，让听众和粉丝来做主人。

笔者曾经在大连做过一次直播，是这样互动的："我在大连，你在哪里呢？"这个时候，就有很多的听众开始回馈笔者，有的说在北京、有的说在郑州、有的说在呼和浩特。这个就是让听众有参与感，让他们产生主人翁心理。

7.4 社群构筑：利用 KOL 发掘种子用户，引爆知识点

社群营销就是基于相同或相似的兴趣爱好，通过某种载体聚集人气，如微信、社群、微博、社区等，通过产品或服务满足群体需求，从而产生的商业形态。随着互联网的崛起，社群营销在未来必然是知识变现的一种营销趋势。

7.4.1 确定输出经验

做付费社群之前，我们先要确定自己可以输出的经验有哪些。例如，如何写自己领域的文章、如何使用微博、如何玩抖音等，这些都是可以输出的经验，你可以先确定一下自己能够输出的经验有哪些？

以《罗辑思维》为例，开始就是通过说书的形式来输出经验，聚集了大量爱学习的粉丝，随着粉丝的增多，逐渐提升了自己的影响力，同时形成了粉丝黏性极强的互联网知识社群。《罗辑思维》通过庞大的粉丝群体，不管是卖会员、卖书籍，还是卖月饼、卖柳桃都玩的不亦乐乎，可谓是社群营销的经典案例。

7.4.2 积累种子用户

有了经验之后，我们还要利用 KOL 来发掘一些种子用户。哪些人有可能成为我们的种子用户，有可能会去帮助我们传播，去引爆这个知识点？一般的种子用户很可能就是我们的忠实粉丝，我们要将这些种子用户聚集起来，然后和种子用户合作。

对于社群来说，**粉丝是维系情感纽带的基础，粉丝的消费行为也是基于对你的感情基础**。最为典型的就是小米手机的粉丝团"米粉"，小米只

要一出新产品，他们几乎都会出现疯抢的状态，这就是"粉丝效应"，也是种子用户的力量，而社群也正是基于这种"粉丝效应"才运营起来的。

7.4.3 做好社群运营

最后，我们还需要做社群运营。有了经验和种子用户后，我们就可以把这些种子用户圈到一起，通过输出自己的知识、技能和经验来运营社群。怎么样去做呢？我们要想一想大家为什么会留在这个社群当中，原因无非是以下两点。

1.可以在社群里学到东西

用户想要学习你输出的知识、技能和经验，如果你没有这些东西，可以找所在行业领域的"大V"或意见领袖来分享也是可以的。

2.可以获得更多人脉资源

大家除了学到经验，还有一个原因就是能够链接到不同的人脉。当然，前提是你要有能力或者是足够的资源去整合这些"大V"。

以音频直播的听众社群为例，用户可以把公众号的粉丝或者是微博的粉丝，做一个资源的嫁接。当然，这个是在尊重平台的前提下，因为每个平台的规则是不一样的，有些平台是不允许进行微博和微信的导流的。但是，我们可以把微博、公众号或者其他账号（比如抖音）的粉丝导流到音频平台；或者图文类的平台（比如公众号和头条号）；视频类的平台（比如抖音、快手等），这些都是可以相互打通的。

7.5 借势传播：借势其实就是借影响力

知识产品要怎样快速传播呢？大家一定要善于借势，也就是要找到传播点。借势是一种常用的互联网传播方式，借势不仅是完全免费的，而且效果还很可观。借势一般都是借助最新的热门事件来吸引读者的眼球。一般来说，实时热点拥有一大批关注者，而且传播的范围也会非常广。

7.5.1　客户见证：你说好，不如你的使用者说你好

　　客户的见证就是一种借势，客户用了我们的产品之后，他有什么样的感受和体验，有哪些见证，这些都可以成为产品强有力的背书。

　　什么叫客户见证？**就是你说好，不如你的使用者说你好**。过去说"王婆卖瓜，自卖自夸"，这是一种自己说自己好的方式。另外一种就是让第三者来说产品的优势，让他们来推荐你的产品，这个就是客户见证。客户见证同时也是一种展示客户实现自我需求的过程，当客户使用你的知识产品或服务后，用他们的生活记录的一段心路历程，如图7-4所示。

图7-4　客户见证示例（1）

　　通常我们在做知识付费产品的时候，都会去找一些有影响力的人来做推荐。例如，笔者的知识变现专栏，就有汤兴通老师的推荐，他是国内社群营销、数字营销传播方面的专家。还有老路识堂创始人的路骋，他给笔者做的客户见证，所以说第三者的说服力永远比我们自己的说服力大，如图7-5所示。同时，路骋的产品《用得上的商学课》，也找到了吴晓波来做客户见证。

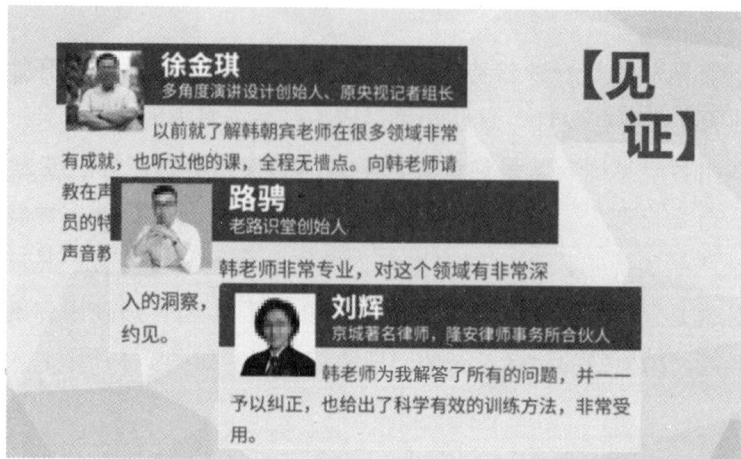

图 7-5　客户见证示例（2）

7.5.2　找到链接者：找到有影响力的人去帮忙做传播

第二个方法就是找到链接者，当我们去传播的时候，我们要**找到一个比较有影响力的链接者，让他们来帮自己传播知识产品**。

如何找到有影响力的人呢？具体的方法包括链接平台、意见领袖和关键传播节点等。例如，笔者在传播课程的时候，就找到了一些链接者，比如微课训练营和荔枝微课等平台，以及网易云音乐平台的雅楠老师和喜马拉雅 FM 平台的管静。这些人都是超级链接者，如果让他们帮助去做传播和转发，影响力是比较大的。

7.5.3　借势借力：学会并做到"顺势而行、借势而为"

借势到底借的是什么呢？孙子说的"势"，是指军事家在战争中通过主观能动性造成的一种不可阻挡的、威猛无比的态势，是一种力量的积聚与爆发。因此，**我们传播当中的借势，其实借的就是影响力，是因为他们的影响力比较大**。所以，借势可以是借一个社群的"势"，一个影响力很大的人或事件的"势"，如借力名人、热门事件、热点新闻等。这个"势"

是一个超级链接者，我们必须学会并做到"顺势而行、借势而为"，这样才能事半功倍。

例如，有一类专门借助热门头条事件来布局的内容，具体是围绕热门话题、热点新闻、热点事件，以评论、追踪观察、揭秘、观点整理、相关资料等方式来进行创作。这些热门内容可以在第一时间从互联网上获取流量，伴随新闻热点的巨大搜索量，相关评论、相关知识将在第一时间获得转载、搜索，会收获不少的人气。

所以，在新媒体上传播内容要有灵敏的嗅觉，这样才能扣住最新热点，成为通过热点而获利的幸运儿，多找一些热门词，不过一定要抓住时机，不要等热点冷却了，才发布文章，那样并没有什么用处，不会有几个人愿意去阅读过时了的信息。

案例 《白先勇细说红楼梦》：借力红楼梦

由白先勇先生编撰的《白先勇细说红楼梦》，就是一种典型的借力古典名著的案例。《白先勇细说红楼梦》同时由中国古典文学研究专家叶嘉莹撰序推荐，仅在网易云阅读平台上就获得了180.3万的点击量，如图7-6所示。

图7-6 《白先勇细说红楼梦》

7.6 使用社交媒体建立个人品牌，还原真实的自己

我们在进行知识变现时，使用社交媒体是为了更好地传播知识产品，打造更大的影响力，从而建立个人品牌。

7.6.1 如何快速建立个人品牌

在微博和微信这些社交媒体平台上，如何快速建立个人品牌？笔者觉得，可以从以下几个方面入手。

1. 增强信任度

笔者有个观点需要说明一下，我们之所以使用社交媒体建立个人品牌，其实是希望客户对我们产生信任感。一旦这种信任感形成后，知识产品的交易自然而然就达成了。因此，**做个人品牌就是为了提升影响力，给客户留下一个深刻的印象，或者是得到他们的肯定，获取信任。**

这个时候，就需要去构筑我们的品牌、口号、标签或者符号，有了这些烙印，客户就会对我们产生认同感或去肯定和信任我们的知识产品。同时，客户会产生安全感，或者获得完美的体验感。记住，所有的营销都是为了能够建立信任，在信任的基础上达成合作和交易，做个人品牌也是一样，都是为了建立信任感。

2. 自我赋权

在互联网时代，我们可以自我赋权，就是给自己贴一个标签，或者贴一个符号。例如，笔者原来并不是培训老师，而是自己贴上了这样一个标签，并且定期去分享这方面的专业内容；笔者原来也不是一个新媒体研究方面的专业人士，而是自己贴上了一个社会化营销研究的标签，并且投入到这个领域，花一点时间去学习和研究，慢慢成为这个领域的专业人士。

所以，如果你也想在某一个领域有所突破，有所成就，现在就可以给自己的新媒体账户写一个简介，这个简介包括你的身份、职业、定位和标签，彰显你的"斜杠身份"。你现在就可以开始做，看看自己的标签是什么？你是一个什么样的人？你是积极向上的，还是乐观奋斗的？你想在哪

一个领域有所成就？例如，你是在互联网营销行业，还是在机械制造行业，或者说你在金属加工行业。根据你所在的行业，你现在就可以开始给自己进行自我赋权，给自己贴标签，然后定期生产相关的内容，即在互联网上慢慢地构筑自己的影响力。

3. 塑造专业形象

"你是谁"根本就不重要，"别人觉得你是谁"才重要。那我们的形象怎样树立起来呢？笔者觉得个人形象应该是由第三方塑造出来的。例如，别人觉得你是某方面的专业人士，那么你才称得上是这个方面的专家；而不是靠你自己来"王婆卖瓜，自卖自夸"。

但是，我们可以先给自己去设定一个标签，然后在不同的社交工具和社交媒体上去展示自己。例如，可以用百度百科、论坛、博客、微博、微信、QQ、签名空间以及喜马拉雅FM等，甚至直播平台，都是可以给你贴上标签的，让别人第一眼先对你有一个认知。

专家提醒

需要注意的是，一条信息在网络上会停留很长的时间。例如，笔者在4年前写的一篇文章，今天还有人在看，所以你要谨慎地对待你在网络上发的每一条信息。

例如，笔者前面分享的德鲁克的案例，这个事件给笔者带来的影响非常大，甚至获得了去中央人民广播电台演讲的机会，这可是国家级媒体！他们发私信邀请笔者参加中央人民广播电台《经济之声》节目，做一档"德鲁克"的栏目，希望笔者作为嘉宾出席这档节目，跟大家聊一聊德鲁克。笔者只是在新媒体上面读了德鲁克的一本书，然后通过新媒体工具让更多的人了解了自己，所以**你是谁真的不重要，别人觉得你是谁很重要**！

4. 真实还原自我

给自己贴上标签，并且了解了各种新媒体工具的特性后，接下来我们需要定期地发表专业知识见解，树立自己的专业形象。记住，所有的表现都是以感觉为基础的，你给别人呈现的是什么感觉很重要。例如，你认为今天某个人讲得好，那是你的感觉，或者说你觉得他讲得不好，那也是你的感觉。

所以，我们要去树立这样一种感觉，让别人感觉你是这方面的专业人士。那么，我们需要做的是什么呢？就是能够找到自己的天赋和兴趣，而不能随波逐流，也不需要构建一个完美的形象，我们只需要找到一个真实的自己，通过互联网和社交媒体呈现出来，把我们的某个特点放大，这样一定会找到志同道合且认可自己的人。

找到一个与众不同的自己和一个非凡的自我，这就是本节内容的核心，也是一个发现自己的过程。你可以根据用户对你的回馈，及时对自己的内容、标签或者形象进行调整，这就是今天的社交媒体让个体崛起的迷人的地方！

7.6.2　社交媒体未来的发展趋势

前面介绍了社交媒体的使用方法和传播技巧，以及常用的社交媒体工具和平台应用，那么未来社交媒体的发展趋势是什么？我们怎样用社交媒体去构筑影响力呢？

每一个人都渴望寻找同类，渴望寻找和自己相同的人，而移动互联网刚好打破了空间、瓦解了时间，让人与人之间的链接变得更加容易、方便，而媒体也不过是人的一种延伸方式。笔者认为，未来社交媒体发展的趋势一定是以社群形式存在的，通过各种点和点之间的链接来形成强大的社交关系。例如，我链接了你，那我们两个只是一个社交关系，如果有更多的点和面链接到一起，那就会形成一个社群，笔者认为这就是未来社交媒体发展的主要趋势。

需要注意的是，大家一定要区分社区跟社群。

1. 社区

如图 7-7 所示，这是典型的一个社区的形式，虽然很多人聚集在一起，但是这些人彼此之间并没有产生链接，所以这个只能算是社区。

2. 社群

如图 7-8 所示，右边这张图也是同样数量的人，但是人和人之间，他们通过某一个点产生了链接，那每一个链接都有一个中心点，这个点就是社群当中的意见领袖。

图 7-7　社区示意图　　　　　图 7-8　社群示意图

每个人都渴望找到同类，所以社区不是社交媒体的未来趋势。越来越多的社群正在诞生，而且现在有很多社群已经形成了一种新的商业模式，如知识类的社群、跑步类的社群、运动类的社群、旅游类的社群等。所以，社群才是社交媒体未来的发展形势，**大家会因为相同的兴趣爱好或者是价值观形成一个圈子，圈子越来越大，就会形成一个社群。**

专家提醒

在利用社群做营销时，至少要把知识产品或服务描述清楚、说明白，分享信息时需要有自己的观点，要学会点赞和点评。同时，分享的内容必须是正面的、积极的、正能量的，这样才能塑造良好的个人品牌形象。

例如，对经营餐馆的用户来说，可以在朋友圈里分享一些美食制作方法或者健康食谱，中间再自然而然地介绍自己的餐馆，这样朋友就很容易接受你介绍的产品，增加社群用户的黏合度。

第 8 章

知识课程：

课程专栏类知识付费平台

　　知识课程的内容形式的主要特点为场景化、故事化、娱乐化和干货化，其典型代表包括喜马拉雅 FM、蜻蜓 FM、豆瓣时间以及今日头条的付费专栏等，代表作品包括《奇葩说》《好好说话》以及《百家讲堂》等，这些作品都具有比较成熟的系统性，而且内容连贯性也很强，不仅能够突出主讲人的个人 IP，同时也能够快速打造"知识网红"。

- 喜马拉雅 FM：构建完整生态音频体系
- 蜻蜓 FM：通过优质内容深耕付费产业
- 豆瓣时间：豆瓣首开内容付费先河的产品
- 今日头条：上线内容付费专栏帮助创作者变现

8.1 喜马拉雅 FM：构建完整生态音频体系

喜马拉雅 FM 在版权合作的基础上，融合了 UGC、PUGC、PGC 等多种内容形式，如图 8-1 所示，同时布局"线上 + 线下 + 智能硬件"等多渠道进行内容分发，打造了完整的生态音频体系。喜马拉雅通过不断挖掘上游原创内容，充分利用 IP 衍生价值，实现知识生产者、知识消费者和平台的三方共赢。

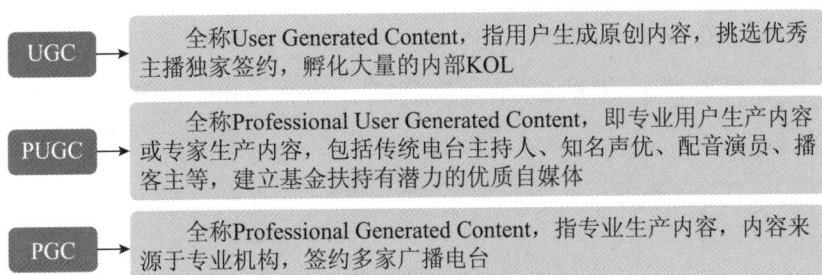

图 8-1　喜马拉雅 FM 的主要内容形式

喜马拉雅 FM 的两个核心优势如下所述。

（1）**积累大量高黏性的听众用户**。根据喜马拉雅 FM 的官网数据显示，其手机用户超过 4.7 亿，汽车、智能硬件和智能家居用户超过 3 000 万，还拥有超过 3 500 万的海外用户，并且占据了国内音频行业 73% 的市场份额。

（2）**拥有全品类的知识产品服务**。8 000 多位有声自媒体大咖，500 万有声主播，同时有 200 家媒体和 3 000 多家品牌入驻，覆盖财经、音乐、新闻、商业、小说、汽车等 328 类有声内容的数量过亿。

8.1.1 内容特点：什么样的声音可以变现

在今天，不管是等车、排队、做饭、上班、睡觉前或者起床后，在很多的生活场景当中，声音都得到了广泛的应用。而且随着移动互联网和物联网的发展，声音也将会越来越多地渗入到不同的生活场景当中。

喜马拉雅 FM 是从音频平台开始起步的，内容形式更具娱乐化。如今，

149

音频媒体正在崛起，人人都有麦克风，在一定意义上人人也都是主播，我们只要能够输出内容，就可以帮助我们建立品牌、导流转化，也就是说声音是可以变现的。

那有人可能会问："究竟什么样的声音可以变现呢？"

案例

有声的紫襟：靠讲故事就能赚取千万

下面将从音频特性、声音产品形式这两个方面给大家解读。例如，在喜马拉雅平台上有一位叫作"有声的紫襟"的独家签约主播，他的粉丝数量已经达到了757.7万，拥有70多个专辑，其中《阴间神探》这个专辑的音频播放量达到8.6亿次，如图8-2所示！注意，这个单位是亿！年收入突破了千万，可以说"有声的紫襟"已经成为一个演播界的"大V"。你可能以为他一定是一位德高望重的老艺术家，但实际上这位"有声的紫襟"是一位标准的"'90后'宅男小鲜肉"。在喜马拉雅FM平台上，像这样的有声主播还有很多，通过播讲有声读物来实现变现。

图8-2　"有声的紫襟"喜马拉雅个人电台主页

另外，这种靠播讲有声读物变现的主播还有很多，除"有声的紫襟"外，还有"青雪""艾宝良先生"等。有声读物有一个特点：本身是有娱乐性的，不用担心内容过时，听的时间长短由用户自己决定。在喜马拉雅平台上，有声书已经成为一个比较热门的收听种类，它适合在任何碎片化的时间里消费。

当然，如果你的作品有足够的播放量，还可以通过广告植入和平台共享收益的形式，实现变现。此外，我们还可以通过什么形式来实现变现呢？可以做相关课程，也就是知识服务，知识服务是给有学习需求的人设计的一个音频付费产品，这个群体是愿意为声音课程付费的。知道了什么样的声音可以实现知识变现，笔者觉得"变现的声音"要符合以下 3 个特点。

（1）高频。什么叫高频呢？就是你和用户或者听众之间，要保持一个高频率的接触和互动，你不能今天发了内容明天就没有了，或者说隔了 3 个月或者 4 年之后再发内容，那么你的用户和粉丝可能会忘记你。你不一定保证每天更新，但是你可以做到每周更新两三次，总而言之要让你的声音不断地出现在潜在用户的耳朵里。

（2）小额。所谓的小额，就是你的产品定价要采用小额的定价策略，降低用户的付费门槛，让他们感觉就像发个红包那么简单，小手一抖就支付了，这样他们在付费时会非常爽快。例如，像"有声的紫襟"演播的小说一集只要 0.15 元（1 喜点 =1 元），这就是小额，他可以让用户的支付动作更加爽快，如图 8-3 所示。

（3）打碎。一方面，现在大家的时间已经被彻底的碎片化了，所以面对这样的事实：我们要想办法让我们的声音产品顺应碎片化的时间特点。例如，在知识讲解的过程中尽量缩短时间，在一个单位时间内，能把一个知识点讲通透。另一方面，就是把自己的专业打碎使其进一步细分。以"声音行业"为例，声音可以细分为播音、配音、朗读和演播等，其中配音还可以细分为影视配音、动漫配音、专题解说以及广告专题等。

在知识服务行业的音频知识服务领域中，蕴藏着一个巨大的机会：那些在某一个领域有研究的人，是可以通过声音来实现知识变现的，你只要分享自己所在领域的专业技能和知识，就可以吸引一批特定的受众来关注你。例如，你对股票、汽车、红酒、外语、教育孩子、红木家具、信用卡甚至对整理房间有研究等，都可以通过音频来分享你的专业，实现知识变现。

8.1.2　产品思维：音频产品有何设计规则

你可能会发现，音频广播会细分为很多的频道，频道里面有情感、娱乐、财经、脱口秀、商务培训、音乐分享和广播剧等，这些都是属于音频的产品。基本上，我们可以把音频产品分为两大类：一种是直播类的产品，如喜马拉雅开通的直播频道，通过审核就可以开通直播，如图8-4所示；另外一类是专栏类的产品，如喜马拉雅的订阅专栏，比如《好好说话》《蔡康永的情商课》以及《声财有道》等，这些都属于专栏类的音频产品。

图 8-3　小额的定价示例

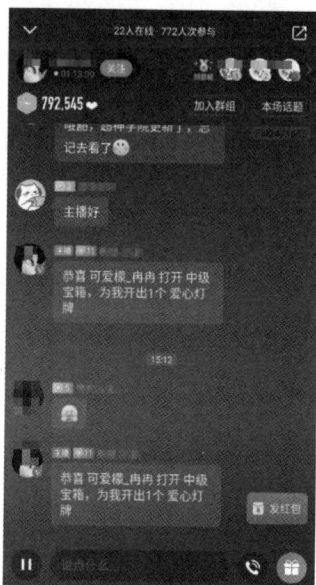

图 8-4　直播类音频产品

1. 直播类产品设计规则

直播类产品有个重要的功能，就是它能够帮助用户解决某些问题。例如，听众有时候需要一些能够陪伴他们的内容，也就是希望主播的产品有陪伴功能，给他们带来一种"治愈心灵"的体验。

笔者认为，直播类音频产品是一种陪伴性较强、治愈性较好的功能性载体。所谓的功能性就是有用，对于音频直播节目来讲，它的功能性就是情感的交流。视频直播和音频直播的场景完全不一样，视频直播偏娱乐属性，而音频更偏情感属性。在做直播类声音产品的设计时，我们要遵循3个关键词，分别是情感、治愈、私密。

有一次，笔者曾经在荔枝FM开通过直播，有一些听众会连麦，倾诉和分享自己的苦闷。直播类音频产品是通过声音来交流的，彼此看不见对方，因此在一定意义上给双方提供了一个相对更加私密的空间。

笔者想起十多年前，刚到深圳的时候，那时工作非常忙，感觉每天就像一个陀螺一样被迫旋转。当时，深圳电台每天晚上 10 点钟有一档叫《夜空不寂寞》的栏目，陪笔者度过了无数个不眠之夜。那个时候，每天晚上的收音机里，主播的声音都会准时传来，听完节目之后，感觉一天的压力、苦闷、孤独，都随着主播的声音烟消云散了。

在整个语音直播的生态系统当中，情感陪伴算得上是一个大门类。所以，主播可以与听众分享故事、朗读美文等，听众需要主播的产品有陪伴功能，给他们带来治愈的体验。在笔者看来，能做到这一点的产品，就是好的直播产品。另外，直播类音频产品的收益性也是比较强的。在移动音频平台上，如喜马拉雅 FM 的直播可以开通打赏收益，同时还可以获得粉丝的红包和礼物，如图 8-5 所示。

2. 专栏类产品设计规则

专栏类音频产品主要是针对每一个特定类目开设一个声音专栏，让用户的工作和生活更方便。例如，《声财有道》就是一个典型的专栏类产品，它可以帮助用户拓宽变现能力，用音频媒体打造自身形象，如图 8-6 所示。专栏类音频产品的种类非常多，那么用户为什么愿意去付费呢，他们就是想要获得一些新的认知，或者掌握一项实际的技能，学到一些东西。

所以，我们在设计专栏类音频产品的时候，要考虑这个专栏产品应该是什么样的内容，解决了什么问题，或者是提供了什么价值。例如，你对人与人之间的沟通有研究，就可以开设一个关于如何与人沟通的专栏。专栏类音频产品更偏重于实用技能，听众之所以订阅是因为注重的是个人的学习和成长。

声音产品的设计还要遵循一个重要的原则，就是我们要做自己擅长的专业领域。如果你的即兴反应能力比较强，你是个文艺青年，或者你有心理学方面的背景，则可以考虑去做音频直播；如果你想建立个人品牌，想做知识付费，则可以考虑做专栏类产品设计，可以分享自己的技能和经验。

另外，还有一个要遵循的原则就是以用户为导向。什么叫用户导向呢，就是能够根据用户的需求去设计和营销自己的产品。例如，你对职场心理有所研究，你可以分享关于职场心理研究发现的一些规律；如果你对金融有所研究，则可以分享一些金融类的知识。用户导向就是你要知道用户的需求问题，他们渴望的是什么，然后有针对性地设计你的音频专栏产品。

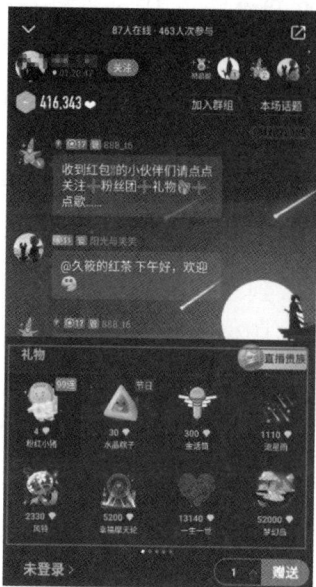

图 8-5　直播礼物

图 8-6　专栏类音频产品

8.1.3　产品设计：专栏类声音产品的设计

什么是专栏类的声音产品呢？我们在喜马拉雅看到了《每天听见吴晓波》这样一个音频产品，这个音频产品的主讲者是吴晓波老师，每天通过一段 5~7 分钟的音频来分享他对当今互联网社会问题和商业问题的观察和思考，这就是音频订阅专栏。专栏类声音产品有一个特定的主题，这个主题非常明确，而且声音内容是可以持续更新的。

在喜马拉雅上类似的音频产品还有《营销案例 50 讲》，它的主题是讲营销案例；还有《五分钟的心理学》《幼儿的国学启蒙》等。这样的产品，我们把它叫作"专栏类的产品"，针对一个特定的主题，持续更新内容。

不管是直播类还是专栏类的声音产品，最终都是以"声音"的形式呈现给听众的。音频传播和文字传播不太一样，文字是通过眼睛传递给大脑，而音频遵循的是听觉信息流，也就是信息通过耳朵传递给大脑，大脑感知声音的来源、音调和情绪。很多人在做专栏类声音产品的时候，有一个非常大的误区，就是他没有意识到"声音是通过听觉来传递的"这一要点。

笔者在线下交流会上，经常听到有同学说："老师，我写的逐字稿，把我的录音内容，一字一句都写出来了。"笔者看过有些同学的稿子写得非常好，一手漂亮的文章，但为什么制作出来的声音产品感觉有些不太对，大家不愿意听呢？这里有一个非常大的误区，就是很多同学做的内容非常好，但是过于书面化，这也是做专栏类产品一个最大的问题。那么怎样去避免这个问题，养成正确的习惯呢？

1. 口语化表达

首先，我们做专栏类产品的时候一定要注意口语化的表达，尽量不要用书面语和比较长的句子来表达。那你可能会说，如果我的句子实在太长了，怎么办呢？没关系，也不需要一口气说完，你可以说半句再补半句。如果是一字一句写的逐字稿，也不要完全照稿念，尽量在有提纲和关键词的提示下，用口语化的方式直接说。

这是第一个重点所在，专栏类的声音产品一定是基于口语化的。所以，我们要突破过于书面化的表达，可以放下表达的包袱不做作，出现口误也没有关系，甚至可以有一点儿口头语。因为这些都可以在后期的时候处理掉。

2. 对话式语言

第二个重点叫对话式的语言，你不妨思考一下，你希望专栏作者是以什么样的声音状态跟你讲？是希望他自言自语，还是希望他对你一个人讲，或是希望他对一群人讲？笔者认为，大部分人肯定都希望有一个人专门对自己讲。这种方式就叫作对话式语言，就好像有一个人在跟你一对一的交谈一样。

对话式语言的具体表现形式为：我们要把听众当作一个人，而不是一群人。你可以想象自己在面对面地跟一个人讲话，不仅需要尽量调动他的情绪和兴趣，还要在比较短的时间内吸引他的注意力。

例如，我们在讲专栏类声音产品内容的时候可以给听众制造一些意外和惊喜，同时脑海当中也要考虑另外一个问题，就是你讲的这些内容，他能不能听得懂？在听的过程当中，听众有没有什么疑问？所以，做一个专栏类声音产品的生产者，也就是作为一个主播，我们心里一定要有一个明确的说话对象，我们可以吹牛，甚至可以夸夸其谈。口语化表达和对话式语言这两个习惯，可以让我们在做声音专栏类产品时更容易被听众所接受。

3. 注意发音位置

第三个关键点就是需要注意自身发音的位置，不同的发音位置给人的感觉是不一样的，这需要我们去考虑一下栏目的受众对象是谁？他们是什么群体？例如，《每天学唐诗》或《幼儿国学启蒙》这种专栏类声音产品，听众通常是小朋友，发音的位置可能要稍微靠前；如果专栏产品面对的听众对象是白领，或者是中产阶级，或者这个产品是一档理财栏目，则发音的时候一定要发自肺腑；如果是面对老年人的专栏类产品，讲的是养生的知识，则发音位置就要相对靠后或者是语速慢一点。

所以，发音位置的作用其实是在表达上要有强烈的对象感。例如，笔者的知识付费音频订阅专栏《声财有道》，因为它是知识付费的产品，听众大多是领导，或者是长辈，所以从一定意义上来说，语言表达需要自信和肯定，同时需要自然的音量。

如果你找不到对象感，找不到发音位置，也可以在自己的面前放一个玩具或者是一个公仔，甚至是一个茶杯都可以，然后将这个工具想象成你的用户，或者是通过视频通话连线一个朋友，看一看对方的表情和反应，然后再调整你自己的表达方式。如果还是找不到这种呈现的感觉怎么办呢？在笔者的线下交流会上，笔者通常用一些手舞足蹈、眉飞色舞的方式去训练大家，效果非常不错。具体来说，就是你可以在表达的时候，适当加一些手势和表情，这些有助于帮助你找到对象感。

4. 用提问的方式

第4个关键词，就是要多用提问的方式帮助用户画重点，多帮助用户来提问。例如，笔者在自己的栏目中，经常会说这样的话："你不妨思考一下""你可能会问了""你可能会说"等类似的话。因为用户在收听的时候，他的内心会产生疑问或者是困惑，此时加上一句提问的话，其实是在不知不觉地帮助用户划重点，因为提问会转移用户的注意力。用户在收听的时候，你可以不断帮他们总结，帮他们画重点，这样他们内心产生的疑问，无形之中可能就被解决掉了。

案例

《好好说话》：10天销售额破千万

2016年6月6日，喜马拉雅FM首次推出"付费精品"专区，开始进军付费订阅模式，首个试水产品便是由马东携手"奇葩天团"推出的《好好说话》口才培训节目，如图8-7所示。据悉，《好好说话》推出首日，就达到500万元的销售额，上线10天便突破1 000万元的销售额，同时成了"123知识狂欢节"的销量总冠军。目前，《好好说话》的总播放次数已经达到8 000万的级别。

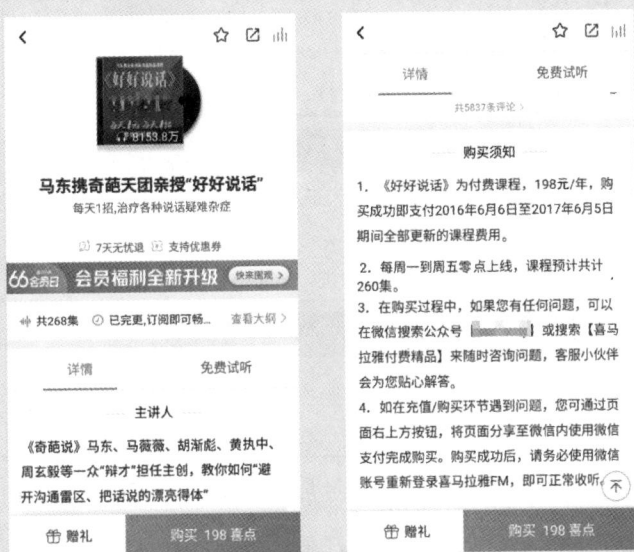

图8-7　《好好说话》专栏类音频产品以及付费方式

8.1.4　变现模式：内容付费、广告收入、订阅付费

声音产品形式，可做付费课程，也可做免费内容。付费课程包括有声播讲、知识付费精品课；免费内容则要求我们输出自己的专业，当获取了一定数量的用户和粉丝，有了流量之后，即可实现广告收益，当然也可以提供线上的咨询、配音等服务。比如，当你的内容、专栏、节目有流量足够大和听众足够多的时候，也可以通过广告收入来变现，如在片头或者片尾采用植入广告的方式和平台共享收益。当然，你也可以做一些线上的咨询，

或者是线上的配音服务，以及声音方面的指导。例如，笔者就曾经在平台上讲"德鲁特谈做管理"后，收到了一些培训咨询的邀请。

1. 付费订阅

从具体的付费订阅节目内容来看，喜马拉雅 FM 的产品变现方式可以分为精品节目、低价专区和单集购买 3 种方式，下面从购买方式、更新期数、节目价格和节目内容等方面来进行对比，如图 8-8 所示。

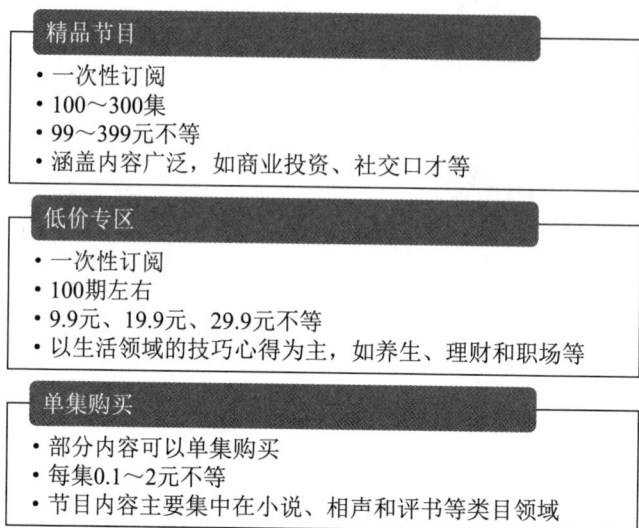

精品节目
- 一次性订阅
- 100～300集
- 99～399元不等
- 涵盖内容广泛，如商业投资、社交口才等

低价专区
- 一次性订阅
- 100期左右
- 9.9元、19.9元、29.9元不等
- 以生活领域的技巧心得为主，如养生、理财和职场等

单集购买
- 部分内容可以单集购买
- 每集0.1～2元不等
- 节目内容主要集中在小说、相声和评书等类目领域

图 8-8　喜马拉雅 FM 的产品变现方式对比

其中，知识课程专栏是平台的主打精品节目，喜马拉雅 FM 专注于打造更多精品化的音频类专栏产品，来供用户付费订阅。例如，《好好说话》就是通过场景切入，从沟通、说服、辩论、演说到谈判，教给用户一整套应付生活场景需求的话术。对于知识课程类平台来说，订阅付费的潜力非常巨大，这是传统的视频付费模式带来的好处，培养了用户为优质内容付费的消费行为。

2. 主播打赏

喜马拉雅 FM 平台目前已经成为知识付费领域里的一个超级独角兽，有各种各样的知识付费课程。在喜马拉雅 FM 平台上，我们可以通过做相关的课程，也就是知识服务，给有学习需求的人设计一个音频付费产品，这个群体就会愿意为声音课程付费。喜马拉雅 FM 在自身平台上，还培养了大量的优质主播，同时和主播达成了深度合作，主播收益渠道包括广告服务和送礼赞助，如图8-9所示。这些主播和粉丝通过深入的互动，形成了强关系链和强信任度，粉丝的付费意愿都比较高。

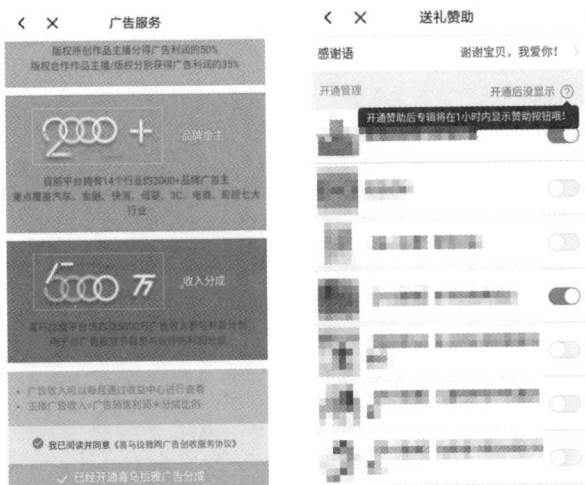

图8-9 广告服务和送礼赞助

喜马拉雅FM通过不断深挖粉丝经济，开发各种礼物打赏功能，来帮助主播引导粉丝打赏以实现变现。同时，喜马拉雅FM将"猜你喜欢"智能推送功能整合到付费内容中，可以帮助用户更好地解决消费决策问题，为他们推送更多感兴趣的内容，提升用户的转化率，为主播带来更多的变现机会，如图8-10所示。

图8-10 "猜你喜欢"智能推送功能

专家提醒

在通过喜马拉雅 FM 平台做知识变现时，需要注意的是，**不管你是什么样的声音，都必须足够专业才可以变现**。专业化我们从两个方面理解，一方面，是你的声音演绎能力要很强、很专业；另一方面，如果你的声音演绎能力不够专业，没有系统的学习过播音、发声，也没有关系，只要你在某一个领域能够持续输出内容，也是能够变现的。

123 知识狂欢节：中国首个内容消费节

喜马拉雅 FM 在知识变现方面不遗余力，打造了很多成功的知识付费产品，其中比较经典的就是"123 知识狂欢节"和"66 会员日"。

从天猫"双 11""双 12"以及京东"618"店庆日等，我们看到了各种电商节日的火爆程度。喜马拉雅 FM 也将每年的 12 月 3 日定为内容消费节，并取名为"123 知识狂欢节"，来号召大众重视知识的价值，同时也为知识生产者开辟了一条新的知识变现捷径。

在"123 知识狂欢节"期间，平台会通过首页、课程详情页等渠道来发放精品课程优惠券，用户领取后可以自己使用，也可以通过微信、朋友圈等途径分享给好友，如图 8-11 所示。这种促销方式，不仅提升了用户下单的积极性，而且还能实现同步传播，增加品牌的曝光量。

图 8-11 "123 知识狂欢节"的促销引流方式

据悉，2016 年首届"123 知识狂欢节"当天的总销售额为 5 088 万元，跟淘宝第一年的"双 11"销售额旗鼓相当。2018 年第三届"123 知识狂欢节"，付费内容数量达到 138 万元，总销售额达到了 4.35 亿元，是 2017 年的两倍多，这也是大众对于"内容价值"的再次肯定。

8.2　蜻蜓 FM：通过优质内容深耕付费产业

跟喜马拉雅 FM 一样，蜻蜓 FM 也是一个移动端的音频知识产品平台，同时它还从大量的娱乐流量中，挖掘出用户的学习需求，借助知识变现重焕生机和活力，如图 8-12 所示。

图 8-12　蜻蜓 FM

8.2.1　内容特点：深耕"PUGC"内容领域

蜻蜓 FM 以休闲类音频节目起家，相声、小说和情感节目是用户的主要需求。蜻蜓 FM 最初是通过与运营商合作，收取付费分成，如今也在大量打造付费精品区，坚持在"PGC"的基础上深耕"PUGC（Professional User Generated Content，专业用户生产内容）"内容领域，通过优质内容来掘金付费产业。

蜻蜓 FM 通过与大量的名人大咖合作，在生态链上游，牢牢把控住内容的生产环节，同时利用直播音频产品来切入知识付费领域，打造完整的音频商业生态。

1. 多元化内容

蜻蜓 FM 的内容生产源类型丰富、风格多样，不仅跟掌阅科技、17K 小说网、汤圆创作、朗锐数媒、酷听听书等有密切合作，而且重点孵化大量的高校、学生以及明星等内容达人资源，打造爆款音频内容。

2. 坚持 PGC 内容

蜻蜓 FM 通过邀请能够生产优质内容的电台主持人入驻，给予他们更多的资源扶持，从而保证在线内容源源不断地输出，同时还可以将这些主持人本身的粉丝转化为平台粉丝。例如，《高晓松晓说》《蒋勋细说红楼梦》《罗辑思维》以及《郭德纲相声集》等都是其头部内容的重要部分。

3. 多形式直播联动

蜻蜓 FM 通过"音频 + 视频"等内容形式实现多渠道直播联动，开启直播专区，同时与各大直播平台合作生产直播内容。音频直播对于网络的要求更低，可以满足用户随时随地听直播的需求。

另外，蜻蜓 FM 还与音频付费产品的下游应用场景深度结合，将产品嵌入到各大品牌手机应用市场、车载系统以及智能家居等领域，打造生活服务的移动音频入口，全面渗透用户生活。

8.2.2 变现模式：重点发力粉丝经济变现

蜻蜓 FM 不断提升 PUGC 能力，专注优质内容生产，重点发力粉丝经济变现模式，打造强大的内容付费核心竞争力。

1. 内容付费

蜻蜓 FM 的主要盈利方式为内容付费，通过多元化的发布渠道来开启付费精品区，用户需要付费来购买这些精品内容，帮助主播实现更多营收。

例如，《方文山的音乐诗词课》的购买价格为 69 币，一个蜻蜓币等于一元人民币，如图 8-13 所示。

2. 付费会员

即用户为开通会员附加功能而付费。蜻蜓 FM 的超级会员套餐为 228 元 / 年，可以免费收听所有带会员专享和会员标识的内容，同时还可以更低折扣购买付费内容，如图 8-14 所示。

图 8-13 内容付费

图 8-14 开通超级会员

3. 流量分成

蜻蜓 FM 比传统电台拥有更广的覆盖面和更多的粉丝，不仅可以提高主播的知名度，而且主播还可以获得平台的流量分成收入。主播可以申请蜻蜓 FM+V，加入分成计划，获取广告收益。

另外，主播还可以参加蜻蜓 FM 的官方任务和活动，获取更多奖励收入，如图 8-15 所示。例如，蜻蜓 FM 举办的全球博主竞技大赛，奖金池高达 1.6 亿元。

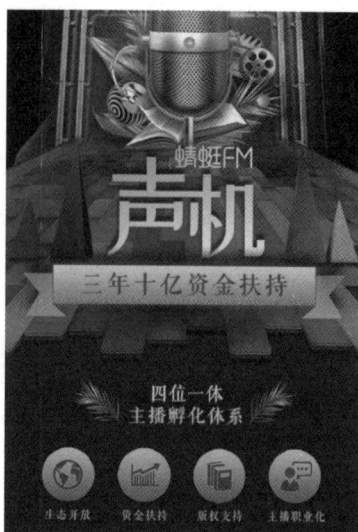

图 8-15　蜻蜓 FM 的官方任务和活动

案例

AI 产品：人工智能 + 网络音频

在蜻蜓 FM 的分类列表中，可以看到 AI 读书频道，其中包括《小度讲故事之智慧之旅》《小爱讲故事之三分钟典藏故事》等爆款产品，如图 8-16 所示。

图 8-16　AI 读书频道

点开这些音频知识产品，查看其主播介绍可以看到，主播并不是真人，而是"百度智能音箱"和"小爱同学"。这些人工智能产品分别来自百度和小米，各有其鲜明的主播风格。蜻蜓FM的AI读书频道上线，其实是平台迈向智能化的重要一步，未来还将在内容生产、内容运营和内容分发等各个环节中运用更多的人工智能技术。

8.3 豆瓣时间：豆瓣首开内容付费先河的产品

豆瓣时间是由豆瓣平台推出的内容付费产品，平台通过深度分析用户需求，来精心制作付费专栏的知识产品。

8.3.1 内容特点：文艺青年的付费尝试

豆瓣时间的内容形式主要包括专栏类音频产品和直播类音频产品，如图 8-17 所示。豆瓣时间的专栏类音频产品，包含了数十期至上百期不等的精品内容，呈现形式以音频和文字为主，并且会每周定时进行更新。豆瓣时间直播类音频产品数量并不多，而且大部分都是免费或者低价产品。

图 8-17　豆瓣时间的产品类型

豆瓣时间的内容形式主要为 PGC 模式，通过邀请学界名家、青年新秀以及各行各业的达人来制作精品内容。豆瓣时间的内容领域主要是文化领域，聚集了大量的文艺青年，自然而然地被标上了"文艺"和"小资"的标签，这一点跟豆瓣本身的定位也是相辅相成的。

8.3.2 变现模式：文艺小清新的变现之路

豆瓣时间的核心业务流程为：用户在平台上选择喜欢的知识产品，然后订阅支付购买，即可开始学习。豆瓣时间付费专栏产品的定价基本在 29 ～ 128 元这个范围内，如图 8-18 所示。

专家提醒

豆瓣时间的付费专栏产品还支持赠送功能，用户可以购买这些专栏产品送给自己的朋友，不仅可以提高用户转化率，而且还能吸引更多粉丝入驻平台。

另外，豆瓣时间还推出了"豆瓣时间联盟"计划，用户可以申请成为豆瓣时间的高级推广员，将优质内容分享给其他人，当有人通过你分享的链接购买推广产品后，用户将获得对应比例的佣金收入，如图 8-19 所示。

图 8-18 豆瓣时间付费专栏产品   图 8-19 "豆瓣时间联盟"计划

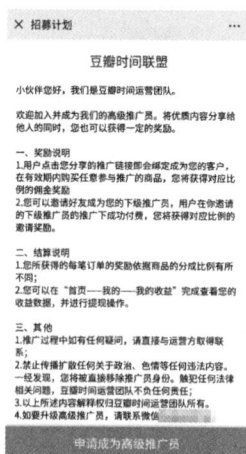

专家提醒

　　豆瓣时间的大部分付费专栏产品都可以免费试听部分课程，用户可以先试听然后再根据内容来决定是否购买，这在一定程度上提升了用户体验，可以帮助用户更好地进行消费决策。

　　豆瓣时间的主要目的在于帮助豆瓣在现有核心功能的基础上，打通内容生态体系。例如，通过"豆瓣时间＋豆瓣小组"的结合，可以提升订阅专栏用户的活跃率。再例如，豆瓣时间的内容还可以继续细分，甚至与豆瓣图书、豆瓣电影以及豆瓣音乐等平台进行链接，让其生态体系进一步增大。

案例

《醒来——北岛和朋友们的诗歌课》

　　《醒来——北岛和朋友们的诗歌课》是"豆瓣时间"推出的首个专栏产品，由"北岛"（原名赵振开）主编，帮助听众读懂"诗歌课"，如图8-20所示。《醒来——北岛和朋友们的诗歌课》的定价为128元，共102期，折合下来每期不到1.3元，同时用户还可以通过分享推广获得19.2元的收入。

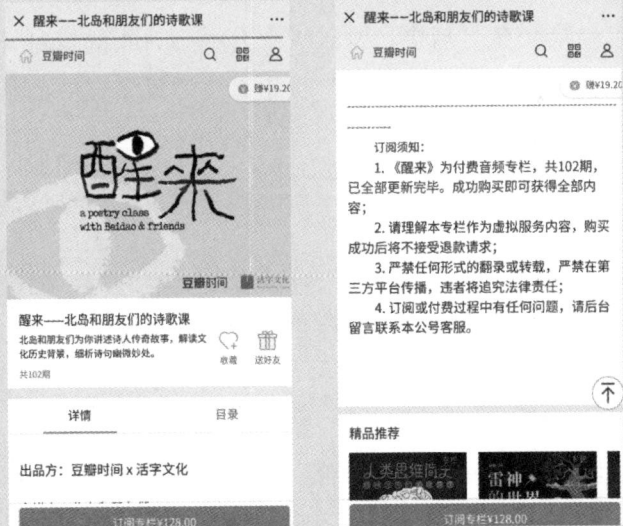

图8-20　豆瓣时间首个专栏产品《醒来——北岛和朋友们的诗歌课》

　　豆瓣时间保持了豆瓣社区文化基于"兴趣"的特性。据悉，豆瓣时间上线仅 5 天，就创下了百万销售额的纪录，同时付费订阅用户也突破万人，可以说《醒来——北岛和朋友们的诗歌课》为豆瓣时间开了一个好头。

8.4 今日头条：上线内容付费专栏帮助创作者变现

不管是用户数量规模（截至 2019 年 7 月，66 亿激活用户）和用户活跃程度（1.4 亿活跃用户，每天平均用 76 分钟），今日头条都是新媒体平台中的佼佼者。所以，众多新媒体运营者都争抢着注册今日头条来推广运营自己的各类产品。"信息创造价值"是今日头条平台的广告语，作为一款个性化推荐引擎软件，今日头条能够为平台的用户提供最有价值的各种信息。

为了帮助创作者用优质的内容去变现，今日头条向所有原创头条号推出了付费专栏功能，开通付费专栏后，头条号可以自行发布精品付费内容并进行自由定价。

8.4.1 头条号付费专栏的开通和创建方法

用户可以登录头条号后台，进入"个人中心→我的权益→账号权限"界面，单击付费专栏右侧的"申请"按钮，然后设置需要的基本信息，通过审核后即可开通功能。开通付费专栏后，即可在头条号后台看到一个"付费专栏"频道，如图 8-21 所示，创作者可以再次发布图文、音频或者视频等形式的专栏内容。

展开"付费专栏"频道后，我们可以看到专栏管理、创建专栏、数据分析和收益管理等功能。在"专栏管理"模块中，单击"创建专栏"按钮，如图 8-22 所示。

执行创作后，进入"创建专栏"界面，在此可以设置作品名称、作品分类、作品封面、专栏简介、整本定价、预计更新章节以及专栏详情等内容，如图 8-23 所示。设置完成后，单击"下一步"按钮进入付费设置界面，选择付费设置并填写定价。单击"提交"按钮，进入专栏审核流程，完成审核后即可添加并发表专栏章节。

图 8-21　开通付费专栏

图 8-22　单击"创建专栏"按钮

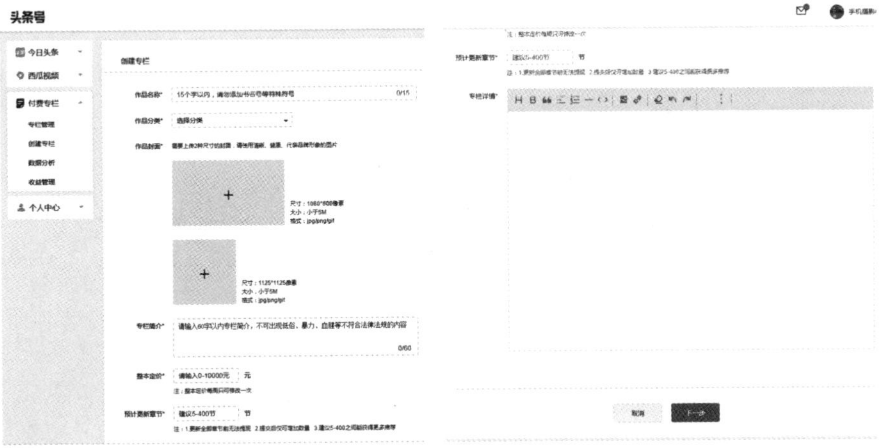

图 8-23　"创建专栏"界面

8.4.2 付费专栏知识产品的内容创作技巧

头条号付费专栏具有门槛低、定价自由、内容多元以及推荐精准等特点，其内容会通过今日头条 APP 分发给头条号的粉丝和其他潜在付费用户，如图 8-24 所示。

图 8-24 头条号付费专栏内容

付费专栏的主要内容方向包括精编资讯、报纸杂志、长篇故事、小说漫画、行业报告、教学课程、情感美文、健康问答以及心理咨询等，这些比较适合付费的内容类型。付费专栏的内容主要是推荐给潜在的付费用户的，因此不管创作哪种类型的内容，最重要的是要符合用户的口味。创作者可以根据自己的用户画像，了解他们的爱好和感兴趣的内容，以及他们最愿意为什么内容去付费，下面提供了一些基本的创作思路，如图 8-25 所示。

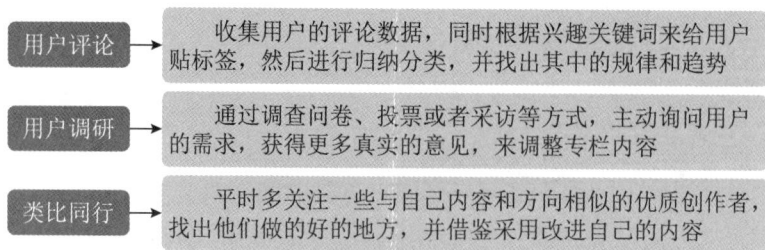

图 8-25 付费专栏的内容创作思路

8.4.3　头条号专栏产品的推广和变现技巧

首先，要想让付费专栏的内容足够吸引用户，必须学会包装自己的内容，可以从专栏的标题、简介或者作品详情等地方入手，通过图文并茂的方式吸引用户眼球，刺激他们的购买欲，如图 8-26 所示。付费专栏的支付方式包括微信和支付宝等主流移动支付手段，购买非常方便。

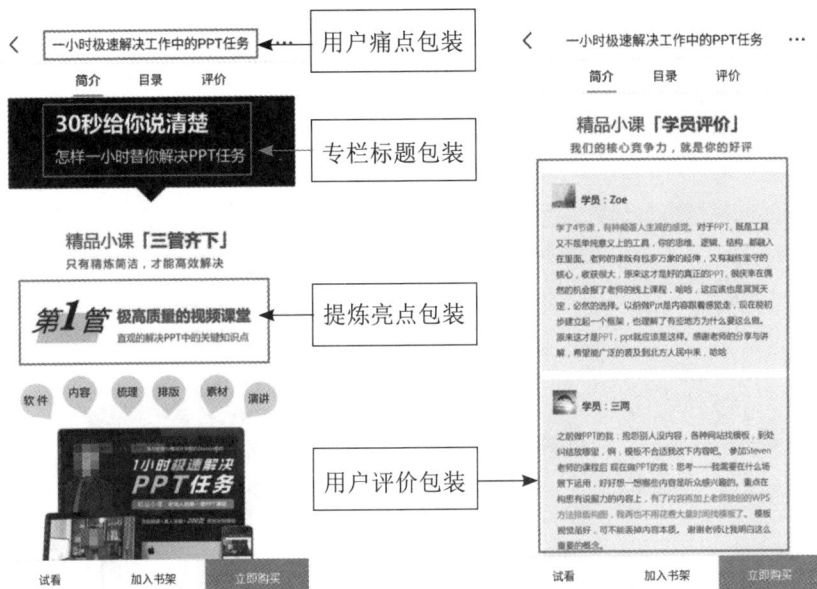

图 8-26　包装付费专栏的内容

付费专栏的定价也是非常重要的一个环节，定价低了自己吃亏，定价高了可能没人购买。因此建议创作者先做好用户定位，考虑潜在人群的付费能力，在此基础上根据内容价值来合理设计专栏产品价格，同时还可以参考其他同类产品的主流定价。

专家提醒

用户购买专栏产生的收益，目前今日头条平台暂不抽成。同时，平台不干预专栏定价，创作者可自由定价。

其次，创作者一定要善于利用今日头条的"限免推广"功能，获得更多的流量，让内容被更多的人看到和关注，如图 8-27 所示。在发布付费专栏内容时，可以选择"设置为限免推广"选项，这样读者即可在信息流中免费阅读部分付费章节内容，让内容获得更多的曝光和推荐，以及更多的潜在付费用户。如果没有选择"设置为限免推广"选项，则这些内容只能推荐给自己的粉丝，其他用户是无法看到的。在每个付费专栏下，至少要创作 5篇内容，这样才能获得更多的曝光机会。

最后，创作者还要重视微头条的宣传力度，可以快速扩大专栏的影响力，如图 8-28 所示。创作者可以通过微头条来转发付费专栏内容，使其能够进入到信息流中进行宣传曝光，同时还能够与用户进行互动，解答他们的疑问，提升付费专栏的转化率。

图 8-27　使用"限免推广"功能

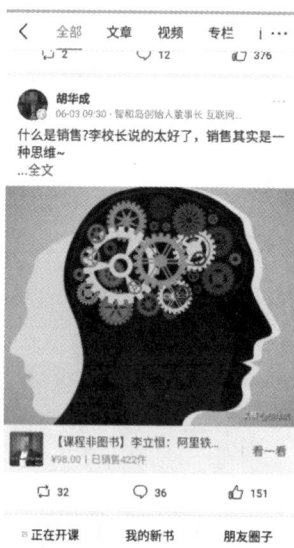

图 8-28　使用微头条推广

今日头条的付费专栏，实际上是增加了一个流量变现的渠道，旨在让头条号创作者能够围绕粉丝进行深度变现。创作者只要能够持续输出优质的内容，为用户带来价值，变现是水到渠成的事情。

第 9 章

知识咨询：

问答互动类知识付费平台

互联网时代，使"知识咨询"变得更加容易，人们不仅可以方便地上网搜索各种问题的答案，同时还可以通过一些互动问答类知识付费平台获得更加专业且深入的答案，如悟空问答、在行一点、知乎、知了问答以及微博问答等。付费问答可以沉淀大量的新知识，并且能够聚集高度活跃的用户，是可行度较高的知识变现途径，它的长期可行度甚至不亚于广告变现模式。

- 悟空问答：免费图文问答＋红包奖励
- 在行一点：付费语音问答＋偷听分成
- 知乎：社会化问答社区＋用户付费
- 知了问答：专注 IT 科技的问答社区
- 微博问答：自由定价＋问答双方抽成

9.1 悟空问答：免费图文问答 + 红包奖励

悟空问答是一个与知乎类似的社交平台的内容产品，不仅在短时间内吸引了众多用户关注，更重要的是，在该平台中即使是普通用户也有获利的机会。

9.1.1 悟空问答的内容创作技巧

相对于今日头条平台上的其他内容产品而言，悟空问答更具随机性，它并非头条号创作者基于某一观点或中心经过一段时间的准备后编辑的内容，悟空问答的形式更能检验头条号创作者的知识水平和解决问题的能力。同时，在今日头条平台上，头条号创作者不仅可以通过回答问题来分享自己的知识、经验和观念，还可以通过提出问题来解决自己在生活和工作中遇到的问题。

在今日头条的悟空问答中，回答问题是一种相对来说更加容易吸引用户关注的方法——**它把众多头条号的优质回答聚集在一起，以团体的力量来吸引用户关注**。如果你想要通过回答问题来实现知识变现，可以进入今日头条后台的悟空问答页面，页面中每一个问题下方都会有"写回答"按钮，单击该按钮（如图 9-1 所示）进入回答内容编辑页面，该页面中包含图文和视频两种内容形式，如图 9-2 所示，可在该页面编辑回答内容并对内容进行排版。如果用户是首次进入回答问题编辑页面，页面中会出现一个显示回答内容的注意事项和价值的信息提示框。

如果你选择的问题很热门，且回答的内容质量足够好——在文字和情感方面能打动读者，排版形式也赏心悦目，那么，你的回答内容极有可能被推荐到首页上。

在悟空问答中选择问题回答时，如果选择的不是自己擅长的领域，那么即使你通过各种渠道找到一些答案并对其进行了整合，编辑出的也只是一些表面化的理论内容，而不是自己切身的体验和经验，难以形成专业且深入的内容，因而也就无法打造出爆款问答内容。

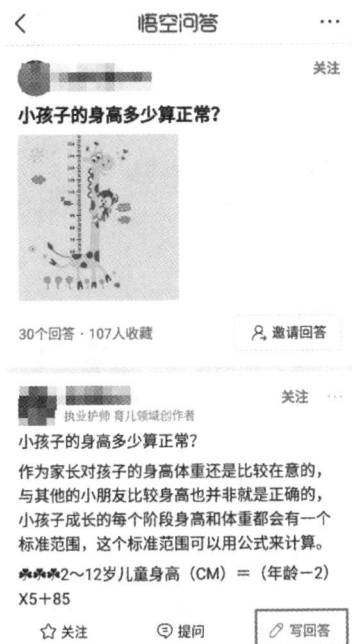

图 9-1　单击"写回答"按钮

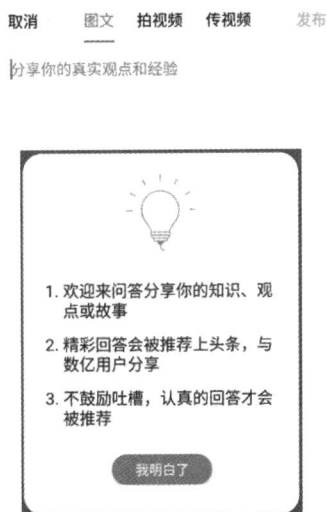

图 9-2　回答内容编辑页面

例如，你擅长的领域是摄影，那么选择回答的问题最好也是与之相关的，这样才能在回答内容中写出自己真实的心得体会，读者在阅读的时候才可能会被吸引和说服，如图 9-3 所示。否则如果回答内容只是纯粹的概念和理论，而没有自己的思想和灵魂，显然是无法打动读者的。

9.1.2　悟空问答的内容推广引流

相对于其他内容来说，悟空问答是一个有共同内容需求和爱好的头条号创作者和粉丝的集聚平台。在该平台上，众多参与者积极互动，分享自己的经验和见解，因此，这是一个可以实现精准引流的内容平台。对头条号来说，利用悟空问答内容引流是通过 3 大途径来实现的，具体内容如下所述。

1. 优质内容的"首页"推荐

一些经常在移动用户端或 PC 端浏览头条号的用户会发现，菜单内容中会显示一些标注有悟空问答的内容，如图 9-4 所示。

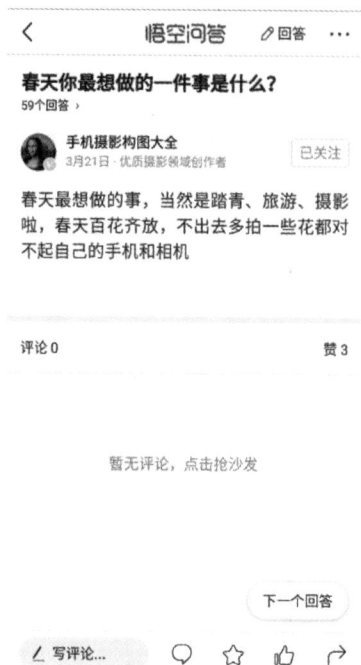

图 9-3　回答擅长领域的问题

图 9-4　首页推荐

一般来说，当头条号创作者在悟空问答中提供了优质内容和有价值的回答后，就会被更多的人关注，这有助于吸引粉丝。

2. 增加引导和关注途径

在今日头条平台上，当用户进入悟空问答页面后，单击相应问题进入具体的问题问答页面，会发现页面中每一条回答都会显示回答者的头条号账号，并在账号右侧显示一个"关注"按钮，如图 9-5 所示。这样的设置不仅有助于增加头条号的曝光度，也方便用户关注有独特见解和干货内容的回答的创作者。

3. 利用热点增加曝光度

蹭热点是运营过程中经常会用到的方法，在利用悟空问答引流的方法中，笔者认为这一经典方法也是适用的。悟空问答中推出了每日的"热门问题榜"，这些问题都拥有几十万甚至上百万的热度，创作者可以通过回答这些热点问题来提升自己的回答的曝光度，如图 9-6 所示。

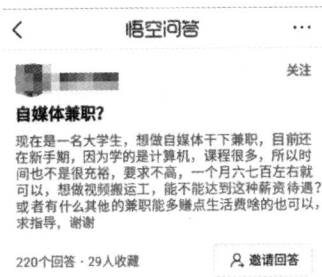

图 9-5　关注途径

图 9-6　热门问题榜

头条号创作者可以查找与自身内容领域相关的热点，并在悟空问答页面中选择合适的问题进行回答，这种蹭热点的运营方法既能增加头条号的曝光度也能达到为平台增粉的目的。

4. 利用问答数据分析

悟空问答是头条号的一个重要产品，它是有针对性地获得精准目标用户的最佳途径之一，因此创作者非常有必要了解问答数据，且对各个问答的具体数据进行查看和对比，进行问答数据分析有利于创作者对问答问题的选择和回答内容技巧的运用。关于头条号在悟空问答这一产品方面的总的内容数据，可在悟空问答的"问答数据"页面中进行查看，如图 9-7 所示。"问答数据"页面可分为两个部分，上方是问答的总体数据，下方是 7天内具体的问答数据分布表，如果在最近 7 天内运营者未回答问题，那么，下方将不显示。

而要想查看时间更早的问答数据，则可以进入"我的问答"页面，选择"问答"选项进行查看，如图 9-8 所示。从图中可以看出，每个问答下面有两个数据区域，一个是在"问题"标题下方的数据区域，它显示的是针对这一问题的具体数据，即关于这一问题有多少人回答，又有多少人收藏；另一个是创作者头条号问答内容下方的数据区域，它显示的是该回答的具体数据，包括"阅读量""评论量"和"点赞量"等。

图 9-7 "问答数据"页面

图 9-8 查看每个问答的具体数据

基于此，创作者不仅可以通过比较"问题"的数据，选择那些回答比较多、关注度比较高的问题，还可以通过比较每条"问答内容"的数据，对各项数据比较好的问答和各项数据比较差的问答进行对比分析然后取长补短，打造更好的爆款问答内容。

9.1.3 悟空问答的收益开通方法

在悟空问答频道，只要符合条件的提供优质内容的创作者参与问答，**就有可能获得问答分成**。这里的"条件"主要包含两个因素：一是创作者本身；二是创作者的内容，具体分析如下所述。

（1）**创作者本身**。对头条号创作者本身来说，获得问答分成的条件是他必须是持续创作优质问答内容的答主。平台会根据其创作过的回答内容的质量来进行判断并邀请其回答问题，在这种情况下，创作者就能获得问答分成。

（2）**创作者的内容**。创作者获得了问答分成资格，并不代表他能持续获得利益分成，他还必须在接下来的运营中持续提供优质内容，这里所指的优质内容必须具备以下条件，如图9-9所示。

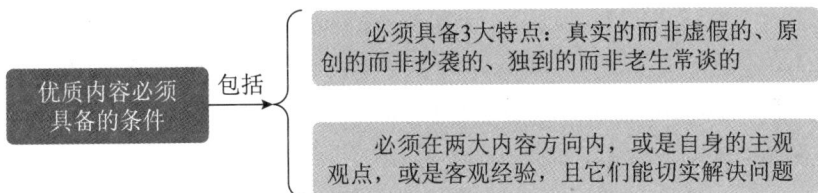

图9-9　能获得问答分成的优质内容必须具备的条件

当头条号的创作者及其所创作的内容都具备问答分成的条件时，创作者就能获得问答分或。有人不禁要问：所有答主的分成都是一样的吗？如果不是，又是怎样规定的呢？其实，悟空问答的分成依据主要包括回答内容的质量、作者权重和粉丝互动3个方面，具体内容如图9-10所示。

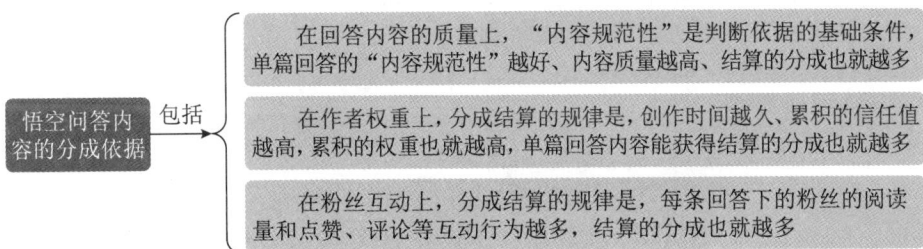

图9-10　悟空问答内容的分成依据

专家提醒

悟空问答中的结算分成是以篇来计算的。就单篇而言，答主所获得的分成主要由质量决定，且是没有上限的。

在悟空问答中，可以通过以下两种方式来开通收益。

（1）如果所运营的头条号是没有在悟空问答中回答过问题的新号，那么，此时可以通过邀请回答问题的方式来开通收益。通过这种方式开通收益时要注意 3 个事项，具体内容如图 9-11 所示。

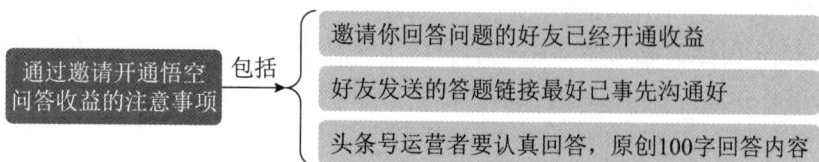

图 9-11　通过邀请开通悟空问答收益的注意事项

（2）通过邀请方式开通收益后只要认真回答答题链接中的问题并提交成功，第二天就可以获得收益了，也就说明悟空问答收益已经开通，且有机会获得优质回答奖励，如图 9-12 所示。

图 9-12　查看悟空问答收益

（3）如果所运营的头条号已经在悟空问答中回答过问题，创作者只能通过坚持不懈地创作优质回答内容被动地等待系统开通收益。

当系统开通收益后会在选择回答问题的页面中显示"回答得红包"，表示系统已经为该头条号开通了收益。此时运营者只要单击"回答得红包"按钮，进入相应页面编辑内容即可。在"悟空问答"APP 上，如果系统已经开通收益，页面显示就不再是"回答得红包"字样，而是"回答得现金"字样。

当然，这里的收益是不定的，系统会根据内容的质量和推荐量、阅读量来决定分成。因此，**运营者无论是在开通收益前还是开通收益后，都应该注意保证内容质量的优质。**

专家提醒

在今日头条号运营中，有些行为是被严厉禁止的，问答内容作为其中的一种重要内容形式，同样要遵循这些规则。下面为问答中严禁出现的违规行为，如果违反了这些规定运营者将会面临账号被删除、封禁的处罚。

- 回答内容是抄袭或拼凑得来的。
- 回答内容中有低俗、恶意元素。
- 回答内容中插入了商品营销广告。
- 回答内容中插入了二维码图片。

9.2　在行一点：付费语音问答 + 偷听分成

在行一点即原"分答"平台，是由在行团队推出的一个付费语音问答平台，如图 9-13 所示，主要专注于 UGC 领域的付费知识问答，其主要变现模式为"付费语音问答 + 偷听分成"。

图 9-13　"在行一点"主页

"分答"在上线初期通过邀请大量名人明星入驻带来高人气和更多现金流。同时，"分答"并不局限于知识问答领域，而是同时具备观点性和娱乐性，以及内幕式的问答方式，可以勾起用户的好奇心，从而获得大量用户关注。此后，**"分答"再通过挖掘垂直领域的付费问答项目，鼓励个人用户成为平台的知识生产者，发表个人见解，提供知识分享，并且获得收益。**

9.2.1　在行一点的内容形式分析

在行一点主要采用短音频和文字的内容形式，核心功能可以分为问（快问、提问专家、链接在行）、答（回答、抢答、拒绝回答）、听（试听、偷听、限时免费听、赠送）和收听（关注）等，主要优势如图9-14所示。

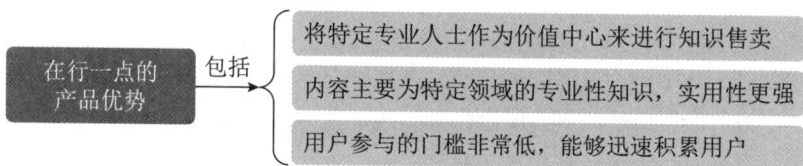

图9-14　在行一点的产品优势

在行一点的主要产品形式如下。

1. 定向提问

- 方式：用户向指定的"答主"发起提问。
- 价格："答主"自行设定，几元至几千元不等。
- 类型：UGC。

2. 快问

- 方式：用户悬赏提问，由平台筛选有资质的众多"答主"抢答。
- 价格：通常为10元。
- 类型：PUGC。

3. 小讲

- 方式："答主"提前录制音频＋问答互动。
- 价格：大部分在10元以内。
- 类型：PUGC。

4. 社区

- 方式：付费订阅 + 社区讨论，文章和音频会每周更新。
- 价格：79 ~ 299 元 / 半年。
- 类型：PGC。

9.2.2　在行一点的盈利模式分析

在行一点采用长度在 60 秒内的语音回答，将问题公开，围观者可花费 1 元"偷听答案"，收益由提问者和回答者按 1 : 1 分成，如图 9-15 所示。

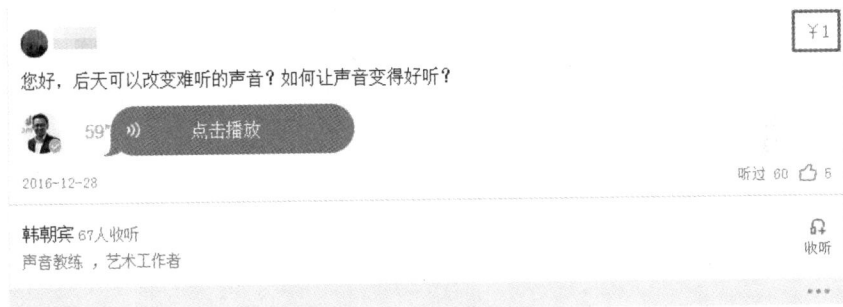

图 9-15　语音回答内容形式

在行一点平台上的盈利模式中主要包括"答主"、用户和游客 3 类角色，如图 9-16 所示。**"答主"可以设置付费问答的价格（一般为 1 ~ 500 元），用户可以选择感兴趣的"答主"直接提出问题（≤ 50 字的文字），并支付相应的问答费用。**

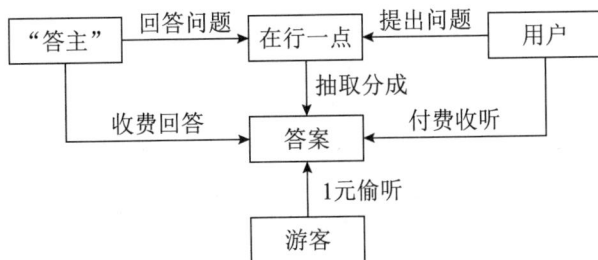

图 9-16　在行一点的盈利模式分析

另外，用户还可以通过悬赏功能，设定一定数额的问答费用来吸引众人回答，"答主"则利用抢答功能，通过语音和文字等方式来回答问题，然后由悬赏者从众多抢答中选出自己最满意的答案，并支付对应的赏金。而平台则抽取一定比例的用户付费酬金作为收入。

案例

在行一点某热门提问收益分析

一个名叫"江湖归梦"的用户，对大自然爱好者王昱珩提出了一个"最强大脑第八期海藻题您用时多长时间？"的问题，如图 9-17 所示。"答主"王昱珩被称为"水哥"，虽然他右眼存在视觉障碍，但具有极强的辨识能力，在《最强大脑第二季》的"微观辨水"项目中，520 杯同质、同量、同水源的水被他一眼辨认出，从而一举成名，被誉为"鬼才之眼"。

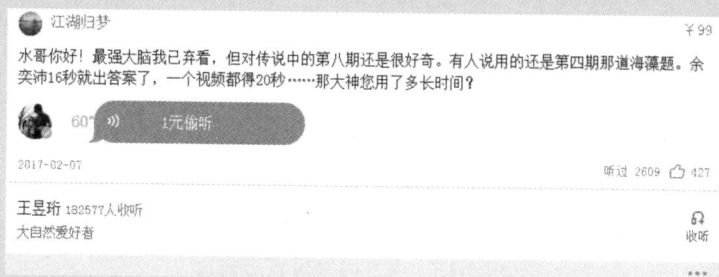

图 9-17　在行一点某热门提问案例

在这个付费提问中，问题价格为 99 元，偷听人数为 2 609 人，平台按照付费问答 10% 的比例进行抽成，剩余收益平分给回答者和提问者。相关人员的收益计算方法如下：

- 平台方：（99+2 609）×10%=270.8（元）
- 回答者：（2 609×90%）÷2+99×90%=1 263.15（元）
- 提问者：（2 609×90%）÷2-99=1 075.05（元）

9.3　知乎：社会化问答社区＋用户付费

知乎平台是一个社会化问答社区类型的平台，是真实的网络问答社区，帮助用户寻找答案、分享知识。知乎平台首页如图 9-18 所示。需注意的是，平台首页上显示的内容是根据用户选择的感兴趣的话题推送的。

图 9-18　知乎平台首页

专家提醒

　　用户要注册、登录之后才能进入知乎平台首页，而且在注册时还需要输入自己的职业或专业。用户在输入自己的相关信息之后，会出现一个需要选择感兴趣的话题的页面，用户可选可不选。

9.3.1　知乎平台的内容形式分析

　　知乎平台的平均月访问量已经突破上亿人次，主要产品定位是知识共享。**问题页面是知乎最主要的页面，用户既可以通过搜索来了解相关问题，也可以自己直接提问或者解答自己熟悉的问题。**知乎是一个问答平台，要运营好知乎就要从提问和回答这两种主要内容形式入手。

　　1. 提问

　　运营者登录并进入知乎网页，单击首页的"提问"按钮，即可进入问题编辑界面，如图 9-19 所示。在编辑问题的时候，问题的下方会出现一个显示问题编辑技巧的对话框，还可以在其中对问题进行补充说明。问题编辑完毕后，单击"发布问题"按钮，即可发布问题。

2. 问答

在相应的问题界面中单击"写回答"按钮，进入答案编辑界面，可以通过文字、图片、视频、超链接、分隔线以及@功能等内容来进行回答，如图 9-20 所示。如果用户不想暴露自己的信息，可以选择通过匿名的方式回答。而且对于回答可以进行允许规范转载、允许付费转载、禁止转载等权限限制。

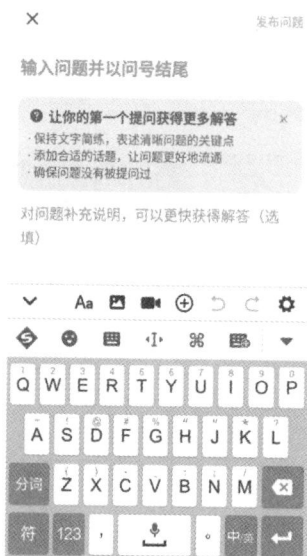

图 9-19　问题编辑界面　　　　图 9-20　答案编辑界面

注意，**你的回答必须具有知识性、有含金量，要能够引起读者的注意。**回答的字数最好控制在 120 字以内，或不超过半个页面的长度，太长的文章容易让读者失去兴趣。你可以直接在个性签名处留下微信号码，以便为自己的平台引流。在选择问题时，要选择和自己的类别接近的问题，尤其不要放过关注度高的优质问答。面对热点问题要及时抢答，这会让我们的引流效果事半功倍。

专家提醒 ▸┈┈┈┈┈┈┈┈┈┈┈┈┈┈┈┈┈┈┈┈┈┈┈┈┈┈┈┈┈┈┈┈┈┈┈┈┈┈

知乎的提问有一定的规则。用户提问需要遵循简洁、直接和规范等原则，禁止使用"为神马""肿么办"等网络语言，以及"有谁知道""谢谢""跪求"等与问题无关的附加语。同时知乎也禁止发布招聘、求职、交易、合作等方面的提问。另外，为避免重复提问，平台要求用户在提问前自行搜索相关问题。

- -

用户搜索后如果未发现自己提问的相关答案，那么便可继续完成提问步骤。在提问完成后可以邀请对相关话题感兴趣的用户来回答。而对于那些想要了解和感兴趣的问题，用户可以搜索并单击查看相关回答。如果自己对问题有独到见解也可输入回答。

9.3.2　知乎平台的变现方式分析

知乎平台的主要盈利模式为"知乎 Live+ 值乎 + 知乎书店 + 广告收入"。其中，值乎是知乎推出的付费资讯服务，用户必须付费才可以看到问题答案。用户可以向"答主"付费咨询，"答主"则通过编辑内容回答问题来获得收益，游客则可以花 1 元钱旁听答案，如图 9-21 所示。

图 9-21　用户付费咨询和游客 1 元旁听

任何用户都可以成为内容生产者，并基于兴趣来出售知识经验，消费者根据需求寻找同领域的知识生产者来帮助自己解决问题。知乎始终定位为知识分享社区，主要商业模式为抽成和电子书出售，不仅可以拓展用户需求场景，而且还能减少平台对大咖网红的依赖度，长期以来积累了大量对优质知识有需求的用户。

9.3.3 打造有价值的音频付费产品

值乎的内容形式主要为语音回答，这是因为音频是付费内容最好的载体之一。鉴于音频有伴随性收听的特点，对于广大的"答主"来说，打造音频付费产品不仅可以获得经济上的收益，而且还可以在某个领域树立自己的专业形象。

那么，我们应该如何通过这些问答平台来打造一档有价值的音频付费产品呢？首先要了解知识付费的行业本质。有个段子是这样流传的，当下最好的声音，概括起来无非就是"向少年卖娱乐、向女性卖青春、向看微博的人卖无聊、向读公众号的人卖鸡汤、向玩游戏的人卖装备以及向中产阶级兜售生活方式"。虽然这只是个段子，却也不无道理，大家有没有想过，知识付费产品卖的是什么呢？

我们要了解知识付费在国内是怎么火爆起来的，知识付费在国外非常普及，大家都认为作者创作出来的内容需要付费获取是非常正常的，但为什么知识付费在国内的快速崛起却是近几年的事呢？笔者在自己的第一本书《知识变现》中，提到过这与我们的支付习惯、消费升级和信息过载有比较大的关联。所以，你会看到，大家无论是在知乎还是在其他平台买东西，都要去付费购买。大家要理解，**知识付费更重要的不是知识，而是付费的过程。**在我购买它的时候，我的内心得到一种安慰，觉得我并未被这个时代所抛弃。

但是，这背后也折射出了我们所处的这个快速变化的时代的焦虑、我们希望迎头赶上的那种感觉。笔者并不是鼓励大家去制造焦虑，但是我希望你认清一个现状，那就是，当下知识付费的确是一门焦虑的生意，希望你能够做出有价值的知识付费产品。

那怎样才能做出有价值的音频付费产品呢？**首先我们要确定一个课题**

或方向，要了解用户的痛点，因为痛苦比欲望更容易让人做出改变。例如，大部分人并不愿意主动锻炼身体来预防疾病，可是一旦生病了就心急如焚。什么最能让人记忆深刻？你不妨也问问自己和周围的朋友，是他的开心快乐吗？显然不是，答案往往是痛苦。因此，只有抓住了一个人的痛点才能让他做出改变。为什么大家对你的产品没有兴趣？就是因为痛苦程度不够。一个好的课题、好的音频付费产品，如果痛苦程度塑造得不够，那这个课题几乎就失败了。

那么，怎样才能找准用户的痛点呢？我们可以从现状、后果和障碍3个方面去挖掘，下面进行详细介绍。

（1）**现状**。是指从现状着手陈述一个事实。例如，笔者有个学员，他的课题是"如何学会欣赏孩子"，他是这样描述现状的："现状是有的家长不愿意欣赏孩子，喜欢批评，认为棍棒底下出孝子；还有的家长，不会欣赏孩子，弄巧成拙。"这就是现状的实例。再如，面试的时候不知道如何发言、商务谈判时不知道怎么开价先发制人、不懂得怎样含蓄地催人还钱，这就是现状。

（2）**后果**。即维持现状会导致的结果。例如，不会欣赏孩子会导致亲子关系紧张，造成的后果就是孩子可能会比较冷漠，甚至会产生社交障碍。再如，有个学员告诉笔者，他说："韩老师，我就是听了您的两句话才买了您的订阅专栏。"笔者问："哪两句？"他说第一句是"声音有陪伴性的特点"这句话，让他恍然大悟，另一句就是"错过声音，你可能错过一个时代"这句话就是在描述一个后果。

（3）**障碍**。即为什么会有这样的现状和后果。焦博士是笔者的朋友，他有一个订阅专栏叫《焦博士如何塑造高效学习力》，他是这样描述障碍的："每天加班加点，结果却总是差点儿意思，时间一天天过去，能力和薪水却总是原地踏步，比别人努力，却没有别人的结果。为什么会有这样的现状和后果呢？一句话就是你的学习力出了问题。"这就是从障碍的角度去塑造痛点。

接下来，**笔者来和大家分享打造有价值音频付费产品的3个心法，笔者把它叫作"三直"，即直奔问题、直奔场景和直接给出解决方案。**为什么要"三直"呢？这是因为音频付费产品是一个陪伴性的产品，不需要太多的铺垫，不需要太多的前期导入，而是直接描述问题、直接描述场景、直接给出解决方案。尤其是在知乎等平台上，回答用户的问题本身就只有 1 分钟的时间，因此一定要在这 60 秒内帮助他们解决实际问题。

（1）**直奔问题**。因为大部分人都是利用碎片化的时间收听，所以我们要直接描述问题，描述客户的问题、描述行业的问题。例如，"如何打造有价值的音频付费产品？"这其实就是一个问题，很多人都想打造付费产品，但是却不知道如何去打造。再如，在口语表达过程中气息不够，这也是一个问题。

（2）**直奔场景**。有了问题之后，我们还要结合实际的业务场景来解决问题，如工作场景或者生活场景等。例如，气息不够就是个问题，可以用场景描述讲话太久比较累、上气不接下气，这就是具体的场景。

再如，笔者有一个学员是一家企业公司的老总，他的问题就是不会用气说话，说话都是大嗓门儿，这就是问题。不管是在会议过程中还是在和下属沟通的时候，由于他讲话大嗓门儿，给客户和下属造成了比较大的压力，这就是具体的场景。

（3）**直接给出解决方案**。最后我们要给出一个解决方案，通过整理自己的经验、技能交付一个解决方案，告诉大家解决问题的方法策略或技巧。

9.4 知了问答：专注 IT 科技的问答社区

知了问答是一个 IT 垂直领域专业型的知识问答平台，主要是基于公众号运营，其运营模式与"分答"比较类似，如付费提问和"偷听"等。

9.4.1 知了问答的产品服务分析

用户在微信上关注"知了问答"公众号后即可快速提问。问题内容可以涵盖手机通信、计算机、摄影摄像、汽车、软件、互联网、DIY 硬件、智能硬件、家电和企业办公等专业领域，可以获得 1 对 1 的专家问答服务，如图 9-22 所示。

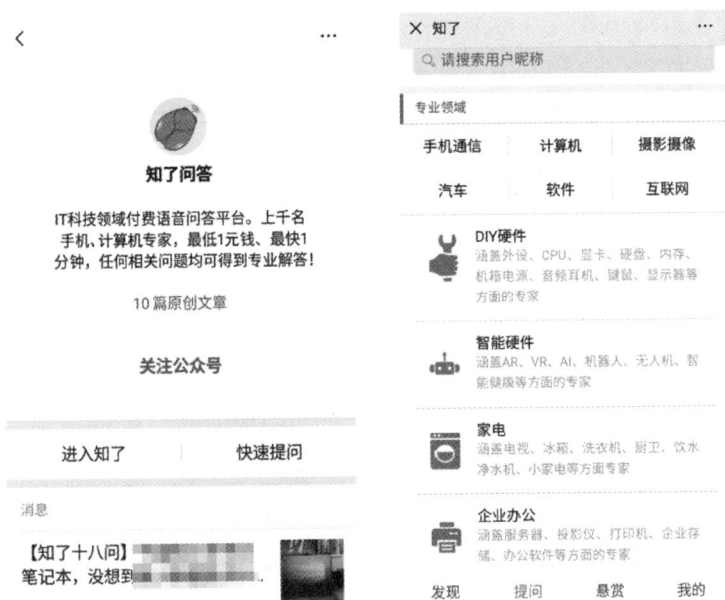

图 9-22 知了问答公众号和主要产品服务

知了问答聚集了大量的硬件专家、软件专家、行业领导者和专业媒体人，提供了大量的优质问答内容，同时配合采用超时未解答则全额退款和用户评价反馈机制，在用户群中形成了良好的口碑。

知了问答对于广大的 IT 科技企业来说具有很好的营销推广作用。**问答平台推广是新媒体营销推广的重要方式，其引流效果在众多推广方式中是比较好的，能为企业带来直接的流量和有效的外链接。**基于问答平台而产生的问答营销是一种新型的互联网互动营销方式，它既能为商家植入软性广告，也能通过问答来引流潜在用户。问答营销在企业引流上有很大的优势，具体如图 9-23 所示。

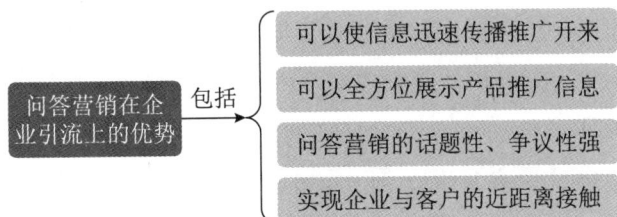

图 9-23 问答营销在企业引流上的优势

这一平台的运营与营销操作方式是多样化的，有开放式问答、事件问答、娱乐评论、促销评论和内容运营等。

同时，问答平台在营销推广上具有两大优势：用户精准度高和信息可信度高，如图 9-24 所示。这两种优势能形成口碑效应，对网络营销推广来说显得尤为珍贵。

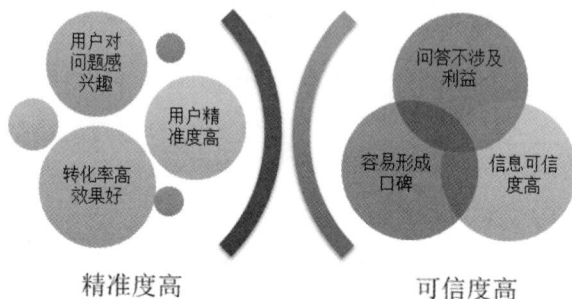

图 9-24　问答平台的营销推广优势

通过问答平台来询问或作答的用户，通常对问题所涉及的内容有很大兴趣。比如有的用户想要了解"有哪些新上映的电影比较好看？"有相同兴趣的用户大多会积极推荐自己看过且比较满意的影片，提问方通常也会接受推荐去观看影片。

提问方和回答方之间的交流很少涉及利益，用户通常是根据自己的直观感受来进行问答。这就使问答的可信度更高，对企业而言则意味着转化潜力，能帮助产品形成较好的口碑效应。

9.4.2　知了问答的变现方式分析

用户在知了问答上首次付费成功后即可获得每天两次的免费收听机会。知了问答的收益、支出和分成方式如下所述。

1. 用户提问

用户需支付"答主"相应费用后才能向他提出问题。如果"答主"在48 小时内没有进行回答，则费用会自动全额退还给用户。另外，如果用户提出的问题被其他用户"偷听"，则每次可以获得 0.5 元的分成收入。

2. 专家回答

专家"答主"可自由设定提问费用，通常为 1 ～ 500 元，用户提问时需要向其支付该费用。同时，"答主"回答的问题如果被其他用户"偷听"，则每次可以获得 0.5 元的分成收入。

3. 偷听

其他用户可以支付 1 元钱来"偷听"已有的答案。

4. 悬赏

用户通过付费提问并设定时间、支付赏金，发布成功后（3 人以上回答），由用户选出最佳答案，其中赏金的 60% 奖励给最佳答案的创作者，剩余赏金由平台直接支付给回答最快的前三名的创作者。如果问题超时或者发布失败（不足 3 人回答），则赏金会自动退还。每人每天只能抢答 5 个问题，同一个问题限抢答一次，抢答后不可修改。悬赏成功后，用户可以免费"偷听"和点赞。

专家提醒

收益会在每天 24 点打入用户的微信钱包中，用户可以获得当日总收益的 90%，剩余的 10% 则用于支付腾讯公司微信平台的使用费。

9.5　微博问答：自由定价＋问答双方抽成

新浪微博是一个为大众提供娱乐服务和展示自我生活的信息交流分享平台。随着功能的升级和版本的更新，微博已经慢慢成为国内影响力最大的社交媒体平台之一。越来越多的用户愿意使用新浪微博，一边为平台生产内容，一边获取平台提供的内容，同时也为其发展壮大做出贡献。由于平台的设计富于人性化，且大部分内容的质量也比较高，所以吸引了越来越多的用户。

9.5.1 新浪微博的收益方式分析

目前来看，新浪微博的收益方式主要分为两大类型，即广告收益和内容收益。首先来看广告收益，一般来说，要想获得微博自媒体的广告收益需要满足如图 9-25 所示的几个条件。

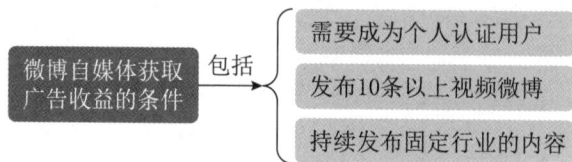

图 9-25 微博自媒体获取广告收益的条件

再来看内容收益，图 9-26 所示为移动客户端的微博内容收益页面，它主要有 3 个功能板块，即付费订阅、微博打赏和微博问答。

第一个是付费订阅，这个功能板块顺应了付费的潮流，**其中提供的内容质量都很高，垂直性也很强，主要是为了获取收益**。第二个是微博打赏。微博打赏功能的开发分为两种情况，一种是已经是微博自媒体用户，小编会私信你进行测试开发；另一种是通过私信的方式自行申请。第三个是微博问答，实际上微博问答和微博打赏是有联系的。在用户提出问题后会有专业人士回答问题，之后如果别的用户也有相同的问题则可以直接打赏围观，金额可以自行设置。

9.5.2 微博问答的变现方式分析

微博问答采用的是邀约开通的方式，在微博问答内测期间，率先对已开通"V+会员"的博主及部分付费问答博主开放试用，后续将开放给更多的认证用户。用户可以进入开通了微博问答的博主主页，单击"向他提问"并对问题进行编辑，编辑完成后选择"支付并提问"，然后耐心等待博主回答即可，如图 9-27 所示。如果付费提问的问题被其他粉丝付费围观，提问者也会获得相应的收益。

图 9-26　微博内容收益页面

图 9-27　编辑问题界面

与采用语音问答形式的在行一点和知乎等平台不同的是，目前，微博问答回答问题采取的是纯文字回复的方式。

用户开通微博问答服务后会收到开通成功的私信，单击私信中的基础设置链接，可以设置擅长领域和定价。系统会根据用户的粉丝数和领域提供一个基础定价，用户可根据自身情况酌情调整。在手机端依次进入"我→粉丝服务→内容收益→通用设置→微博问答设置"界面，填写擅长领域和提问定价，然后单击"保存"按钮即可。在 PC 端可以进入"管理中心→内容收益→微博问答→问答通用设置"界面进行设置，如图 9-28 所示。

图 9-28　在 PC 端设置擅长领域和定价

用户可以根据个人爱好选择性地回答问题。在问题提出后，如果超过
72 小时还未回答则会失效，无法回答。用户可以关注"@ 微博问答"的消
息提醒，及时回答粉丝们提出的问题。回答成功后，不能修改或删除答案。

每天上午 10 点用户会收到"@ 微博问答"官微发送的前一天的收益数
据私信，也可以进入"内容收益"模块中查看收益详情，其收益结算规则
如图 9-29 所示。微博平台的盈利方式与在行一点平台类似，主要采取对问
答双方抽成的方式，向双方各收取 10% 的平台费。

二、微博问答收益结算规则
A.由于苹果支付结算的周期是1~3个月，所以，每
笔来自微博IOS客户端的围观收益的结算周期将会
顺延。
B.提问者的全部围观收益将由之前的"72小时分润
到微博钱包"改为"按月结算"。
1）来自网页版微博和安卓微博客户端的围观收
入，将在次月28日扣除10%平台分成与个人所得税
后，转入提问者的支付宝账号。
2）来自IOS客户端的围观收入，将扣除30%苹果手
续费，可能产生的坏账、其他流程费用、微博分成
以及个人所得税后，转入提问者的支付宝账号。
若28日为节假日/周末，我们会尽量安排在28日前
最后一个工作日打款。

图 9-29　微博问答的收益结算规则

第 10 章

知识分享：

社群营销类知识付费平台

　　知识分享的内容产品具有非常专业的系统性，而且这些知识是可以操作的，同时能够抓住人心，聚集一些相同兴趣或需求的用户，形成一种社群氛围。这种知识分享模式的社群营销类知识付费平台主要包括知乎 Live、分答小讲、千聊微课以及知识星球等，主要通过付费进行音频内容的直播或知识分享，同时主讲人还可以与付费用户进行交流互动，打造愉悦性、互动性的学习社群。

- 知乎 Live：实时问答直播的互动社群
- 分答小讲："轻课程"的在线学习社群
- 千聊微课：专业知识分享与传播的互动社群平台
- 知识星球：连接铁杆粉丝，高品质运营的社群
- 秋叶 PPT：以秋叶大叔为精神领袖的知识社群

10.1 知乎 Live：实时问答直播的互动社群

知乎 Live 是由知乎平台打造的核心知识付费形式，通过直播讲座的形式为付费用户分享知识，相当于一个实时语音问答的互动产品。

10.1.1 知乎 Live 的主要内容形式

知乎 Live 是知乎推出的一个独立入口，主要采用行业沙龙的社群付费形式。各行业达人确定 Live 主题进行音频直播，内容形式包括语音、文字、图片和视频等，与付费用户进行互动，如图 10-1 所示。先进来的用户能提问和发言，Live 结束后可付费收听内容。

要创建 Live 直播，首先要开通主讲人身份，包括手机验证、实名认证以及芝麻认证等，同时还需要缴纳 500 元保证金，如图 10-2 所示。如果没有开通支付宝或者芝麻信用，也可以申请人工验证。

图 10-1　知乎 Live

图 10-2　保证金规则

获得 Live 权限后，主讲人可以在单独的 Live 内围绕所擅长的话题进行语音答疑和分享，内容涵盖生活方式、音乐、影视、游戏以及体育等用户生活和工作的多个方面。Live 类型主要包括单场 Live、Live 课程、专题 Live 和视频 Live 等形式，如图 10-3 所示。每一场 Live 的时间在 60 ～ 120 分钟，**主讲人可以围绕主题和大纲进行系统性的讲解，并与付费用户进行实时互动，为他们答疑解惑。**

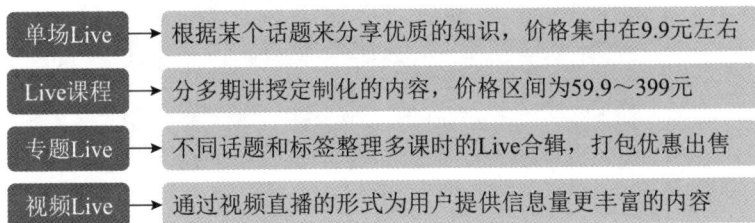

单场Live	→	根据某个话题来分享优质的知识，价格集中在9.9元左右
Live课程	→	分多期讲授定制化的内容，价格区间为59.9～399元
专题Live	→	不同话题和标签整理多课时的Live合辑，打包优惠出售
视频Live	→	通过视频直播的形式为用户提供信息量更丰富的内容

图 10-3　知乎 Live 的 4 种内容形式

10.1.2　知乎 Live 的变现方式分析

主讲人可以根据内容和参与人数的期待，自行设定 Live 的价格，通常在 9.9 ～ 499.99 元。

每一场 Live，对于主讲人获得的实际酬劳，平台会抽取 30% 的服务费，但会给予主讲人 20% 的补贴，同时开放更多的流量支持。对于消费者来说，平台提供"七天无理由退款"，同时建立绿色投诉通道保障消费者权益。

10.2　分答小讲："轻课程"的在线学习社群

分答小讲是一个定位于"轻课程"的在线学习社群，主要作用在于弥补在行一点在回答时间和内容深度上的不足，更利于知识的沉淀。

10.2.1　分答小讲的主要内容形式

分答小讲为用户提供各种即学即用的实操攻略，内容涵盖工作、房产、理财、学习成长、兴趣技巧、美容健身、家庭教育、新媒体以及两性情感等，如图 10-4 所示。

图 10-4　"分答小讲"的课程

主讲人可以针对某个专题事先录制 30 分钟左右的音频课程，用户购买课程后，可以在"小讲圈"中与主讲人进行提问等互动，如图 10-5 所示。

图 10-5　"分答小讲"的音频课程和"小讲圈"

10.2.2 分答小讲的变现方式分析

用户可以在分答小讲频道中选择感兴趣的主讲人和内容进行付费收听。主讲人可以获得一定的收入，同时平台会在主讲人的总流水中抽取一成的收益。根据公开资料显示，主讲人的平均月收入超过 3 万元，最高的一位主讲人已获得近 40 万元的收入。

例如，有"理财、职场规划师，开源节流达人"等多个"斜杠身份"标签的"三公子"，推出了理财系列课"如何从 0 存款到 100 万"，小讲价格为 9.9 元，参加人数达到了 24 583 人，主讲人获得收益 243 371.7 元。

10.3 千聊微课：专业知识分享与传播的互动社群平台

千聊平台是一个供用户进行专业知识分享与传播的互动社群平台。因此，许多想要在新媒体领域开疆拓土的企业、商家和自媒体人都选择了这一平台来实现快速吸粉和变现的目的。

10.3.1 千聊微课的主要内容形式

知识付费已经逐渐成为一种趋势，而且有很多的平台开通了内容付费功能，一方面节省了读者筛选内容质量的时间，同时也对知识分享者提供了一定的内容收益，算是对优质内容提供者的一种鼓励。因此，市场上就衍生了一系列以优质内容分享为主的微课平台，常见的微课 APP 有网易云课堂、袋鼠先生、腾讯课堂以及千聊微课等。其中，千聊微课的内容形式包括知识资讯内容、经典书籍解读、大咖精品课和精华内容课程等，覆盖22个类目，汇聚 20 万课程，每个类目下有上万个精华内容和各种主题的优质直播间，用户想学的在这里基本都能找到，如图 10-6 所示。

同时，千聊微课的开播门槛非常低，用户登录后即可进入"个人中心"，单击"创建直播间"按钮一键创建直播间，如图 10-7 所示。主播可以通过语音图文直播，同时支持课件展示、一对一互动和赞赏等功能。

图 10-6　千聊优课精选

图 10-7　一键创建直播间

有条件的新媒体运营者可以尝试在这种微课 APP 上开设课程，这对于引流也是很有帮助的，真正的知识能给读者带来很多好处，对于向他们提供知识的好老师读者是不会吝啬给予鼓励的。所以，**好的课程往往在打出新媒体品牌的同时，也能收获可观的粉丝数。**

10.3.2　千聊微课的变现方式分析

千聊微课是基于微信平台做起来的，由腾讯众创空间孵化，是微信生态里知识服务平台的领导者。据悉，千聊微课微信端的每日活跃用户已经达到百万级，公众号粉丝数超过 700 万，拥有 30 万讲师和机构入驻，累计覆盖听众数达到 9 000 万。

千聊微课的商业模式主要为"收费直播＋赞赏＋付费社区"，通过捆绑销售来提升收益，用户付费意愿非常强烈。主播的主要收入来自收费直播和粉丝赞赏。据悉，千聊平台上主播的获得打赏收入最多达到了 22.6 万元。千聊平台是永久免费的，针对用户直播间的收益，除了微信会扣除 0.6% 的手续费，其他收入都可以直接提现到微信钱包。

10.4　知识星球：连接铁杆粉丝，高品质运营的社群

知识星球的核心用户主要是微信公众号、微博"大 V"和行业专家，这些有大量粉丝的创作者都可以通过知识星球平台来分享优质内容，运营社群与粉丝进行深度交流，从而实现知识变现。

10.4.1　在知识星球里创建收费知识社群

用户可以关注知识星球的公众号，单击"我的星球"按钮进入"知识星球"界面。单击"创建星球"按钮，选择相应的收费模式，如图 10-8 所示。

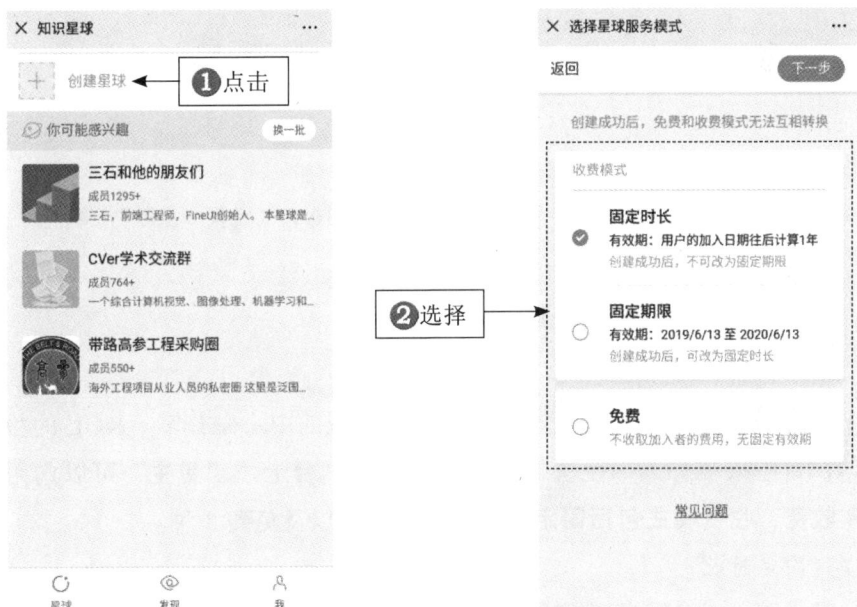

图 10-8　选择相应的收费模式

接下来设置用户的加入费用，采用年费方式，范围为 50 ～ 3 000 元 / 年，如图 10-9 所示。设置费用后，接下来需要完善"星球"的相关资料，包括"星球"类型、名称、简介和成员加入审核等，尽量找准自己的擅长点或者要做的目标内容，如图 10-10 所示。单击"完成"按钮即可快速创建一个"星球"社群。创建"星球"社群后，可以对外分享发布内容，吸引粉丝付费

加入社群。知识星球的社群玩法比较多元化，如问答社区、纯内容输出等，而且还可以分类检索内容。

图 10-9　设置加入费用

图 10-10　完善"星球"资料

10.4.2　知识星球的知识社群变现分析

在用户来源上，知识星球倾向于垂直领域的中小型作者、KOL 的粉丝群体，这些人被称为"星主"。在知识星球平台上，**"星主"可以向用户按年收费，收费模式包括固定时长、固定期限以及免费 3 种。**

1. 固定时长

在"固定时长"收费模式下，每个用户的服务期都是 365 天，不管你在何时加入"星球"社群，都可以享受 365 天的服务。例如，小李加入"星球"的时间为 2019 年 5 月 18 日，那么他的服务到期时间将是 2020 年 5 月 18 日。

采用"固定时长"收费方式时，需要注意以下两个方面的内容。

- **停止运营**：当"星主"决定停止该"星球"的运营时，可以将"允许新成员加入"选项设置为"关闭"状态，同时要为最后加入的用户提供完整的服务，直到该用户的服务期限到期为止。

■ **调整模式：** 如果"星主"想要将"固定期限"模式调整为"固定时长"，调整后将无法再调整为"固定期限"模式。

2. 固定期限

在"固定期限"收费模式下，从创建"星球"的这一天开始提供运营服务，总时长同样为365天。例如，某"星主"在2019年5月18日创建了一个"星球"社群，那么该"星球"的服务截止日期为2020年5月18日。

在这种模式下，用户的加入时间不会影响"星球"的运营时间，也就是说用户加入越早服务期就越长。当然，"星球"的内容也会逐渐沉淀，后面加入的用户仍然可以看到之前发布的内容。例如，小李在2019年5月19日加入该"星球"，而小王则在2019年12月12日加入该"星球"，但他们的服务到期时间一样，都是2020年5月18日这一天。

采用"固定期限"收费方式时，需要注意当"星球"临近到期日的时候，加入的新用户会越来越少，而且他们享受的服务期限相对于早期加入的人要短很多，因此满意度也会降低。某些晚加入的用户可能会心理不平衡，因为他们的服务期限可能不足365天，甚至更短。此时"星主"要向他们说明，所有人看到的内容都是一样的，不会影响他们获得的知识总量。

"星主"可以绑定微信账号，直接提现到微信零钱。通常在入账72小时后即可提现，但每天只能提现一次，而且每次提现的金额必须高于10元，同时单日限额2 000元。用户付费后，可以在有效期内随意进入"星球"，不再产生费用。知识星球会收取5%的手续费，用于提供更好的产品和服务。

案例

caoz 的小密圈：收费是社群最好的门槛

"caoz的小密圈"创建于2017年2月18日，基本未做推广，创建后的一个月内就吸引了2 790个用户加入。"caoz的小密圈"采用阶段式的加入价格，付费形式为按年付费，在4 000人之前加入费用为64元，之后调整为150元，如今已经再次调整为180元，如图10-11所示。

图 10-11 "caoz 的小密圈"

"caoz 的小密圈"主要发布互联网主题相关的内容，创建者为"caoz 的梦呓"，主要是为公众号的读者建立一个可以持续交流和互动的社群空间。**"星主"通过设置收费门槛实现了最低成本简化社群维护，避免社群被垃圾信息和无聊用户淹没。**截至 2019 年 6 月 14 日，"caoz 的小密圈"已创建 847 天，主题帖达 18 000 多条，付费成员数量达到 15 500 多人，目前该社群收入总计约为 200 万元。

10.5 秋叶 PPT：以秋叶大叔为精神领袖的知识社群

"秋叶 PPT"是教育领域的知识社群典型代表，由秋叶老师所带领的团队创建，通过 Office 和职场系列在线课程聚集了一群爱学习的职场新人，带动他们更好地思考、总结和分享知识，帮助他们提高工作效率和质量。图 10-12 所示为微信公众号"秋叶 PPT"，用户可以通过公众号底部的菜单栏查看各种教程合集。

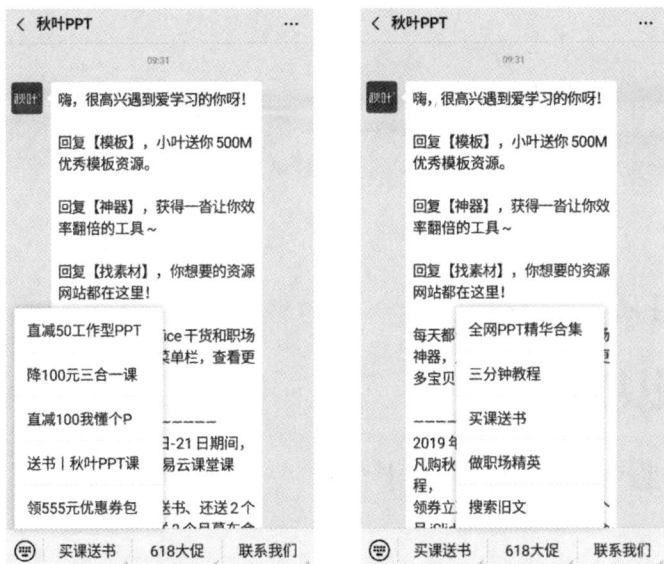

图 10-12　微信公众号"秋叶 PPT"

"秋叶 PPT"之所以能够成功有以下 3 个方面的原因。

- 通过搭建写作团队保持高度创作热情和优质内容输出。
- 打造在线教育产品形成生态闭环，让用户花少量的费用即可学到实用技能。
- 通过深耕垂直细分领域成为 Office 在线教育市场的优质服务商。

在工业时代，商业路径为"受众→用户"；在营销时代，商业路径为"受众→用户→粉丝"；在移动互联网时代，商业路径为"受众→用户→粉丝→社群"。从"秋叶 PPT"的案例可以看出，**社群不仅能够卖货，还可以形成人脉圈，可以一起学习和分享知识，同时能够打造自己的个人品牌。**

第 11 章

知识精读：

知识服务类内容付费平台

　　知识精读是在知识分享的基础上对知识进行进一步的筛选和提炼，得到精华部分，使读者的学习更具有条理性和逻辑性，可以加深他们对于知识的理解，有助于读者在实践中应用所学的知识并结合自身体验进行完善和创新。这种知识精读内容付费平台的典型代表有得到、荔枝微课、简书、樊登读书会以及十点读书等，它们可以帮助读者将知识转变成智慧。

- 得到：省时间的高效知识服务
- 荔枝微课：语音直播知识平台
- 简书：去中心化的 UGC 内容创作
- 樊登读书会：围绕个人展开的读书服务
- 十点读书：立志进化成优秀的文化符号

11.1 得到：省时间的高效知识服务

得到是一种类似"京东模式"的知识付费自营平台，以 PGC 的内容生产为主，主要通过与"头部"内容生产者合作为用户提供优质知识付费内容。

11.1.1 从《罗辑思维》到得到

《罗辑思维》于 2012 年正式开播，并在 2013 年 8 月推出付费会员制，上线首日便出现了半天售罄入账 160 万元的盛况。2013 年 10 月，《罗辑思维》开始招募会员，限微信支付，一天之内便招募到 2 万会员，入账 800 万元。

2015 年 10 月，《罗辑思维》完成 B 轮融资，估值 13.2 亿元人民币。2015 年 11 月，得到 APP 正式上线。得到 APP 聚集了大量高端人群，包括头部"大 V"、垂直领域的专家以及版权合作方，如万维钢、薛兆丰、宁向东、吴伯凡、香帅、吴军以及熊逸等多位大咖入驻的付费专栏，如图 11-1 所示。

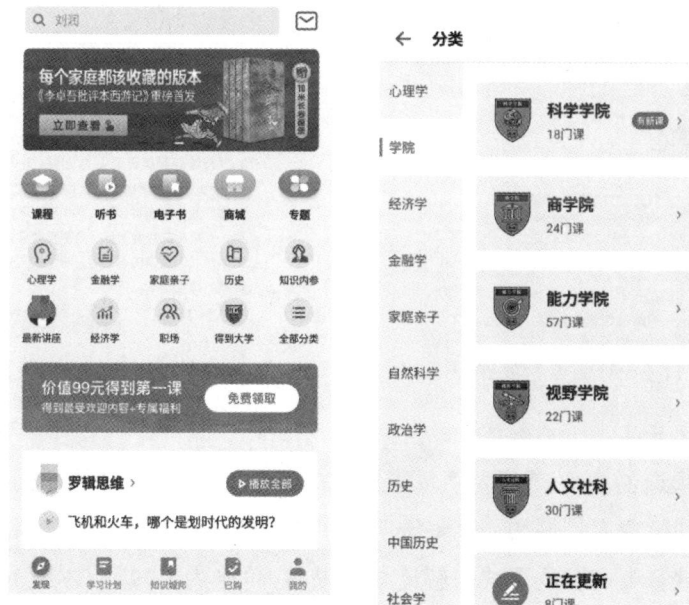

图 11-1 得到 APP 的主要产品类型

11.1.2　得到的付费产品分析

得到的付费产品主要包括听书频道、订阅专栏以及其他免费产品，**通过"结构化产品组合＋阶梯型扩品增类"的方式来扩大用户规模。**同时，得到将知识服务细分为六大学院，包括商学院、人文社科、科学学院、能力学院、视野学院和最近更新，致力于实现真正的自主教育、跨界认知和终身学习。

1. 重度产品：订阅专栏

订阅专栏的主要产品为线下演讲以及年度的专栏订阅，这是得到的核心业务，同时也是平台知识变现的主力，如图11-2所示。例如，《万维钢·精英日课》共302讲，收费为199元，如图11-3所示。

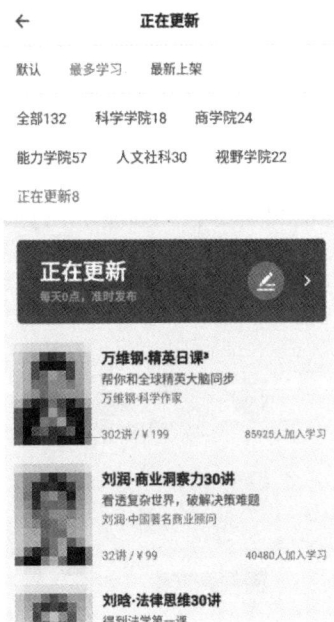

图11-2　订阅专栏的课程

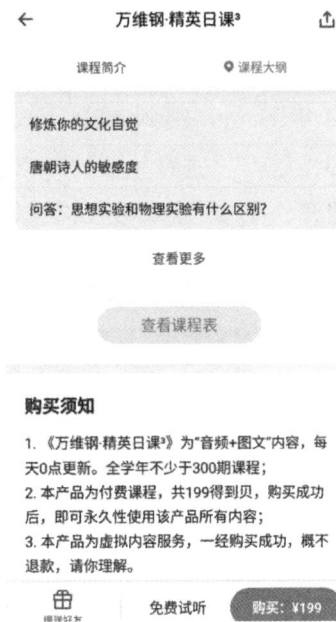

图11-3　《万维钢·精英日课》课程

2. 中度产品：听书频道

听书频道的主要产品为"每天听本书"以及一些小课题，用于吸引新用户，提高付费率。例如，"每天听本书"邀请各领域的著名媒体人参与，让他们通过音频内容的形式来解读知名书籍，价格为4.99元/本或365元/年，如图11-4所示。

图11-4 "每天听本书"的收费方式

3. 轻度产品：免费产品

得到的免费产品包括微信公众号和每天知识新闻等，这些产品的时间都在3～5分钟，通过免费专区提供优质的内容留住新用户，同时起到导流的作用。

案例

《李翔知识内参》：收费转为免费

2016年6月，得到的第一个付费专栏《李翔商业内参》上线，由总编辑李翔主理，每天更新5条，一年365天从不间断，如图11-5所示。《李翔商业内参》的收费标准为199元/年，上线3个月就获得7万订阅用户。《李翔商业内参》每期产品从开始到交付都经过了严格的流程，包括分工、选题、报/定题、音频录制以及上线发布等，拥有成熟的产品生产闭环。

2017年5月26日，《李翔商业内参》改版为《李翔知识内参》，同时由收费转为免费，主要目的就是为新产品导流。根据得到公布的数据，截至2019年5月，《李翔知识内参》的收听人数超过400万，收听次数超过14亿次，分享次数达到200多万次，收藏量达到500万次。同时，李翔上线了新的付费课程《巨富之路》，标志着他再次杀回了"知识付费"的赛道。

图 11-5 从收费的《李翔商业内参》到免费的《李翔知识内参》

11.2 荔枝微课：语音直播知识平台

在音频渠道中，荔枝 FM 无疑也是一个值得运营者关注的语音直播平台。在这个平台上，用户可以收听各种优秀的电台节目。更重要的是，就如其宣传语"人人都是主播"一样，它是一个支持在手机终端推出自媒体电台的平台。同时，荔枝 FM 打造了一条从节目录制到一键分享至各社交平台的完整生态链。

11.2.1 开荔枝微课课程实现自身知识变现

荔枝微课是一个以语音直播为主的知识精读平台，用户不仅可以在此收听感兴趣的直播内容，购买知识课程，也可以一键开课，实现自身知识变现。**荔枝微课采取的是 UCG 模式，每个用户都可以通过认证进行开课分享，分享门槛比较低。**荔枝微课平台的入驻讲师包括明星、"网红"、各垂直领域的 KOL 知识生产者以及机构。

以荔枝微课的公众号为例，进入"个人中心"界面，单击"一键开课"按钮，如图 11-6 所示，进入"创建课程"界面，设置相应的课程标题和开课时间，课程类型可以选择免费课、付费课或者加密课，如果选择付费课，则需要设置付费价格和邀请奖励分成，如图 11-7 所示。设置完成后，单击"立即开课"按钮，即可创建自己的课程直播间。

图 11-6　单击"一键开课"按钮　　　　图 11-7　"创建课程"界面

荔枝微课的开课模式包括直播模式和录播模式两种类型。

1. 直播模式

直播模式包括图文 + 语音互动、PPT+ 语音互动、视频 + 语音互动 3 种形式。

- **图文 + 语音互动**：类似微信群的互动形式，通过语音、图片、短视频、文字、文件和实时互动等多种形式授课，如图 11-8 所示。
- **PPT+ 语音互动**：在直播间顶部展示 PPT 课件，讲师可以在课堂内通过图片、语音、短视频、文字、文件来配合 PPT 讲解，与学员实时互动，让授课更加专业，如图 11-9 所示。
- **视频 + 语音互动**：在直播间顶部展示视频课件，讲师可以在课堂内通过图片、语音、短视频、文字、文件来配合视频讲解，与学员实时互动，让授课更加生动。

图 11-8　图文＋语音互动模式

图 11-9　PPT＋语音互动模式

2.录播模式

录播模式包括音频录播模式和视频录播模式两种形式。

- **音频录播模式**：提前录制长音频课程并上传到后台，通过音频讲解的形式来授课，学员可以随时随地听课学习、进行留言互动，如图 11-10 所示。

- **视频录播模式**：提前录制长视频课程内容并上传到后台，通过视频讲解的形式授课，可以让学员学习更加专注、讲师更加轻松，如图 11-11 所示。

图 11-10　音频录播模式

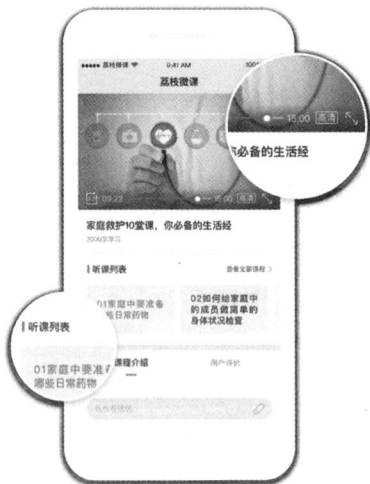
图 11-11　视频录播模式

11.2.2　荔枝微课的"赞赏"与"赠送"模式

荔枝微课的付费课程分为单课和专栏两种类型。

（1）**单课**：具有即时性和互动性。

（2）**专栏**：围绕某一主题多次授课，具有结构化的特征。

除付费课程外，荔枝微课还支持"赞赏"和"赠送"等付费形式，让知识变现更加灵活。

a.课程赞赏：用户可以通过给喜欢的讲师转账对内容价值表示赞赏，金额通常为 2 ～ 200 元不等。

b.课堂赠送：用户可以购买优质的付费专栏内容，通过分享的方式将其转赠给好友。

11.3　简书：去中心化的 UGC 内容创作

简书是一个去中心化的 UGC 内容创作社区，不仅可以撰写和编辑内容，而且还能够发布和分析内容，内容以图片和文字为主，涵盖小说、故事、互联网、科普、职场、励志、理财、文化、历史、工具、技能和电子书等。

11.3.1　简书平台的内容编辑技巧

简书的口号是"创作你的创作"，图 11-12 所示为简书平台的首页。要在简书平台进行引流、商品推广，需要内容电商运营者拥有一个简书账号。通过简单注册，然后登录发文即可开始运营。

发文步骤十分简单，即在主页右上方运营者头像旁单击"写文章"按钮，随即进入文章编辑页面。最左侧可以根据文章发布内容进行分类管理。左侧第二竖列可见历史文章存储，右侧为文章编辑区域。在文章编辑区域输入文章正文、标题，并调整格式、字体即可，单击右上方"发布文章"进行发布。

图 11-12　简书平台的首页

　　创作者应该知道，在简书上发布文章后需要对文章进行专题投放，且专题作者收录后，订阅该专题的用户才能看见发表的文章。简书平台上的文章阅读量是以点击文章一次则增加一个阅读数来计算的，如果是同一个简书账号点击文章，也记入总阅读量。因此，创作者可以注册多个简书账号，在初期运营没有阅读量的情况下，自己多次点击文章并进入阅读界面，不需要读完文章也可以增加文章的阅读量。建议创作者这样做有两个原因：第一，简书用户容易被阅读量高的文章吸引；第二，高的阅读量容易冲至简书平台首页，且容易被未投的专题栏收入。

　　与众多新媒体平台不同的是，简书平台有"简信"的功能，创作者可以与粉丝进行私信沟通和交流。建议创作者不要只顾着发表文章和回复评论，而是把"简信"充分利用起来，因为**"简信"可以建立起粉丝与运营者之间的感情，不仅增加了互动，而且能提高粉丝对创作者的信任**。例如，创作者可以设计一些问题，利用"简信"做一个问答活动。

11.3.2　简书平台的付费模式分析

　　简书平台上不仅有大量的原创内容，而且强大的社交功能也让平台的用户黏性变得非常强。简书平台的付费模式主要包括简书会员、优选连载、简书版权和简书大学堂等产品和服务。

1. 简书会员

简书会员包括会员（VIP）和尊享会员（SVIP）两种类型，会员的价格和权益也有很大的差别，如图 11-13 所示。

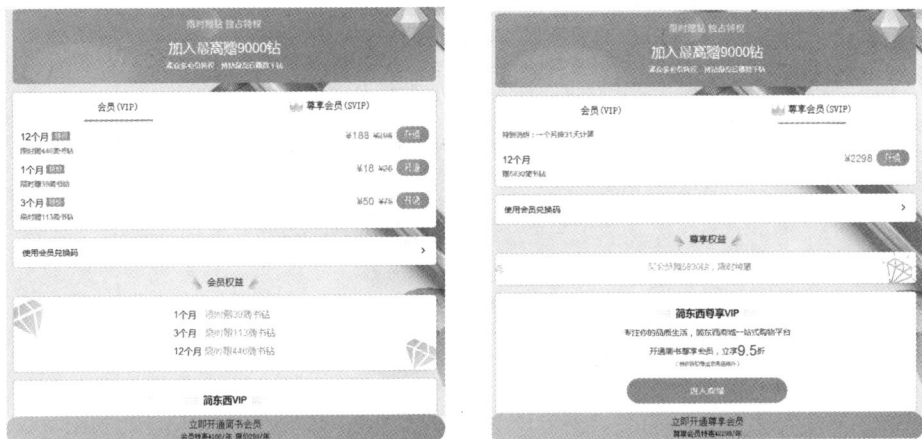

图 11-13　简书会员

简书钻是简书社区的一种特殊道具，可以用来变现和享受更多特权，提高自己在社区的影响力，打造个人品牌，发现更多创作的乐趣。

2. 优选连载和简书版权

创作者可以通过发布优质的连载小说来赚取稿费，主要包括现实题材、长篇小说、通识教育和优秀个人成长等类型。如果是连载小说，建议彻底完稿后且字数在 10 万字以上再来投稿。版权收益可以理解成版税，不单纯是稿费，还包括影视、有声小说以及电子书等多种收益。

3. 简书大学堂

简书大学堂是简书推出的付费知识产品，由直播课程、付费社区以及付费书籍 3 部分构成，如图 11-14 所示。

另外，**创作者还可以在系统后台的"赞赏设置"页面中开通赞赏功能，这样便能利用平台获取收益，吸粉引流**，如图 11-15 所示。用户在阅读后自愿"赞赏"为文章付费，简书对赞赏金额抽成 5%。

直播课程
- 课程内容包括手绘、运营和摄影等
- 课程形式为图文语音直播
- 课程时长为一个月左右
- 课程价格为1～299元不等

付费社区
- 由简书的头部IP开设，社区内容包括读书、创业、女性等方面
- 互动形式为微课和社群互动
- 订阅时长为一年，加入社群后可学习群主更新的课程内容
- 订阅价格为360～980元不等

付费书籍
- 书籍内容包括职场、艺术和历史等领域
- 展现形式分电子书和有声两种方式
- 更新期数为几期至几十期不等
- 书籍价格为3.99～11元不等

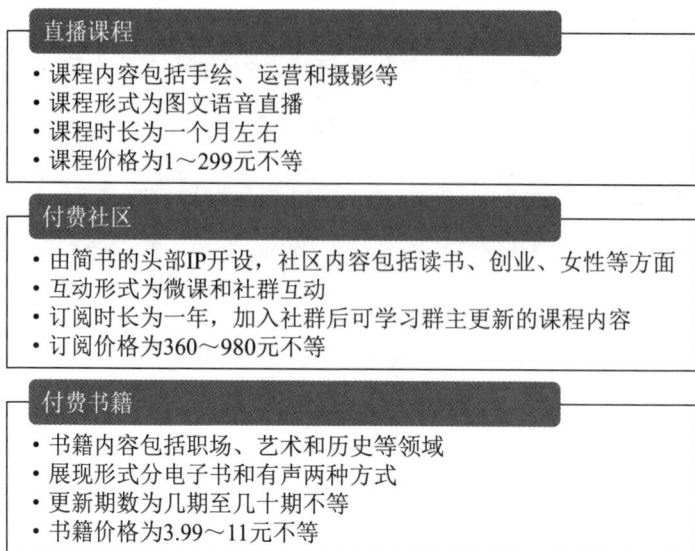

图 11-14　简书大学堂

图 11-15　"赞赏设置"页面

11.4　樊登读书会：围绕个人展开的读书服务

樊登读书会是一个非常注重学习质量的学习型机构，旨在帮助用户养成阅读的好习惯。樊登读书会平台提供了多元化的知识内容，内容的呈现形式包括视频、音频以及图文等。

11.4.1　樊登读书会的内容产品分析

樊登读书会 APP 每个星期都会更新一本优质书籍，每年 50 本书，书籍内容与家庭、事业和心灵相关，如图 11-16 所示。樊登读书会 APP 可以帮助没时间读书、不会选书，但又想要通过读书来提升自我价值的人群，让他们快速读懂书中的精华知识，从而实现自我改善的目标。

图 11-16　樊登读书会的主要内容

11.4.2　樊登读书会的商业模式分析

樊登读书会的主要商业模式为"线上付费会员＋线下城市代理"。

1. 线上付费会员

在线上渠道，樊登读书会通过给会员分享优质书籍来帮助他们高效阅读。据悉，樊登读书会拥有 60 多万付费会员，从对第一个用户开始收取年度会员费 365 元后，年收入近亿元。

2. 线下城市代理

在线下渠道，樊登读书会通过在各地的省级分会、市级分会、县级分会以及海外分会等组织会员沙龙活动，带领会员加强交流，共同进步。樊登读书会的会员可以申请做代理，在自己所在的地区建立分会，不仅可以组织线下会员活动，而且还可以通过发展会员来获得利润分成。

11.5　十点读书：立志进化成优秀的文化符号

十点读书是一个为用户带来全新的读书体验与学习方式的知识精读平台，最初以微博和微信公众号为主要运营渠道，后面陆续开通了电台（十点电台），组织线上线下读书会，出版文集，打造电商平台（十点好物）、知识付费平台（十点课堂）、短视频平台（十点视频）、母婴平台（小十点）以及成立事业部（十点书店）等业务。2018年1月，十点读书的矩阵用户突破3 000万；2018年8月，十点读书的粉丝数达到2 500万，如图11-17所示。

图 11-17　十点读书的产品矩阵

在内容创作上，十点读书有大量的读者投稿、作者约稿和出版社供稿。例如，十点课堂平台的刘轩老师毕业于哈佛大学心理学专业，同时他还是《演说家》的冠军，当他到平台上讲课的时候，用户特别愿意为他埋单，他也因此成为"爆款"老师。

十点读书早在2013年就靠广告实现了盈利，如今已经从线上蔓延到线下，开始布局实体书店，打造新零售时代的"互联网＋书店"，实现线上IP的"线下经济实体化"。另外，十点读书的创始人"林少"开始尝试做电影、动漫等其他垂直领域的公众号，同时还尝试自己出书，并销售签名书和文化产品等，朝着多元化的方向发展。

在互联网时代，抓住了流量和产品，就等于抓住了好的商业模式。可以说，十点读书是一个非常成功的知识变现案例，主要成功之处在于它把握住了微信和微博等自媒体平台的流量红利期以及多平台矩阵产品的流量变现模式，使优质的知识内容能够成功变现。

第 12 章

知识工具：

细分应用类知识变现平台

互联网和移动互联网的发展，广大用户心中"明星梦"和"创业梦"的无限放大，众多知识变现工具的出现和发展壮大，以及资讯、社交、视频、直播及自媒体等平台工具的广泛覆盖，为那些在某个领域有一技之长和表现欲望的用户提供了千载难逢的知识变现机会。本章主要介绍这些知识工具的变现模式和技巧，帮助大家打造优质的、能够获利的知识产品。

- 资讯工具：今日头条
- 社交工具：微信朋友圈
- SaaS 工具：短书
- 短视频工具：抖音
- 视频工具：西瓜视频
- 直播工具：花椒直播
- 自媒体工具：大鱼号

12.1 资讯工具：今日头条

对于今日头条，相信很多人都不陌生，它是当下非常火热的一个资讯平台，同时还推出了抖音短视频、火山小视频、西瓜视频、悟空问答、微头条以及内涵段子等多个热门产品来掘金内容市场。另外，今日头条还推出头条号，通过高分成和高佣金来吸引大批自媒体人入驻。

过去，自媒体人只能通过"赞赏"来实现知识变现。如今，头条号也加入了电商功能，**自媒体人可以用内容来引导消费者，使其产生消费行为，从而通过内容导购和分佣变现模式来实现更多的收益。**

头条号平台推出"值点"功能，自媒体人在发表文章或者图集时，可插入与内容相关联的商品链接，并获取成交佣金收益。当用户看到你发布的头条内容后，只要单击"看一看"即可跳转到商品详情页，实现购买行为。通过这些在内容中嵌入电商的功能，打通了阅读场景和消费场景，头条号作者可以向自己的粉丝推荐他们感兴趣的内容和产品，同时扩展更大的盈利空间。例如，头条号优质内容创作者胡华成老师就通过"值点"功能来推荐书籍，且获得了不错的导流效果，如图 12-1 所示。

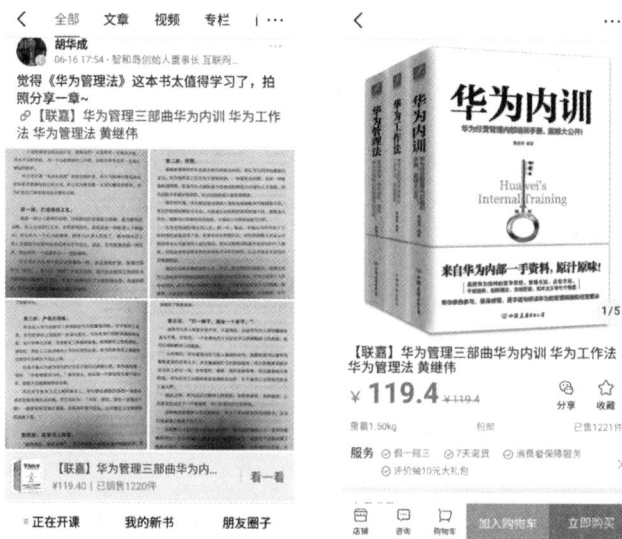

图 12-1　头条号的"值点"电商功能

今日头条的推荐量是由智能推荐引擎机制决定的，一般含有热点的文章会优先获得推荐。且热点时效性越高，推荐量越高，具有十分鲜明的个性化特点。而这种个性化推荐决定着文章的位置和阅读量。因此，头条号作者要寻找平台上的热点和关键词以提高文章的推荐量。另外，今日头条平台很注重首发、独家和原创作品。"首发独家"的原创内容比"首发并不独家"的原创内容更容易被推荐，且推荐量更高。

12.2　社交工具：微信朋友圈

微信是当下中国人使用较频繁的一个社交媒体，从简单的社交聊天工具到知识变现平台，微信已经完全融入了我们的日常生活，每个人都可以在微信上通过文字、图片、语音和视频全方位地与粉丝进行沟通和互动，打造自己的商业模式。

当然，要想做好微信平台的知识变现模式，那就要提高对内容的创作要求，因为只有丰富有趣的内容才能吸引用户。不论是哪方面的内容，只要能够帮助用户解决困难，就是好的内容。而且**只有有价值的实用内容才能留住用户**。尤其对于个人用户来说，微信朋友圈是个重要窗口，可以帮助我们建立自己的个人品牌、构建个人影响力。笔者认为，我们的微信朋友圈可以从以下3个方面去"装修"。

12.2.1　"装修"朋友圈的头像

首先，要对朋友圈进行"装修"，这就像我们买房子需要装修是一个道理，朋友圈同样也需要"装修"。

1. 头像的"装修"

朋友圈"装修"的第一步就是"装修"自己的头像，很多人就是随意选用一些花花草草、小猫小狗，或者是用其他的风景和人物等做头像，这样很难树立专业的形象。如果你想树立专业的形象，笔者建议一定要对微信头像进行"装修"设计，最好使用个人照片，这样可以给人更加真实的感觉，让粉丝产生信任感。

2. 名称的"装修"

在社交媒体上，发朋友圈其实是一种社交资产，也可以说是一种"存钱"的行为，因此我们一定要认真对待每一条朋友圈内容。因为不确定谁会看到你的朋友圈，也不确定他看到之后会对你产生怎样的印象，所以头像和名称都要尽量真实。如今的互联网不像 20 年前的互联网，现在线上跟线下已经逐渐融为一体，如果你在线下有一定的影响力，同时也要到线上把自己影响力构建起来。从营销的角度来看，**好的名称自带品牌和营销功能，特别是在线上的虚拟环境中，名称是方便他人辨别的重要标志，因此一定要取好名称。**

3. 封面的"装修"

从位置展示的出场顺序来看，如果说头像是微信的第一广告的话，那么从效果展示的充分度而言，朋友圈封面的价值更大，大在哪儿？大在尺寸，可以放大图和更多的文字内容，更能全面充分地展示我们的个性、特色和产品等。

12.2.2　规范朋友圈的内容

在微信朋友圈发布内容时，可以直接展现出来的内容是比较有限的。**正常情况下，行数小于 6 行、字数小于 99 个字的内容可显示全部。**

如果行数超过 6 行，但字数没有超过 99 个字，则只会显示前面 6 行的内容，剩余的内容会折叠起来，需要单击"全文"才会显示出来；如果行数超过 6 行，字数超过 99 个字，则只能展示一条内容，需要进入内容详情页面才可以看到所有的内容。

因此，我们在朋友圈发布内容前一定要先规范好字数，看如何排布内容才能够展现更多的文字。另外，如果内容太多无法精简，也可以在发布后再复制这些内容，然后通过评论的方式展现出来。

另外，朋友圈的图片也是有数量限制的，最多可以发 9 张。**一般来说，配图最好是 1 张、2 张、3 张、4 张、6 张、9 张这几种规格。**当然，如果可以，9 张图片的排布在朋友圈中是最讨喜的，会显得比较规整，版式也会更好看一些。关键是说服力更强，可参考的依据也更多。

12.2.3 朋友圈的内容创作技巧

很多人在朋友圈发布内容时，只是简单地转发或者复制粘贴一些无聊的东西，这样做会受到好友或粉丝的排斥、屏蔽甚至拉黑，不但使你的身份形象大打折扣，还会影响与好友的情感。

朋友圈是我们展示个人形象和魅力的地方，因此，我们要谨慎对待朋友圈的每一条信息。我们可以在朋友圈发一些自己的所见所闻、所思所想，或者和家人朋友的真实生活场景，以便在朋友圈赢得好友的好感，增加彼此间的信任感，提升自己的存在感等。

12.3 SaaS 工具：短书

短书是一个（Software-as-a-Service，软件即服务）技术服务平台，主要服务对象为教育工作者和内容工作者，短书以 H5 页面为传输模式，业务包括知识付费、在线课堂、营销推广、品牌塑造、客户管理以及社群运营技术服务等，可以帮助用户在品牌领域完成付费转换。图 12-2 所示为短书的知识付费解决方案。

图 12-2 短书的知识付费解决方案

短书的内容变现形式非常多样化，可以满足各种内容形态和变现需求。

（1）**付费音频、付费视频、付费图文**：支持 Android、iOS、小程序和H5，以更好地支持主流内容。

（2）**付费直播**：多种新颖的直播形式，让课程、演示和教学犹如现场体验。

（3）**付费小社群、付费会员**：灵活方便的轻量级 UGC 社区，让双向交流、粉丝互动、内容管理更轻松。

（4）**付费课程、付费专栏**：适合系列内容、连载专栏等内容形式，让读者循序渐进地学习知识。

12.4　短视频工具：抖音

抖音是于 2016 年 9 月上线的一款音乐创意短视频社交软件，是一个专注于年轻人的音乐短视频社区。用户可以通过这款软件选择歌曲，拍摄音乐短视频，形成自己的作品并发布。抖音最初的定位是"音乐短视频APP"，内容主要是音乐类视频，还有一些才艺表演视频。后来随着用户量的增长，内容也越来越丰富，现在抖音已经将内容定位于"记录美好生活"。

除了流量广告和电商卖货等常规变现模式外，抖音还基于短视频的内容特色推出了特效开放平台和"抖音音乐人"等多种商业模式，来帮助不同领域的创作者实现商业变现。

12.4.1　抖音特效开放平台

特效开放平台是抖音官方出品的一个短视频特效创意交流和创作平台，用户可以在这里交流创作经验、制作特效上传到抖音给亿万用户使用，如图 12-3 所示。

图 12-3 抖音特效开放平台

例如，"十二栋"代表作"颜团子"全网发送量超过 10 亿次，全网粉丝量超过 800 万。再如，爆款贴纸古风帅哥作者"熊爸爸"，单个贴纸就轻松获得百万人投稿，浏览量超过 3 亿次。微信贴纸设计师"汤圆酱"，入驻抖音后两周便涨粉 30 多万。同时，抖音会链接商家和原创设计师，提供更多商家品牌合作机会，并可以赢取万元奖金，创造长期收益。

12.4.2 抖音音乐人

另外，"抖音音乐人"也是抖音推出的一种全新的知识变现方式，非常适合有音乐才华的用户。成为"抖音音乐人"可以获得的丰厚奖励如图 12-4 所示。

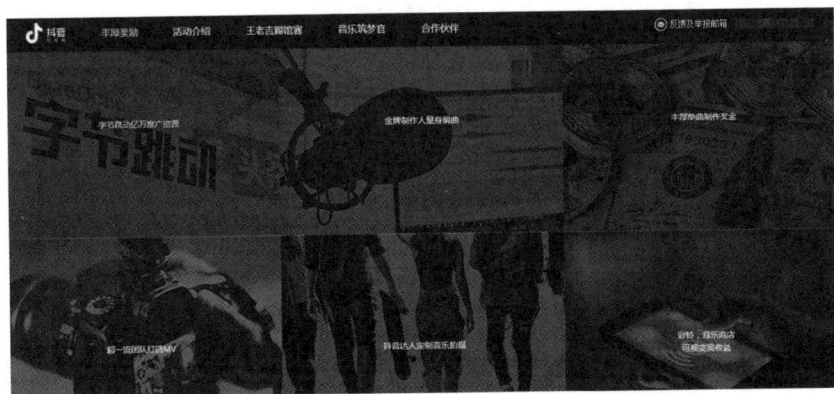

图 12-4 成为"抖音音乐人"可以获得的丰厚奖励

12.5 视频工具：西瓜视频

西瓜视频是一个基于个性化推荐的短视频平台，致力于成为"最懂你"的短视频平台，该平台上的大部分内容都是采用"OGC（Occupationally-Generated Content，职业生产内容）+PGC"的方式生产的，并且通过 AI 技术实现内容与用户兴趣的精准匹配。

在今日头条平台上，基于其推荐机制，不同的用户有不同的匹配标签，而这一推荐机制同样也被运用到了西瓜视频内容产品中。**如果头条号想要让自身发表的视频获得更多的推荐量和播放量，就应该在视频标签的设置上多下功夫。**

成为西瓜视频的创作者即可享有更多福利，如图 12-5 所示。另外，西瓜视频推出 "「3+X」视频变现"计划，其中包括平台分成、边看边买、直播功能和"西瓜出品"等多种变现形式。

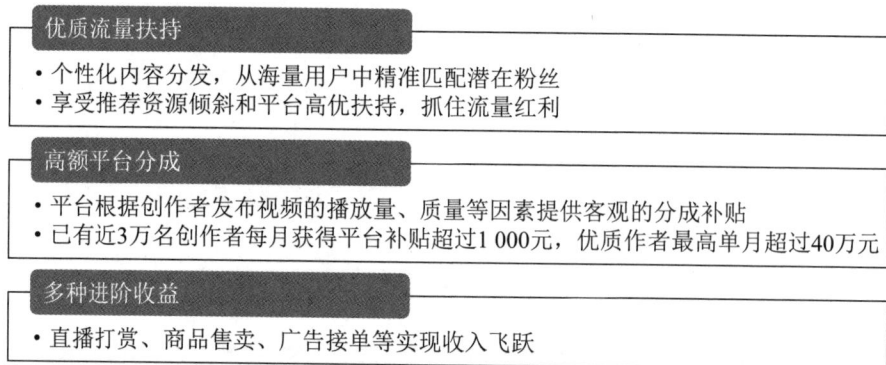

优质流量扶持
- 个性化内容分发，从海量用户中精准匹配潜在粉丝
- 享受推荐资源倾斜和平台高优扶持，抓住流量红利

高额平台分成
- 平台根据创作者发布视频的播放量、质量等因素提供客观的分成补贴
- 已有近3万名创作者每月获得平台补贴超过1 000元，优质作者最高单月超过40万元

多种进阶收益
- 直播打赏、商品售卖、广告接单等实现收入飞跃

图 12-5　西瓜视频创作者的部分福利

其中，"边看边买"有些类似于淘宝客的推广方法，创作者可以在视频中插入相关的商品卡片，用户在看短视频的同时，如果对其中的商品感兴趣，就可以直接点击商品卡片完成下单交易，而创作者即可获得佣金分成收益。商品佣金的具体分成算法如下：

- 阿里妈妈技术费 = 总佣金 ×10%。
- 今日头条的渠道分成 = 总佣金 ×30%。
- 头条号作者分成 = 总佣金 ×60%。

12.6 直播工具：花椒直播

直播不仅是一种新颖的信息传播方式，也是一种可以实现实时交互的社交模式，具有极强的互动性。随着直播平台不断趋向于专业化和实用化，各种知识产品的直播会进一步抢夺市场份额，向知识变现平台进一步靠拢。

12.6.1 直播答题：花椒直播《百万作战》

花椒直播推出《百万作战》模板，每天进行 3 场答题比赛，每场设置 12 道选择题，同时每场比赛的奖金高达 10 万元。《百万作战》的参与门槛非常低，用户只需在比赛开局前进入答题直播间便能免费参与答题。直播中，主持人会快速提出一些问题，用户必须在 10 秒内给出正确答案，全部回答正确的用户即可参与当场直播的奖金池分成。

这种直播答题的知识变现模式，**通过 "生活小知识＋现金奖励＋视频直播＋明星效应" 模式，吸引了很多玩家热情参与**。据悉，《百万作战》首播便吸引了 450 万用户在线观看，数十万用户参与答题，同时也让花椒直播跃居苹果 APP 商店免费 APP 总榜的第 10 位，成为当下的"爆款"直播答题节目。

12.6.2 直播技巧：锻炼你的直播能力

除了创造各种直播变现方式外，我们还需要注重自身的直播能力培养，只有这样才能在直播市场中获得更多盈利。下面笔者重点介绍直播前的预热准备和开场方式，帮助大家带动直播间的氛围，提升自己的直播变现能力。

1. 预热：做好直播准备

网络直播和传统直播的时间长度不一样，相比而言，网络直播的时间长度更自由，一个小时或半个小时都可以。但是，对于传统的媒体直播来说，那是分秒不差的，几点开始到几点结束时间都是固定的。网络直播的收听人数是随着直播时间的增加而增加的，也就是说，播得越久收听人数就会越多。

所以，**大家一定要多去做直播，这样粉丝的黏性和数量才会增加，而且也能增加自己的直播经验。**

那么，在直播前应该做哪些准备呢？第一项准备就是要做预告，什么时候开播、播的是什么内容、注重的是哪个领域、主题是什么，这些都是非常关键的预告内容。做预告等于提前告诉粉丝你要开始直播了。

主播可以提前一天做预告，预告太早或太晚都不是最佳时机。提前太早，比如提前一周做预告，除非是"铁杆听众"，否则人家会忘了你下周要直播；如果预告太晚，如直播前半小时才预告，大家可能都没有准备好，没有安排看直播的时间。

另外，直播还要进行预热。例如，预定八点直播，主播要提前十分钟进行预热。为什么要进行预热呢？这其实就是在等听众进场。此时，听众可能在家里，可能在车上，可能在路上，或者他们正在找一个适合收听直播的环境，或者是要处理些手头上的事情。所以，千万不要小看这十分钟的预热时间，它可以帮助主播积累人气。

在预热的时候，主播首先要营造直播氛围，如播放一首适合的曲子，或者预告直播的话题或者主题，让大家为接下来的互动做一些准备；可以主动介绍一下这个直播间和别的直播间的差异、本直播间的优势；也可以主动要求大家分享你的直播间；对于新进来的观众或听众，可以提醒他们关注你。

2. 开场：直播开场的 5 个经验技巧

笔者发现很多人会因为不知道如何开场而导致没有人进其直播间，或者进来的人马上又退出了。很多优秀的主播是有开场技巧的，下面笔者总结了他们的一些开场经验，希望可以帮助大家提升用户黏性。

- **采用固定的模式来开场。**如笔者在做音频直播时，就是采用固定的开场模式："打通你的财富管道，一起做富有的主播，你好，我是×××。"通过这种固定的开场模式，能够突出自己的特色和定位，即你跟别人不一样的地方。如果你经常重复这句话，就能够让很多人记住你的直播间，别人一听这句话就知道你来了。因此，你可以根据你的直播栏目进行定位，给自己设定一个固定的开场模式。
- **选择新闻或者是热门事件来开场。**在生活当中，几乎每天都会发生一些热门事件或者新闻，这些都是有价值的线索。主播可以以新闻或者热门事件来开场，让大家产生话题共鸣，让直播间迅速凝聚人气。

- **讲一个开场小故事。** 主播可以根据自己直播栏目的特点来讲一个与之相关的小故事作为开场。听故事是人的天性，故事可以吸引大家的关注。

- **播放歌曲或者音乐。** 当然，这些歌曲和音乐要和自己的直播主题、内容相匹配，这样也可以营造直播间的气场和氛围。比如，在春节前后可以播放《春节序曲》；在国庆节期间可以播放《歌唱祖国》等，这样能够得到类似于节目片头或片花的效果，起到画龙点睛的作用。

- **用连麦的方式来开场。** 这种开场方式适合有直播经验的主播。现在很多音频直播平台都有了直播连麦的功能，因此主播可以连麦一个听众，用这种方式来开场，然后代入直播主题。

3.互动：构建直播的听众（观众）社群

每个主播都有各自的优势和强项，如果网络主播有一定的主持经验，在互动上是有优势的。我们可以在遵守平台规则的前提下，通过把公众号、微博或者抖音等其他社交媒体的资源进行嫁接来构建听众或观众社群。

12.7　自媒体工具：大鱼号

作为近来比较热门的自媒体变现工具，大鱼号的显著优势主要体现在打通了优酷、土豆以及UC三大平台的后台。内容创作者只需一点接入"大鱼号"，即可畅享阿里文娱生态的多点分发渠道，包括UC和优酷。未来，大鱼号还会接入豌豆荚、神马搜索和PP助手等平台。

在巨大的优势下，大鱼号的收益方式主要包括3种：一是广告分成；二是流量分成；三是大鱼奖金升级。

（1）**广告分成。** 大鱼号的广告收益包括UC图文/视频广告分成，如果用户想要获取广告分成，满足几项条件中的一项即可，具体如图12-6所示。

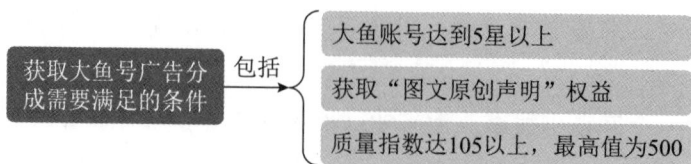

图 12-6　获取大鱼号广告分成需要满足的条件

（2）**流量分成**。获取流量分成的要求比较简单，只要大鱼账号达到 5 星即可。

（3）**大鱼奖金升级**。包括定向稿酬 / 片酬、图文 / 视频电商佣金等，报名争取奖金的门槛相对较高，而且需要满足较多的条件，只有优质的大鱼号作者才有机会申请。

第 13 章

知识方案：
内容变现技术服务商平台

除了前面介绍的各种知识付费领域的内容提供方和平台工具之外，还有如小鹅通、淘淘课、腾讯课堂、网易云课堂以及魔学院等为内容创作者提供付费功能、内容运营和数据分析等服务的第三方平台，它们提供了发布优质内容并以此变现的渠道，让用户可以通过内容创业、知识微店、在线教育、在线学习、企业内训以及在线出版等方式，将知识变成产品或服务，打通内容变现的最终环节。

- 小鹅通：内容创业
- 淘淘课：知识微店
- 腾讯课堂：在线教育
- 网易云课堂：在线学习
- 魔学院：企业内训

13.1 小鹅通：内容创业

小鹅通是一家基于微信的 SaaS 公司，主要为自媒体上的内容创业者提供付费支持、内容分发、运营管理与社群运营等服务。小鹅通的内容载体形式多种多样，包括音频、视频、图文和付费问答等，可以**帮助用户打造实现内容承载、用户运营、品牌推广和商业变现的生态闭环**。图 13-1 所示为小鹅通知识付费的基本解决方案。

图 13-1 小鹅通知识付费的基本解决方案

用户可以按需选择相应的版本，能够全面满足内容创业行业的多场景应用需求。目前，小鹅通已与"吴晓波频道""十点课堂""张德芬空间""功夫财经""印象笔记""樊登读书""知乎""豆瓣时间"以及"一条"等多个自媒体平台和内容平台合作，为其提供定制化的内容变现方案，如图 13-2 所示。

图 13-2 小鹅通的客户案例

功夫财经：国民财商提升者

"功夫财经"汇聚国内极具圈层价值的"财经学者天团"，推出了"功夫头条""功夫讲堂""功夫听书""功夫 TV""门派社群"以及"功夫钱庄"等知识产品和服务。"功夫财经"通过小鹅通打造自己的内容变现平台，入局知识付费领域，如图 13-3 所示。截至 2018 年 8 月，"功夫财经"的财经知识运营团队已经出品了 89 节专题课程和单品课程。

图 13-3 "功夫财经"内容变现平台

13.2 淘淘课：知识微店

淘淘课是一个专注于知识付费的技术服务商，支持"功能定制"和"源码开发"等功能，可以帮助客户快速打造自己的知识微店，基于微信公众号轻松实现变现，如图 13-4 所示。

图 13-4　淘淘课知识微店

淘淘课的知识付费解决方案如下所述。

13.2.1　知识变现：内容形式和变现模式

淘淘课的知识变现模式包括付费音频、付费视频、付费图文、付费专栏、付费问答和付费咨询等多种内容形式，用户可以自由编辑内容，直接同步覆盖微信小程序等学习渠道。

同时，用户可以自由组合单品售卖、系列专栏和付费会员等多种变现模式，满足长期或短期课程运营的场景需求。

13.2.2　分销代理：微店推广和分销利润

淘淘课能够帮助好的内容匹配到更多精准的流量，让优质知识创作者轻松入局内容付费领域。每个用户均拥有自己的个性推广代理店铺，用户成功推广后，获得相应的分销利润，实现裂变吸粉，让内容营销更轻松。

同时，淘淘课还拥有强大的营销传播和数据中心功能，如打折、优惠券、拼团购、裂变推广、赠送好友、划线价、邀请卡等营销工具，能够帮助用户提升课程销量；数据中心具有实时概况查看、数据分析和交易分析等功能，可以帮助用户找到精准流量，提升转化率。

13.3 腾讯课堂：在线教育

在线教育是由移动互联网催生的，教育事业的新形态产业，扩展了人们获取知识的方式和途径，打破了学习的时间、空间、师资、教材的限制，使人们受教育的权利越来越自由与公平，也使教育事业的发展焕发出新的生机。

13.3.1 腾讯课堂的课程分类

由腾讯公司推出的在线教育平台——腾讯课堂，背靠腾讯的强大流量优势，吸引了众多优质教育机构和名师入驻，打造老师在线上课教学、学生及时互动学习的课堂。腾讯课堂作为一个第三方的中立平台服务提供者，用户可以利用该平台自主发布、运营和推广其课程。腾讯课堂下设职业考证、电商营销、兴趣生活、IT互联网、升学考研、设计创作以及语言留学等众多在线学习精品课程，如图13-5所示。

图 13-5 腾讯课堂的课程分类

13.3.2 腾讯课堂的入驻方法

腾讯课堂的入驻包括个人开课、机构开课、分销课程和企业合作等形式。

1. 个人开课

如果是个人开课，开课老师需要拥有任意一项资格证明，包括教师资格证书（如数学老师）、专业资格证书（如健身教练）、高等学历证书（如博士生）以及微博认证（如自媒体名人）等，基本流程如图 13-6 所示。

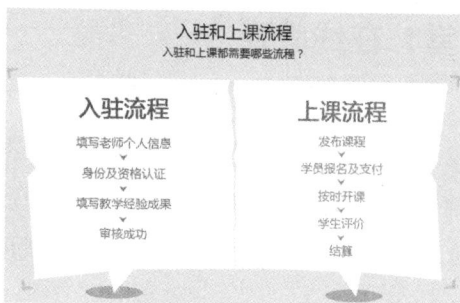

图 13-6　腾讯课堂的入驻和上课流程

2. 机构开课

机构可以免费申请入驻腾讯课堂，入驻时需要按照课程内容选择对应的主营类目，后续发布课程都会归属到这一类目下。

3. 分销课程

用户可以进入"分销课程"页面，选择相应课程后单击"我要分销"按钮生成专属链接，然后将其通过 QQ、微信或微博等渠道分享给他人，他人购买后即可获得相应的分销收益。

4. 企业合作

腾讯课堂为企业提供了优质、专业的培训课程解决方案，包括高级定制内容和职业实战课程等，以帮助企业打造专属的精品内容，帮助企业提升员工的工作效率。

13.3.3 腾讯课堂的收益结算

腾讯课堂会根据学员的不同支付方式，从不同的渠道完成打款。在"订单结算"界面中可以看到"结算中""已结算"和"未结算"3个关键数据指标。"结算中"是指正在打款中的总金额；"已结算"是指历史结算给用户的总金额；"未结算"是指暂未结算给用户的总金额。用户可以进入账单详情页面查看账单结算明细，如图13-7所示。

图13-7　腾讯课堂的收益结算明细

13.4　网易云课堂：在线学习

网易云课堂是一个专注于职业技能提升的在线学习平台，包括微专业、IT互联网课程、兴趣生活课程、职场提升课程、设计创作课程等课程类型，课程数量已达10 000有余，如图13-8所示。

图13-8　网易云课堂的课程分类

13.4.1　系列课程：有体系的学习方案

系列课程主要是针对某个垂直领域的课程内容，通过将其打包并有序地呈现，为学员提供完整的学习方案，使其能够快速掌握和吸收相关知识点。

13.4.2　微专业：职业培训方案

微专业是一种以就业为导向的职业培训方案，通过各领域知名专家根据用户的刚需岗位来精心打造各种课程，可以帮助学员快速学会各种职业技能，同时还可以通过参加考试来获得相应的专业认定证书，为求职加薪带来更多可能。例如，获得"web 前端开发微专业证书"的用户，在应聘网易前端开发岗位时，可以免去笔试环节。

微专业是一种针对职业岗位的体系化培训课程，主要课程类目如图 13-9 所示。微专业分为必修课程和选修课程两类，必修课程都是需要付费学习的，而选修课程既有付费的，也有免费的。

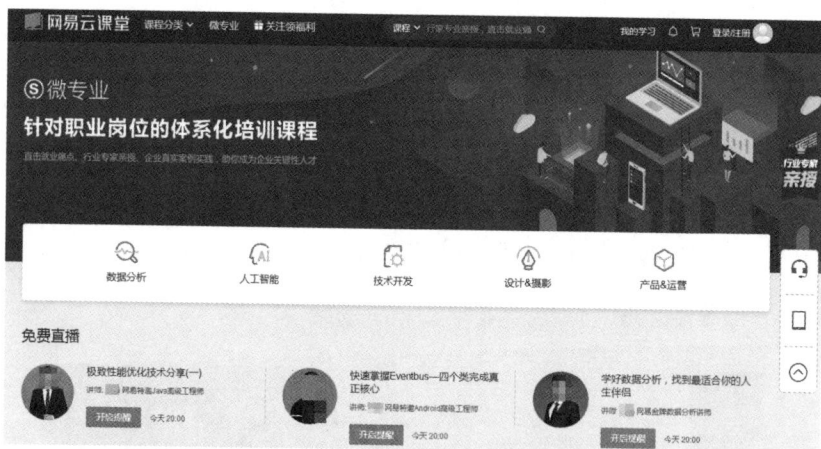

图 13-9　微专业的主要课程

13.4.3　分享赚：开启"推广员"模式

分享赚是网易云课堂推出的一项"推广员"功能。如果用户有很大的流量资源，**即可成为推广员，将课程推广给自己的朋友或粉丝，帮助他们获得知识技能，而你则可以获得相应的收益，两全其美！**

用户可以关注"网易云课堂精品课推广"公众号，或者在网易云课堂官网或 APP 中的相应课程页面，点击"赚……"按钮获取推广邀请卡和推广链接，就可以获得推广途径，如图 13-10 所示。当用户通过你的推广链接付费时，你即可获得相应比例的推广佣金收入。

图 13-10　生成推广邀请卡

13.5　魔学院：企业内训

魔学院是一家专注于互联网教育服务的企业培训平台，为企业内训提供高效的企业管理培训解决方案，让企业进入高效移动培训时代。

13.5.1　产品资源：满足多元化场景需求

魔学院平台版本包括通用 SaaS 版和私有云版，能够满足不同企业的多样化需求，企业客户可以自由选择购买，如图 13-11 所示。

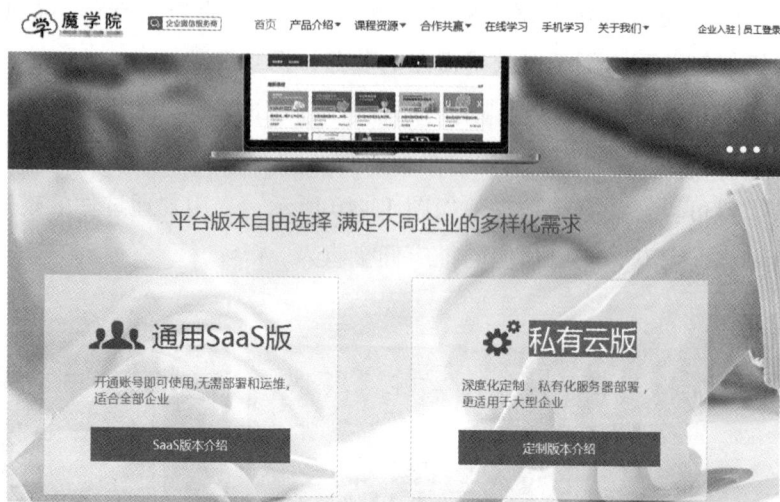

图 13-11　魔学院的主要产品

另外，魔学院还提供企业微信版，无须下载 APP，即可快速同步企业的组织架构和员工信息，帮助企业轻松搭建"企业大学"，高效管理员工培训。

魔学院拥有海量的行业课程，涵盖服装、酒店管理、PMP（Project Management Professional，项目管理专业人士资格认证）、家居建材、金融保险、银行、超商零售、汽车 4S 店、房地产、教育以及财务等多个热门领域。

魔学院的内容体系非常完整，不仅有 10 多个通用课程大分类，而且还拥有包括创业创客、销售管理、人事行政、市场营销、财税管理、产品运营、IT/ 互联网、生产质量、客户服务、团队管理、职业发展、物流管理以及领导力等将近 4 000 门精品课程。同时，魔学院还支持课件定制开发服务，帮企业量身定制精品化、个性化课程。

13.5.2　合作共赢：提供全方位解决方案

魔学院提供渠道代理、讲师入驻、机构合作和开放平台等合作方式，下面分别进行介绍。

1. 渠道代理

渠道代理的主要合作对象为企业云服务市场、SaaS 服务商、人力资源服务和渠道代理商等，可以申请成为魔学院的合作伙伴，享受丰厚的利润、完整的合作培训体系、强大的技术支持服务、免费使用魔学院平台以及大量的优质客户资源等合作福利。

2. 讲师入驻

目前魔学院已签约 500 多个专家顾问，为企业提供专业的咨询、培训以及定制课程等服务。申请成为魔学院讲师后，可以获得私人录播室、免费推广、直播服务、线上课程、品质商务照以及个人网校等福利。魔学院讲师的入驻资格如图 13-12 所示。

入驻资格

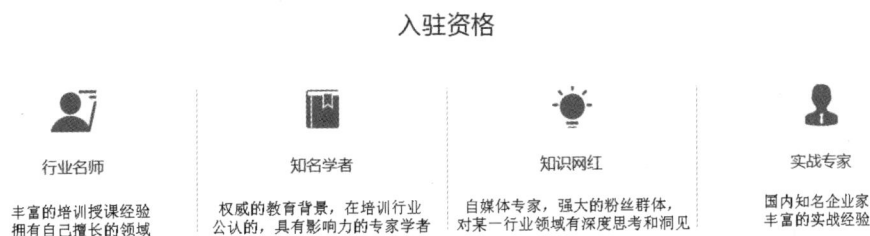

行业名师	知名学者	知识网红	实战专家
丰富的培训授课经验拥有自己擅长的领域	权威的教育背景，在培训行业公认的，具有影响力的专家学者	自媒体专家，强大的粉丝群体，对某一行业领域有深度思考和洞见	国内知名企业家丰富的实战经验

图 13-12 魔学院讲师的入驻资格

3. 机构合作

魔学院通过"SaaS+O2O"模式将企业的移动学习和培训管理需求合二为一，合作形式包括版权课程合作、线下课程合作和定制培训项目合作，可以为合作者带来平台、团队和客户优势。

4. 开放平台

魔学院的开放平台包括系统整合（借助魔学院平台提供的开放接口，实现学习平台与其他 IT 系统互联互通）和个性定制（根据企业需求进行个性定制）两种方案，企业客户认证成为开发者，即可对接开放接口，成为平台的生态合作伙伴。

变现模式篇

第14章

内容付费：

通过售卖来实现商业价值

　　有了知识产品只是第一步，我们还要想办法让知识产品去传播和变现，以便影响更多的人，让知识产品产生更大的商业价值。好的知识产品也需要好的变现路径。其中，内容付费是知识变现最重要的形式，我们可以根据自身的条件设计一些知识付费的产品或服务，通过订阅付费、在线教学、点赞打赏、签约平台、咨询付费、出版图书、内容投稿以及获取平台扶持等方式来实现变现。

- 平台订阅付费
- 在线教学变现
- 点赞打赏变现
- 签约作者收益
- 问答咨询付费
- 优质内容扶持
- 出版图书变现
- 内容稿费变现

14.1　平台订阅付费

订阅付费是知识生产者获取盈利的主要方式，是指在平台上推送文章、视频、音频等知识产品或服务，订阅者需要支付一定的费用才能看文章、看视频或者听音频。用户通过订阅 VIP 服务，为质量好的内容付费，可以让知识生产者从中获得肯定和回报，从而有更多的精力和激情进行持续的内容创作。

很多自媒体平台、社交平台以及直播平台都专注于原创内容的生产和变现模式。付费阅读和付费会员有一个共同之处，就是能够找出平台的忠实粉丝。但是，**知识生产者如果要通过付费阅读来变现，就必须确保推送的内容有价值，不然就会失去粉丝的信任。**

订阅付费这一模式常用于各种自媒体、视频网站和音频平台，如被人熟知的喜马拉雅 FM 就专门开设了一个付费栏目，各大名家的节目被收录其中，用户要先付费才能收听。此外，现在很多优质音乐也需要通过付费的方式才能收听。

案例

李笑来：《通往财富自由之路》

著名投资人、区块链专家和《通往财富自由之路》专栏作家李笑来，同样是通过得到 APP 的付费专栏实现盈利的佼佼者。截至 2019 年 1 月，《通往财富自由之路》课程的订阅价格为 199 元 / 年，获得了 20 多万订阅用户，获利金额高达 4 300 多万元，相关的购买说明如图 14-1 所示。

"得到" APP 的课程内容基本上都是一些知名大腕的商业观点或科学理论，而相关的内容无一例外都是要付费的—从 19.9 ～ 365 元不等，学习人数也从 5 000 ～ 36 万不等，专栏作家从中可获得的利润不言而喻。

图 14-1 　《通往财富自由之路》课程相关页面

14.2　在线教学变现

知识付费的变现形式还包括在线教学课程的收费：**一是因为线上授课已经有了成功的经验；二是因为在线教学课程的内容更加专业，具有精准的指向和较强的知识属性**。很多平台已经形成了较为成熟的付费模式，如网易云课堂和腾讯课堂等。

在线教学是一种极具特色的知识变现方式，也是一种效果可观的吸金方式。如果你要开展在线教学的话，首先得在某一领域具备一定的实力和影响力，这样才能确保教给付费者的东西是有价值的。

> **案例**
>
> ### 四六级考虫：在线直播学习品牌
>
> 微信公众号"四六级考虫"就是采用在线教学这种方式来实现知识

变现的。"四六级考虫"是一个为广大大学生及渴望学习英语的群体提供教学培训的公众号，它有自己的官方网站和手机APP。微信公众号"四六级考虫"上的课程分为收费和免费两种，不同的课程价格也不一样。图14-2所示为该公众平台上的相关内容。

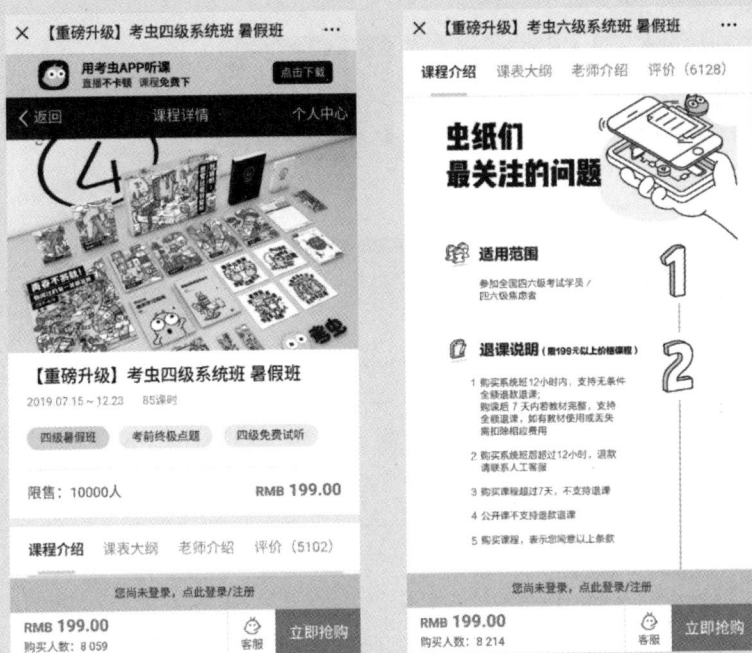

图14-2 "四六级考虫"微信公众平台上的相关内容

薛定饿了么：打造硬核知识短视频

一般来说，线上课程的时间比较短，这对于观众接受信息而言是一大优势，但从内容的表达程度来看却是一大劣势，因为时间限制了内容的展示，让付费难以成功实施。如果知识生产者想要通过线上课程的方式变现，就需要打开脑洞、寻求合作。例如，哔哩哔哩平台上的UP主"薛定饿了么"投放的内容风格就别具一格，以差异化内容为起点，主要内容为一系列硬核科普知识，表达方式符合年轻一代的认知思维，拥有超高的粉丝活跃度，如图14-3所示。

图 14-3   "薛定饿了么"B 站主页

专家提醒

UP 是 upload 的简称，UP 主指在视频网站、论坛或者 ftp 站点上传视频、音频文件的人。

14.3   点赞打赏变现

为了鼓励优质的知识产品创作，很多内容平台推出了"赞赏"功能。比如，大家熟悉的微信公众号就有这一功能。开通"赞赏"功能的微信公众号必须满足以下条件，如图 14-4 所示。

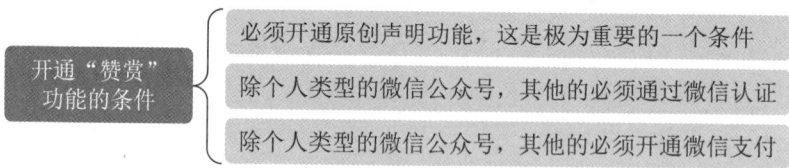

开通"赞赏"功能的条件	必须开通原创声明功能，这是极为重要的一个条件
	除个人类型的微信公众号，其他的必须通过微信认证
	除个人类型的微信公众号，其他的必须开通微信支付

图 14-4   开通"赞赏"功能的条件

如果创作者想要开通公众号的"赞赏"功能，需要经历两个阶段。

（1）**第一个阶段**：坚持一段时间的原创，等微信公众平台发出"原创声明"功能的邀请时，即可在后台申请开通"原创声明"功能。

（2）**第二个阶段**：开通原创声明功能后，继续坚持一段时间的原创，等微信后台发布"赞赏"功能的邀请时，即可申请开通"赞赏"功能。

连岳：发文斩获10W+

微信公众号"连岳"，口号为"把最好的理念传递给最多的人"，它主要生产文化、情感类内容。而要说到变现，它主要是通过链接小程序销售商品和写文章实现的。在此，笔者重点介绍"写文章"这一变现方式。关注了微信公众号"连岳"并阅读了其文案的用户会发现，其头条内容的阅读量很多都实现了10W+，这就为内容变现奠定了流量基础。

在有着众多读者阅读文案的基础上，**微信公众号"连岳"以其个性化的观点、深入的解读等特点打造出优质内容，让读者纷纷议论和产生认同感**。基于此，很多读者出于对优质内容的欣赏和认同的仪式感，在阅读完文案后自然而然地给予赞赏——多则几千人，少则几百人，如图14-5所示。因此，一篇头条文章就获得了上千、上万的收入，从而写文章年收入数百万也就不再是空谈了。

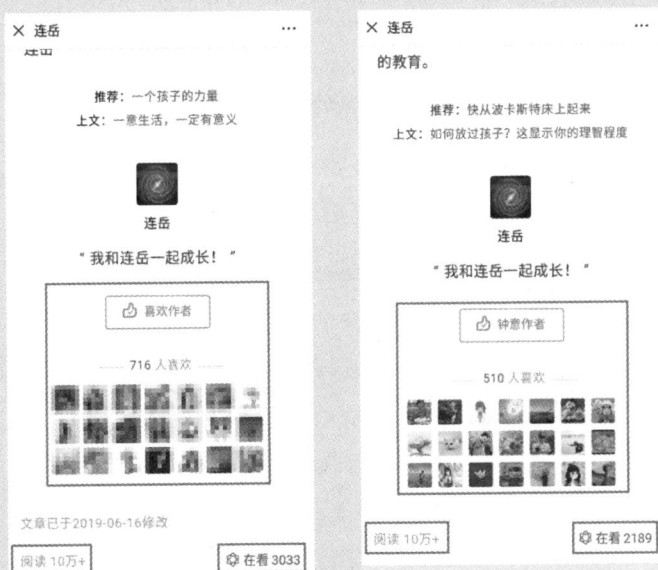

图14-5　微信公众号"连岳"的部分头条内容的点赞展示

内容创作者要想获得"赞赏"收入，除了要创作优质的内容外，还需要具备一定的条件并进行相关设置。例如，在微信公众平台上，创作者可以通过后台"赞赏说明"页面的内容了解相关信息，如图14-6所示。

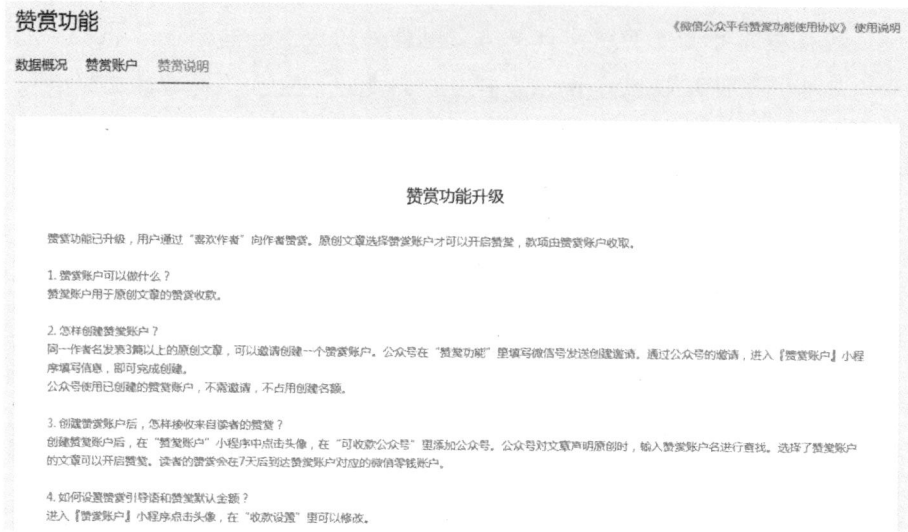

图 14-6　微信公众平台后台的"赞赏说明"页面

案例

第一视频：晋级自媒体认证会员打赏获利

第一视频是一家微视频新闻门户网站，同时也是一个集视频、新闻以及移动终端为一体的综合性媒体平台。此外，第一视频还具有强大的云计算、云存储、云搜索以及云关联等功能，不仅提供富有价值的新闻资讯，同时还提供平台让每位有想法的网友都成为内容的创作者。

第一视频的视频播放界面比较简洁，而且也没有广告，视频时间也都是短短几分钟。那么，第一视频的主要收益来自于哪里呢？答案就是打赏收入。但是需要注意的是，如果想要在第一视频平台获得打赏收益，就必须成功晋级为此平台的自媒体认证会员，否则是无法获取收益的。

14.4　签约作者收益

很多内容平台都会签约一些优质作者，这些作者每个月都是有固定收益的，这也是内容平台的一种主要变现形式。

14.4.1　成为头条签约作者的两种方法

以今日头条为例，成为头条签约作者主要有两种方法，具体如下所述。

1. 系统邀请

当头条号创作者为平台贡献了足够多的有价值的优质原创内容，并成为某一方面的专家，或是有着很高的知名度时，才有可能接到今日头条系统发出的成为签约作者的邀请，这是平台主动邀请的一种方式。

2. 主动申请

与系统邀请相反，主动申请是一种自己主动邀请、平台被动审核的方式。主动申请的做法是：登录头条号，然后关注今日头条官方账号，并在后台选择发送私信，把自身的资料和能证明你已经成为达人的内容链接传送给系统审核。

当审核通过后，你就可以成为今日头条的签约作者了。此时你只要完成今日头条每个月的任务，就可以获得签约作者应得的收益。

14.4.2　悟空问答签约作者的条件和收益

下面以今日头条的悟空问答为例，具体介绍头条号作者成为头条悟空问答签约作者的条件。在悟空问答平台上，签约作者有二级和一级之分，具体条件如表 14-1 所示。

表 14-1　悟空问答签约作者的条件和收益

类　　别	条件和收益
一级	每月回答问题个数：20 个 单篇回答的字数：500 字以上 内容要求：有理有据，有图片 收益：每月共计 10 000 元

续表

类　别	条件和收益
二级	每月回答问题个数：24 个 单篇回答的字数：500 字以上 内容要求：有理有据，积极健康 收益：200 元 / 个，总计 4 800 元以上
备注：这里所指的"问题"是悟空问答邀请回答的问题，而不是签约作者自主选择的问题	

14.5　问答咨询付费

　　细分专业的咨询是知识付费较垂直的领域，针对性较强，很多平台都推出了付费问答服务。例如，在"悟空问答"页面，用户不仅可以提问，还可以回答其他人的提问。运营者如果在回答提问的过程中，问题选择得好且回答内容是优质的，那么极有可能成为"爆款"回答，从而获得更多收益。

　　另外，"扬长避短"这一思维应该很好地应用到付费问答服务中，也就是说，运营者应该尽量选择那些自己擅长领域的问题，把自己的优势展示出来，并对这一领域持续关注，力求提升自己在该领域的知名度，打造"爆款内容"和"爆款 IP"。

案例

"问视"APP："单问"和"多答"

　　在"问视"APP 中就可看到更多类型的回答，且将"问答"页面分为"单问"和"多答"两个板块，如图 14-7 所示。问视的盈利主要是通过回答问题来实现的，用户可以在"个人中心"页面查看累计收入，如图 14-8 所示。

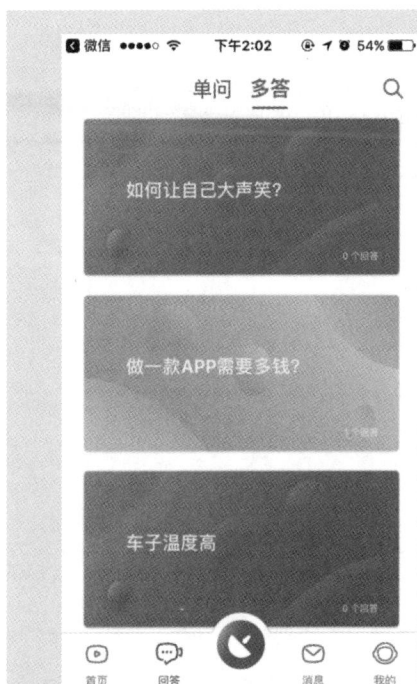

图 14-7 问视的"问答"页面

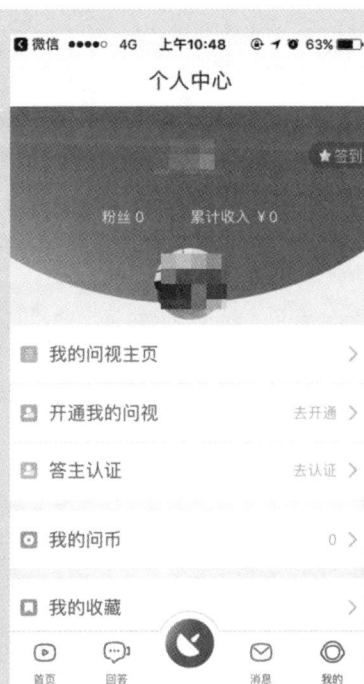

图 14-8 问视的个人中心

14.6 优质内容扶持

很多内容平台为了促进自身的发展并吸引更多的用户、创作者入驻，还推出了相应的政策扶持策略，这为优质内容创作者实现多元化变现提供了更多途径。

案例

礼遇计划：高额奖金在眼前

每月中旬，头条号创作者进入后台主页的时候，就会看到在该页面中间显示了一个类似横幅的消息——"礼遇计划第 × 期榜单揭晓"。且在头条号后台主页的"活动"页面，可专供用户查看"礼遇计划"内容，无论是活动详情还是每期的礼遇计划榜单，都可清楚了解，如图 14-9所示。

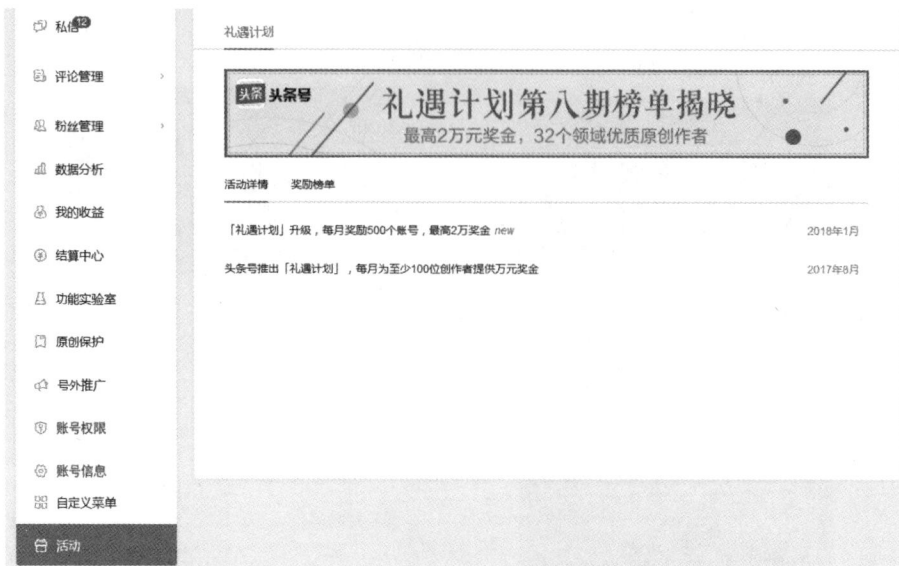

图 14-9　头条号"活动"页面的"礼遇计划"

"礼遇计划"是头条号于 2017 年 8 月启动的一项为激励优质内容原创作者而给予一定回报的计划，并在 2018 年 1 月完成了这一计划的升级。在这一计划中，升级前和升级后的计划内容是存在差别的，如奖励的账号数量和奖励金额两个方面的变化就很明显，具体如下。

- 从奖励的账号数量来说，升级后账号扩大为 500 个，相比升级之前的 100 个，足足增长了 4 倍；
- 从奖励金额来说，升级后的计划内容更加灵活——金额为 2 万元、1 万元、3 000 元不等，而改变了升级前的固定的一个账号 1 万元的情况。

专家提醒 ▶

"礼遇计划"和"千人万元"计划都是头条号推出的鼓励优质内容创作者而实施的计划，但是两者还是有着很大区别的，主要表现在以下两个方面。

从计划的获利者来说，**"礼遇计划"的获利者是不定的，是根据一定的标准在全平台选取的**；"千人万元"计划的获利者是固定的，就是那些参与签约该计划的创作者。

从计划的获利金额来说，"礼遇计划"的获奖金额有 2 万元、1 万元和3 000元这3个不同的等级；"千人万元"计划的获利金额是每个月有保障的。

当然，在参与条件、是否承担责任和义务等方面也是不同的，在此就不再一一介绍，读者可进入平台自行查看或根据上述内容自行比较。

案例

创业孵化：有望成为成功公司

对于大多数人来说，从进行知识创作到实现创业，其中的过程并不简单，甚至很难成功。然而对于那些进驻头条号平台的创作者而言，有了今日头条创作空间的"创业孵化"的支持和指导，就有了更好的创业成功捷径，这就为快速变现提供了条件。

基于今日头条创作空间"创业孵化"的加速服务，已经有一些成功的项目进入了大家的视野，并实现了产业价值的快速提升。图14-10所示为今日头条创作空间"创业孵化"的第一期项目展示。

那么，今日头条创作空间具体是怎样进行"创业孵化"的呢？具体说来，主要包括以下两个方面的内容。

1. 提供多方面的孵化服务

今日头条创作空间为了更好地指导头条号优质内容创作者成功创业，从4个方面着手提供细致的孵化服务。

图14-10 今日头条创作空间"创业孵化"的第一期项目展示

- 提供办公场地和品牌宣传等基础性服务。
- 提供多种融资服务，如对接风险投资、路演推介活动等。
- 提供多种形式的创业辅导，如行业沙龙、培训课程等。
- 提供多类事物的第三方服务，如商业变现、人力、财务等。

2. 提供强有力的扶持计划

今日头条创作空间的"创业孵化"，并不只是说说而已，它是有着强有力的扶持计划做后盾的。从这一角度来看，它依托今日头条平台，在投资基金和流量扶持方面为头条号创作者提供快速实现成功创业的计划，当然，它也是有一定的创业扶持选择的，具体如图 14-11 所示。

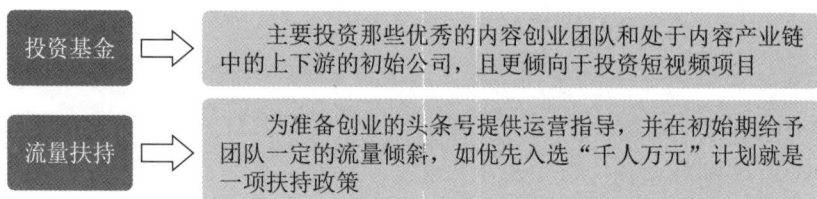

图 14-11 "创业孵化"扶持计划的具体内容

14.7 出版图书变现

图书出版付费主要是指知识生产者在某一领域或行业经过一段时间的经营，拥有了一定的影响力或者一定的经验之后，将自己的经验进行总结，然后出版图书，以此获得收益的盈利模式。只要作者本身有基础与实力，那么收益还是很可观的。

例如，微信公众平台上的"手机摄影构图大全"和"凯叔讲故事"等都采取了这种方式去获得盈利，效果也比较客观。

14.8 内容稿费变现

对文案内容创作者来说，写作已是家常便饭，且一般都具有不俗的写作能力。在这样的情况下，要想实现知识变现，可选择的道路是多样的。

首先，如果创作者有时间、有精力，那么完全可以打造属于自己的新媒体矩阵。

其次，如果内容创作者没有时间和精力来进行内容平台的运营，但又想展现自己和实现能力，那么创作者可以另辟蹊径，从文案入手，借助其他新媒体大号变现，也就是向平台投稿，通过原创内容来获取稿费收入。

创作者可以多关注一些自己感兴趣且有能力创作相关文案的账号，然后试着与其联系和投稿，从而实现变现。 在这一变现方式中，要注意的是平台账号的选择——应该选择那些投稿审核快、成功率高的账号。图 14-12 所示为微信公众号"悦读"的投稿入口及其相关文案。

图 14-12　微信公众号"悦读"的投稿入口及其相关文案

对于那些优秀的经常投稿的新媒体文案作者，平台可能还会考虑发展其为专栏作者，从而在文案写作之路上走得更远。这在很多新媒体账号发布的投稿文案中都有提及。

第 15 章

广告分成：

激发海量 UGC 内容供给

广告发布是很多自媒体平台的主要获利途径，在知识变现领域同样很受欢迎，而且这种变现途径可以分为多种形式，如平台广告补贴、第三方广告以及流量广告等。各个内容平台可以通过对用户属性进行精准定位，根据用户的兴趣智能推荐知识产品，提高用户和内容之间的连接效率，并且利用大数据分析提高广告价值，为创作者带来更多收益，从而激发海量的 UGC 内容创作热情。

- 平台广告补贴
- 第三方植入广告
- 流量广告变现
- 品牌广告变现
- 软文广告变现
- 广告联盟收入
- 冠名赞助变现
- 形象代言人变现

15.1 平台广告补贴

对于内容创作者而言，资金是吸引他们的最好手段，平台补贴则是诱惑力的源泉。作为魅力无限的内容变现模式，平台补贴自然受到了不少内容创作者的关注，同时平台的补贴策略也成为内容创作者的重点关注对象。

自2016年4月以来，各大平台便陆续推出了各种不同的补贴策略，具体如图15-1所示。

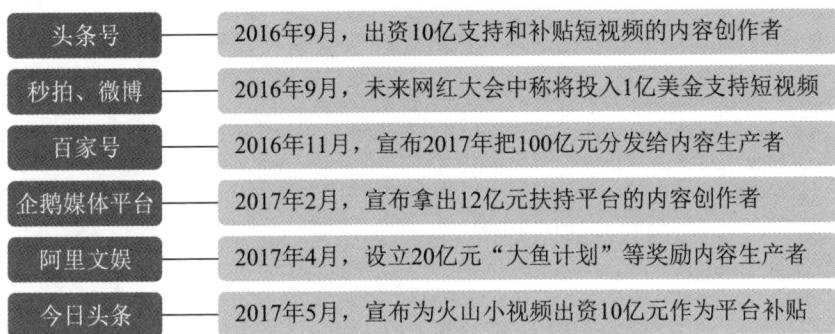

头条号	2016年9月，出资10亿支持和补贴短视频的内容创作者
秒拍、微博	2016年9月，未来网红大会中称将投入1亿美金支持短视频
百家号	2016年11月，宣布2017年把100亿元分发给内容生产者
企鹅媒体平台	2017年2月，宣布拿出12亿元扶持平台的内容创作者
阿里文娱	2017年4月，设立20亿元"大鱼计划"等奖励内容生产者
今日头条	2017年5月，宣布为火山小视频出资10亿元作为平台补贴

图15-1 各大平台的内容创业补贴策略

平台广告补贴既是平台吸引内容创作者的一种手段，同时也是内容创作者盈利的有效渠道，具体的关联如图15-2所示。

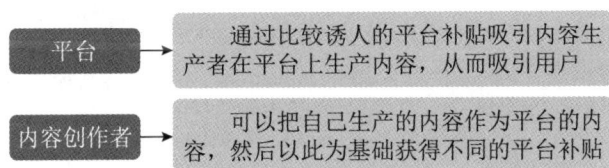

平台	通过比较诱人的平台补贴吸引内容生产者在平台上生产内容，从而吸引用户
内容创作者	可以把自己生产的内容作为平台的内容，然后以此为基础获得不同的平台补贴

图15-2 平台补贴对于平台和内容创作者的意义

专家提醒

像大鱼号、头条号等平台的补贴主要分为两种形式：一是根据内容生产者贡献的流量，按照每月结算的形式直接发放现金；二是提供站内流量的金额，内容生产者可以借此推广自己的内容，用巧妙的途径发放费用。

在这样的平台补贴策略的保护之下，部分内容创作者能够满足变现的基本需求，如果内容足够优质，而且细分到位，那么变现的效果可能会更显著，获取的补贴更为惊人。

案例

《小伶玩具》：少儿短视频的变现之道

一开始，《小伶玩具》的定位就很明确，即"演示全世界不同类型玩具的玩法"，属于垂直细分的短视频内容类型，在腾讯视频上获得了83.7亿的总播放量，订阅数量达到了277.3万。《小伶玩具》在今日头条上线一个月，就获得了300万播放量的好成绩。图15-3所示为《小伶玩具》的头条号。

图15-3　《小伶玩具》的头条号

《小伶玩具》的主要创作人员表示，他们的变现形式主要是依靠平台补贴和流量分成，大部分的盈利都来自于这两个渠道。那么，在借助平台补贴进行变现时，内容创作者应该注意哪些问题呢？笔者认为有两点：一是不能把平台补贴作为主要的赚钱手段，因为它本质上只起基础的保障作用；二是跟上平台补贴的脚步，因为每个平台的补贴都是变化的，因此顺时而动是最好的。

15.2　第三方植入广告

第三方广告主要是通过在内容中植入广告，即把文章、视频或音频内容与广告结合起来，一般有两种形式：一种是硬性植入，不加任何修饰地硬生生地植入视频之中；**另一种是创意植入，即将视频的内容、情节很好地与广告的理念融合在一起，不露痕迹，让观众不容易察觉**。相比较而言，很多人认为第二种广告植入的方式效果更好，而且接受程度更高。

例如，在视频领域中，广告植入的方式除了可以从"硬"广和"软"广的角度划分，还可以分为台词植入、剧情植入、场景植入、道具植入、奖品植入以及音效植入等方式，具体介绍如图 15-4 所示。

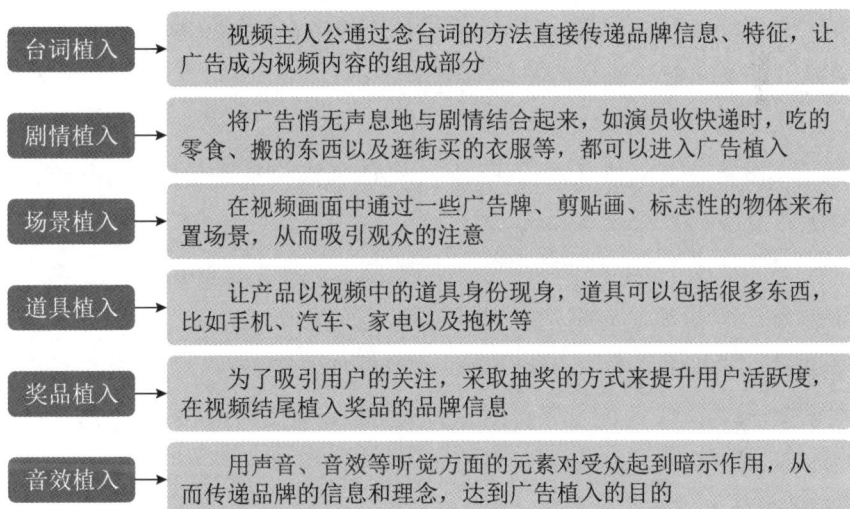

台词植入	视频主人公通过念台词的方法直接传递品牌信息、特征，让广告成为视频内容的组成部分
剧情植入	将广告悄无声息地与剧情结合起来，如演员收快递时，吃的零食、搬的东西以及逛街买的衣服等，都可以进入广告植入
场景植入	在视频画面中通过一些广告牌、剪贴画、标志性的物体来布置场景，从而吸引观众的注意
道具植入	让产品以视频中的道具身份现身，道具可以包括很多东西，比如手机、汽车、家电以及抱枕等
奖品植入	为了吸引用户的关注，采取抽奖的方式来提升用户活跃度，在视频结尾植入奖品的品牌信息
音效植入	用声音、音效等听觉方面的元素对受众起到暗示作用，从而传递品牌的信息和理念，达到广告植入的目的

图 15-4　第三方视频植入广告的方式举例介绍

案例

《明白了妈》：垂直领域内容投放广告

很多广告主都喜欢选择与自己经营的产品有一定关联性的知识产品，会选择垂直领域的内容来投放广告。例如，《明白了妈》是由北京青藤文化创意有限责任公司推出的原创母婴动画。在第一季某一期视频节目中以"宝妈们炖红糖"为话题，植入了一个古方红糖的广告。据悉，该视频内容仅仅播出了一周就带来了近 20 万元的红糖套装销售额。

15.3　流量广告变现

流量广告变现主要是通过把内容推送给有需求的用户，在内容中投放广告来触发潜在用户内心的消费需求，从而达到变现的目的。

> **案例**
>
> ### 抖音"星图平台"：提供广告任务撮合服务
>
> 抖音推出的"星图平台"就是一个流量广告变现平台，对于广告主和抖音达人之间的广告对接有很好的促进作用，从而进一步收紧内容营销的变现入口。"星图平台"的主要意义如下。
>
> 1.打造更多变现机会
>
> "星图平台"通过高效对接品牌和头部达人/MCN机构，让达人们在施展才华的同时还能拿到不菲的酬劳。
>
> 2.控制商业广告入口
>
> "星图平台"能够有效杜绝达人和MCN机构私自接广告的行为，让抖音获得更多的广告分成收入。
>
> "星图平台"的合作形式包括开屏广告、原生信息流广告、单页信息流广告、智能技术定制广告以及挑战赛广告等。例如，"宝马中国"抖音号通过"开屏广告+原生信息流广告+明星加持"的形式霸屏抖音，宣传其新产品，吸引众多用户关注和点击，如图15-5所示。据悉，"宝马中国"的短视频总曝光达成率为191.4%，总曝光量为9 570万，总点赞量为38.9万。

图15-5　"宝马中国"的抖音新品广告

专家提醒 ••

开屏广告就是在 APP 启动页面中植入的广告，所有打开 APP 的人都能看到，曝光量非常高。

简单来说，"星图平台"就是抖音官方提供的一个可以为达人接广告的平台，同时品牌方也可以在上面找到要接单的达人。**"星图平台"的主打功能就是提供广告任务撮合服务，并从中收取分成或附加费用。**例如，洋葱视频旗下艺人"代古拉 K"接过 OPPO、vivo、美图手机等品牌广告，抖音广告的报价超过 40 万。

15.4 品牌广告变现

品牌广告的意思就是以品牌为中心，为品牌和企业量身定做的专属广告。这种广告形式从品牌自身出发，为了表达企业的品牌文化、理念而服务，致力于打造更为自然、生动的广告内容。这样的广告变现更为高效，因此其制作费用也相对较高。所以，对于知识创作者来说，**越早制订你的广告变现逻辑和产品线，就越有机会获得广大品牌广告主的青睐。**

案例

娇韵诗：为品牌进行定制化的短视频广告

近年来，在视频移动化、资讯视频化以及视频社交化的趋势带动下，加速了移动短视频的全面井喷爆发，同时也让流量从 PC 端大量流入移动端。短视频广告不仅投入成本比传统广告更低，而且覆盖的人群也更加精准，同时植入产品的成长性更强，可以有效触达品牌受众。

因此，为品牌进行定制化的短视频广告，成了广告主采购时的标配。例如，法国娇韵诗品牌在抖音上发起"#哇，水被我控住了！"挑战赛，并配合"创意贴纸＋实力达人"演绎产品的神奇锁水功能，如图 15-6所示。

图 15-6　法国娇韵诗品牌的短视频广告

1. 智能技术定制

娇韵诗品牌联合抖音制作魔力控水创意贴纸，邀请不同类型的抖音达人，如张欣尧、"露啦嘞"、"Rita 姐"、白彦翻等，通过各种魔术般的炫酷技术、转场和效果对比等，在不同场景下，充分演绎产品超强控水的特性。

2. 挑战赛

通过挑战赛话题的圈层传播，吸引更多用户的参与，并有效将用户引导至天猫官方旗舰店，形成转化。

据悉，"#哇，水被我控住了！"挑战赛吸引了超过 31 万人参与，上传的短视频多达 34 万条，获得 4.8 亿的播放量和超过 1 330 万的点赞量。在活动前 3 天的热推期间，娇韵诗品牌的天猫官方旗舰店销量增长超过20%。

15.5　软文广告变现

软文广告是指在文章、视频或者音频内容中以软性植入广告的形式推送给用户。软文广告一般不会直白地夸产品有多好的使用效果，而是**选择**

将产品渗入到文章情节中，达到无形中将产品信息传递给消费者的目的，从而使消费者更容易接受该产品。 软文广告是知识变现中使用得比较多的盈利方式，同时其获得的效益也是非常可观的。图15-7所示为微信公众号"日食记"推送的一篇介绍制作美食的软文，该篇文章以介绍美食和制作步骤为主，并在文中适时插入产品广告。

图15-7　微信公众号"日食记"推送的软文广告

15.6　广告联盟收入

广告联盟平台是指连接广告主和联盟会员的第三方中间平台，广告主可以在平台上发布自己的推广需求，联盟会员则可以根据自己的内容定位和渠道特点，在平台上接收广告任务，布置到自己的内容渠道，从而获得相应的广告收益，而广告联盟平台则从中赚取相应的服务费。

广告主也就是品牌、企业或者商家等有推广需求的人或组织，是广告活动的发布者，或者是销售或宣传自己产品和服务的商家，同时也可能是联盟营销广告的提供者。通俗来说，广告主就是出钱做广告的人。

快接单：快手创作者广告共享计划

"快接单"是由北京晨钟科技推出的面向快手用户的推广任务接单功能，此功能正在小范围测试中，目前不接受申请，只有少数受邀用户可以使用，如图15-8所示。主播可以自主控制"快接单"发布时间，流量稳定且有保障，通过多种转化形式保证投放效果。

图15-8 "快接单"平台主页

快手的广告形式主要有应用推广和品牌推广两种。

（1）**应用推广**：可以提供直接下载应用的服务，用户点击广告页面中的"立即下载"按钮后，可以直接进入下载页面。

（2）**品牌推广**：点击"查看详情"按钮，即可进入指定的落地页。

"快接单"推出了"快手创作者广告共享计划"，是一种针对广大快手"网红"的新变现功能。主播确认参与计划后，无须专门去拍短视频广告，而是将广告直接展示在主播个人作品的相应位置上，同时根据广告效果来付费，不会影响作品本身的播放和上热门等权益。**粉丝浏览或点击广告等行为，都可能为主播带来收益。**

美拍·M计划：美拍短视频营销平台

"美拍•M计划"是由美拍推出的短视频营销服务平台，从"美拍•M计划"主页可以看到，有"我是达人"和"我是商家"两个不同的入口，用户可以根据自己的实际需要进行注册。平台会根据美拍达人的属性来分配不同的广告任务，达人完成广告任务后会获得相应的收益。商家入驻"美拍•M计划"后，不仅可以发布推广任务，还可以根据成功完成的金额自助开具发票。

当达人接到系统发出的广告任务后，可以自行选择接单还是拒单。从订单创建开始的24小时内，如果达人没有进行操作，则订单会流单。达人接单后，需要根据商家的要求来拍摄短视频，并在规定的时间内提交任务，在客户端发布时选择相应任务即可完成提交，具体流程如图15-9所示。

另外，为保障广告视频的顺利发布，用户需在"美拍•M计划"平台上为达人广告视频支付走单费用。走单的广告视频支持添加"边看边买"为电商导流。达人入驻"美拍•M计划"后，可以给自己的视频走单，方法是先关注公众号"美拍•M计划"，然后点击"广告走单"即可操作，具体如图15-10所示。

图15-9　"美拍•M计划"的参与流程

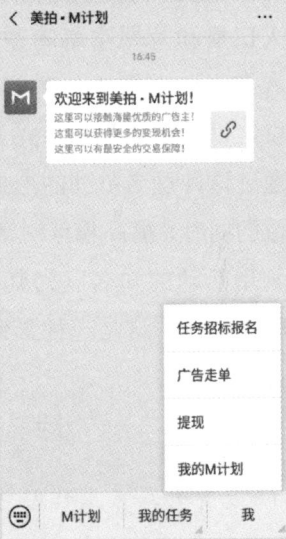

图15-10　点击"广告走单"

需要注意的是，"美拍•M计划"并没有向所有的美拍达人开放，它仅对满足"美拍认证达人"和"近30天发布了视频"两个要求的用户开放。其中，达到"美拍认证达人"要求的难度比较大，不仅要求原创内容，而且对粉丝数量、作品数量和点赞量等都有要求。

专家提醒 ··

从上面这两个案例可以看到，如今各大短视频平台都在根据自己的平台特点，推出各种各样的广告变现形式，以此来提升平台的竞争力。虽然它们的形式不同，但本质上都偏向更注重消费者体验的"原生态广告"，并通过短视频这种简单粗暴的品牌曝光方式来抓住用户的喜好，以便更好地实现品牌转化。

15.7 冠名赞助变现

一般来说，冠名赞助，指的是内容运营者在平台上策划一些有吸引力的节目或活动，并设置相应的节目或活动赞助环节，以此吸引一些广告主的赞助来实现变现。**这种广告变现的表现形式主要有 3 种，即片头标板、主持人口播和片尾字幕鸣谢等。**而对内容平台来说，冠名赞助更多的是指运营者在平台上推送一些能吸引人的软文，并在合适的位置为广告主提供冠名权，以此来获利的方式。

通过这种冠名赞助的形式，一方面，对运营者来说，它能让其在获得一定收益的同时，提高粉丝对活动或节目的关注度；另一方面，对赞助商来说，可以利用活动的知名度为其带来一定的话题量，进而对自身产品或服务进行推广。因此，这是一种平台和赞助商共赢的变现模式。

案例

《奇葩说》：收获几千万元的冠名费

由爱奇艺马东工作室打造的说话达人秀视频节目——《奇葩说》，其主要内容就是寻找拥有各种独特的观点、口才出众的说话达人。到2019 年，《奇葩说》已经推出了 6 季。据悉，《奇葩说》第一季由美特斯邦威冠名，费用高达 5 000 万元，网络点击量达到了 2.6 亿。随后，各大品牌商家都花高价冠名各种网络综艺节目，如《火星情报局》《中国

> 新歌声》《偶滴歌神啊》以及《拜托了冰箱》等，它们都成功地采用广告形式实现了内容变现。

当然，**在这些高额广告收入的背后，仍然需要优质内容来支撑**，否则可能只是昙花一现。一方面，这种泛娱乐领域内容的广告形式比较丰富，首先是 PGC 内容，其次还有网络综艺、网络剧集和网络电影等多种强影视 IP 的内容形式。这是大家在电视媒体时代养成的习惯，用户普遍认为广告是电视中才会出现的内容形式。另一方面，影视内容中有很多 IP 拥有极大的影响力和粉丝群体，而且可以将 IP 与产品进行长期捆绑引流，因此吸引了很多广告主。

15.8 形象代言人变现

形象代言人是一些明星、商界大腕或者自媒体人等"大 IP"常用的变现方式，他们通过有偿帮助企业或品牌传播商业信息，参与各种公关、促销和广告等活动，促成产品的购买行为，并使品牌建立一定的美誉度或忠诚度。

同时，代言人也会赚到巨额的代言费。除此之外，当"大 IP"担任一个企业或品牌的形象代言人后，也需要通过各种途径来维护品牌形象，为其快速扩展市场，以此证明自己的代言价值，而且还能使自己得到更好的发展。

第 16 章

流量制胜：

抓住了用户就抓住了市场

　　对于知识变现来说，内容和流量是相辅相成的，内容可以带来流量，而流量可以让内容的价值变成现金。"流量＋内容"的变现模式是如今知识变现中最有潜力的一种，它比较符合经济发展的趋势，同时又为用户提供了服务体验。流量变现的主要方式包括平台流量分成、付费会员、付费社群、线下活动、直播送礼、IP 衍生物、引流网店、账号转让以及社交众筹等，本章将详细介绍这些知识变现方式的技巧。

- ■　平台流量分成

- ■　付费会员变现

- ■　付费社群变现

- ■　线下活动变现

- ■　直播送礼变现

- ■　IP 衍生物变现

- ■　引流网店变现

- ■　账号转让变现

- ■　社交众筹变现

16.1　平台流量分成

参与平台任务获取流量分成是内容营销领域较为常用的变现模式之一。这里的分成包括很多种类，导流到淘宝或者京东的卖掉的产品的佣金也可以进行分成。平台分成是很多网站和平台都适用的、比较传统的变现模式。以今日头条为例，它的收益方式就少不了平台分成。但是，在今日头条平台上并不是一开始就能够获得平台分成的，**广告收益是其前期的主要盈利手段，要等到账号慢慢成长壮大才有资格获得平台分成。**而且如果想要获得平台分成之外的收益（比如粉丝打赏），则需要成功摘取"原创"内容的标签，否则无法获取额外的收益。

案例　暴风短视频平台的分成模式分析

暴风短视频平台的分成模式，相对于今日头条而言比较简单，要求也少，具体规则如图 16-1 所示。

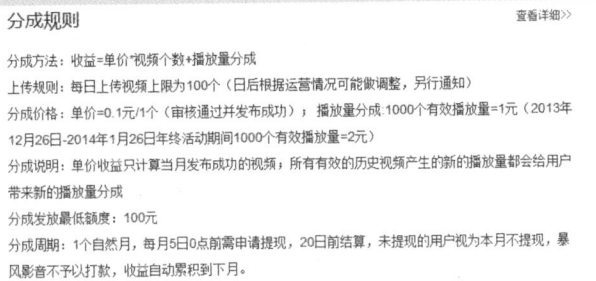

分成规则　　　　　　　　　　　　　　　　　　　　查看详细>>

分成方法：收益=单价视频个数+播放量分成

上传规则：每日上传视频上限为100个（日后根据运营情况可能做调整，另行通知）

分成价格：单价=0.1元/1个（审核通过并发布成功）；播放量分成：1000个有效播放量=1元（2013年12月26日-2014年1月26日年终活动期间1000个有效播放量=2元）

分成说明：单价收益只计算当月发布成功的视频，所有有效的历史视频产生的新的播放量都会给用户带来新的播放量分成

分成发放最低额度：100元

分成周期：1个自然月，每月5日0点前需申请提现，20日前结算，未提现的用户视为本月不提现，暴风影音不予以打款，收益自动累积到下月。

图 16-1　暴风短视频平台的分成规则

而且这一平台的盈利流程也很简洁，四步轻松搞定，具体步骤如图 16-2 所示。

图 16-2　暴风短视频平台的盈利流程

需要注意的是，暴风短视频平台分成实际上远远无法囊括创作短视频的成本，并且平台和内容创作者是相辅相成的，只有相互扶持才能盈利更多。这种变现模式要合理运用，不能一味依赖，当然，也可以适当经营那些补贴丰厚的渠道。

16.2 付费会员变现

招收付费会员也是知识变现的方法之一，**这种会员机制不仅可以提高用户留存率、提升用户价值，而且还能得到会费收益，建立稳固的流量桥梁。**

案例　《罗辑思维》的付费会员制

付费会员变现最典型的例子就是《罗辑思维》，其推出的付费会员制如下：

- 设置了 5 000 个普通会员，成为这类会员的费用为 200 元/人。
- 设置了 500 个铁杆会员，成为这类会员的费用为 1 200 元/人。

普通会员的费用标准为 200 元/人，而铁杆会员的费用标准为 1 200 元/人，这个看似不可思议的会员收费制度，其名额半天就售罄了。

《罗辑思维》为什么能够做到这些，主要是因为《罗辑思维》运用了社群思维来运营微信公众平台，将一部分属性相同的人聚集在一起，就是一股强大的力量。

需要注意的是，《罗辑思维》在初期的任务主要是积累粉丝。等粉丝达到了一定的数量之后，才推出招收收费会员制度。对于《罗辑思维》这个平台来说，招收会员其实是为了设置更高的门槛，留下忠诚度高的粉丝，形成纯度更高、效率更高的有效互动圈，最终更好地获利变现。

16.3 付费社群变现

在付费会员之外，还有一种与之相似的变现模式，那就是付费社群模式。所谓"社群"，就意味着一群人的聚合。**有人，也就代表有了流量和资源。**如果这个社群还进行了一些有价值的实用的服务，那么，其吸引的用户和流量就是一笔相当可观的潜在资源。社群的范围比较广泛，大到一些协会，如手机摄影协会、互联网协会等；小到一些微信群，都可以成为社群。当然，并不是你建一个微信群就可以实现盈利的，还需要对社群进行规划和运营，如图 16-3 所示。

专家提醒

社群经济这种内容变现模式的关键在于**"凝聚力量"**，即首先必须建立一个稳定的社群。因此，社群需要一个强大的组织者，同时还需要有内容来串联粉丝的共同价值观以及与粉丝进行互动，保持持续的影响力，不断落袋为安，进而围绕品牌或产品实现商业价值变现，才能成为真正的赢家。

图 16-3 能够盈利的社群特征

QQ 群："入群付费"

将社群建立好并拥有一定的粉丝基础后，可以采用一种最直接的盈利模式，那就是上面介绍的会员收费。例如，很多"大 IP"基于微信群建立了一个完整的社群体系，其他人要想加进来共享其中的资源，则需要按月、按季或者按年来缴费。

基于这一点，有些平台就推出了"付费群组"功能并出现了一些需要付费才能加入的社群。例如，腾讯就在 QQ 平台上推出了"入群付费"功能。在 QQ 群"入群付费"功能中，其入群需付费数额一般由群主决定，一般为 1 ～ 20 元不等。当然，通过这种方式入群的群组人员，其权限也相对较大——只要支付完入群费用就可以直接入群，无须再通过群主或管理员审核。

对于"入群付费"的变现方式，运营者也是需要有一定的基础的，首先需要该群有一定的等级，如开通 QQ 群"入群付费"功能，就对群等级、群信用星级和群主的 QQ 等级进行了规定，如图 16-4 所示。

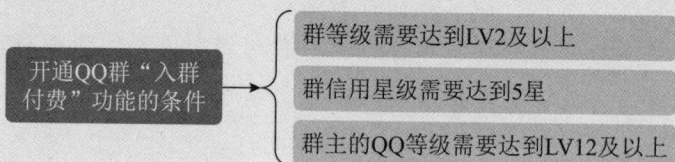

图 16-4　开通 QQ 群"入群付费"功能的条件

更重要的是，**该群必须有一个精准的目标用户群体，并能为他们提供有价值的内容或服务。**这样，用户才会愿意付费入群。也只有这样，才能打造出一个能快速变现的付费群组，最终实现获利。

"小米之家"：销售产品

另外，当社群形成一定规模后，还可以销售一些垂直领域的产品，如"会声会影"社群可以卖一些相关书籍或模板等。图 16-5 所示为"小米之家"微信公众平台，这里是"米粉"的交流聚集场所。

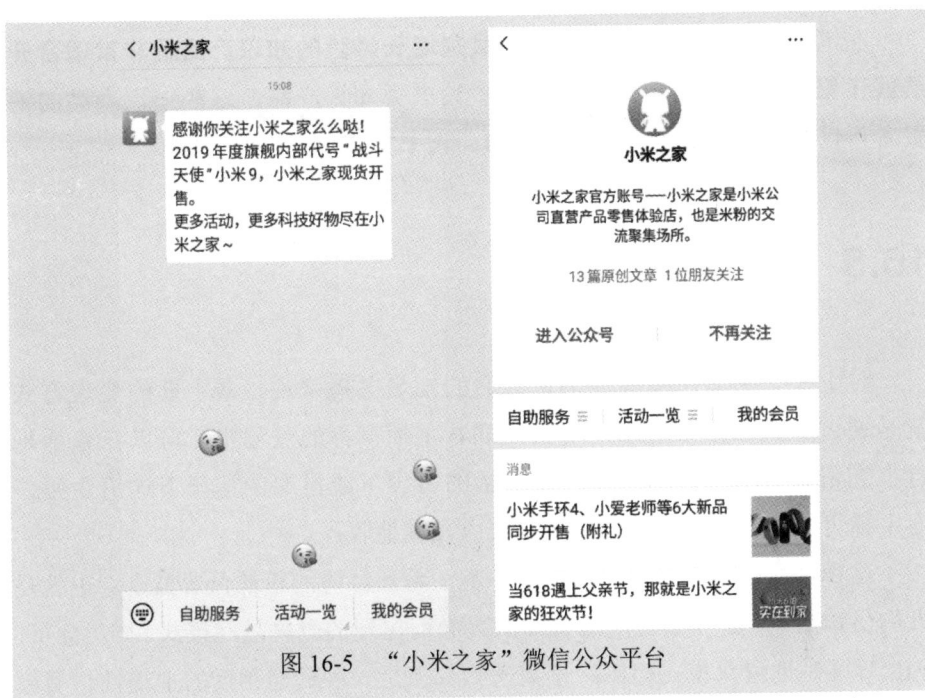

图 16-5 "小米之家"微信公众平台

16.4 线下活动变现

如果你拥有一定数量的粉丝，同时产品又是本地服务类的知识产品，还可以通过线下聚会的形式进行盈利，具体的做法如图 16-6 所示。

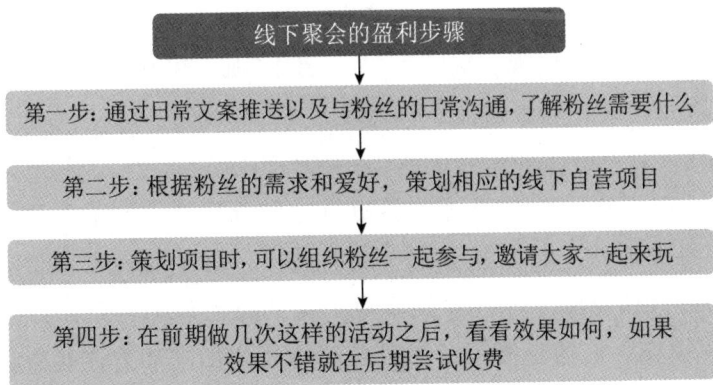

图 16-6 线下聚会的盈利步骤

在笔者看来，**一些需要通过实践来增长经验的知识产品就非常适合开展线下聚会活动**，特别是摄影类或者读书类知识产品，这些知识产品的消费者可以通过线下聚会进行实践拍摄、读书交流等。

16.5 直播送礼变现

对于那些凭借在线直播平台成名的知名主播来说，最主要的变现方式就是通过主播工作来赚钱。粉丝在观看主播直播的过程中，可以在直播平台上充值购买各种虚拟礼物，在主播的引导下或自愿的情况下送给主播，而主播可以从中获得一定比例的提成以及其他收入。

这种直播送礼变现其实就是一种基于粉丝经济的粉丝付费鼓励，也就是人们俗称的"打赏"，它是随着直播的兴起而出现的一种盈利模式。与卖会员、VIP 等强制性付费模式相比，直播送礼变现是一种截然相反的主动性付费模式，如图 16-7 所示。

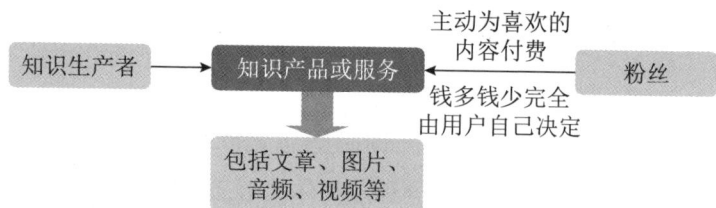

图 16-7　直播送礼变现模式

直播送礼变现与广告、电商等变现方式相比，其用户体验更好，但收益无法控制。不过，对于直播界的超级 IP 来说，这些方式获得的收益通常不会太低，而且可以在短时间内创造大量的收益。

当然，在直播中想要获得更多的粉丝付费鼓励，除了需要提供优质的直播节目内容外，还需要掌握一定的技巧。这种变现方式要求主播具备一定的语言和表演才能，而且要有一定的特点或人格魅力，**能够将粉丝牢牢 "锁在" 你的直播间，而且还能够让他们主动为你花费钱财购买虚拟礼物。**

专家提醒

大量内容平台开启直播入口是为了让已经形成自己风格的主播能够高效变现，这也算是对知识变现模式的一种补充，因为很多有影响力的网络达人已经形成了高度的信任感和依赖感，因此粉丝也愿意送礼物给他们，如此一来变现也就更加简单。

16.6　IP衍生物变现

相信很多人都听说过IP（Intellectual Property，知识产权）。IP在今天的互联网时代是最活跃的商业符号，很多影视公司都在抢IP资源。首先通过知识产品或服务打造IP，然后通过IP衍生周边变现，这也是一种比较常用的知识变现方式。

16.6.1　IP的打造和运营

在传统的知识体系里，IP是指知识产权，即大家创造的智力成果专有权利。例如，《西游记》就是一个IP，它不仅仅是一部文学名著，还可以开发成游戏、电视、主题公园以及游乐园等衍生产品，因此我们不能狭义地理解IP就是知识产权。

再如，1923年迪士尼公司成立。刚开始的时候它只是一家动画制作公司，老板的名字就叫华特·迪士尼（Walt Disney），创造出了米老鼠、高飞、小熊维尼等一系列卡通人物形象，让迪士尼的品牌深入人心。同时，这些IP品牌已经成为迪士尼公司的核心竞争力，围绕这些IP可以做很多的事情，如电影、游戏、主题乐园或者文创产品等。围绕这个商品开展的一系列商业变现能力，我们称为IP的打造和运营。

16.6.2　优质的IP可变现

如今，**一部作品或者一个声音，都有可能成为IP**。早在2018年年初，喜马拉雅 FM 就发布了声音行业的第一个音频 IP 盛典，同时宣布将发布"万人十亿新声计划"，预计投入 10 亿基金全面扶植音频内容创业者。喜马拉雅 FM 的联合创始人余建军在发布会上，把声音定位成人工智能时代的新媒体，而且喜马拉雅 FM 一口气发布了 20 个音频 IP。

为什么要做 IP 呢？优质的 IP 可以进行内容变现，其中，内容付费是主要的变现方式。例如，音频 IP 的制作就是围绕声音开展的优质内容源。IP 已经成为一个人格化的交易入口，你可能因为订阅了蔡康永的音频专栏喜欢上说话，因为高晓松的音频专栏喜欢上历史，或者是因为订阅了龚琳娜老师的音频专栏爱上唱歌，甚至可能会买龚丽娜老师的书，上她的音乐课或者是听她的音乐会。

IP 就是围绕知识生产者打造自己的个人品牌，并且能够集结一批忠诚度很高的用户，共同去制造有个性魅力和影响力的知识产品。打造 IP 的目的是探索出更多知识变现的商业模式。简单来说，就是 IP 和变现息息相关。

16.6.3　IP 的形式和方法论

下面笔者从音频 IP 的形式方法论来探讨 IP 的打造方法。

首先，**音频 IP 要有醒目的听觉标志符号，让人一听就能够记住**。我们可以为自己的音频栏目做一个固定的片头或者是口号，作为声音栏目的定位，时间为 5 秒钟左右。从整个互联网音频领域来看，优秀的声音产品绝大多数都有固定的片头和口号。例如，刘润老师的《五分钟商学院》，他的口号为"前人的思考、我们的阶梯"。下面介绍 3 种写声音栏目口号的方法。

1. 说明用处

即说明你的栏目是做什么的、有什么用。例如，笔者曾经有一个学员，他是一个教口语的外语老师，可以设置一个教人学口语的栏目，如"每天一分钟，跟我学一口流利的美式口语"等。

2. 展示利益

例如，笔者的《声财有道》栏目口号为"打通你的财富管道，一起做富有的主播"，利益就是"让我们一起做有钱的主播"，笔者是一个陪伴者和支持者，协助读者打通自己的"财富管道"。

3. 阐述观点

使用具有感召力、能够鼓舞人心的内容作为口号。

其次，优质的内容是 IP 的基础，因此我们需要确定一个垂直的品类。所谓垂直，就是在某个行业的某一个细分市场领域进行深度的运营，越垂直越细分就越有流量。垂直化是一个明显的趋势，知识变现市场需要大量的细分品类，这对于每一个内容创作者来说都是一个巨大的机会。**每一个细分的领域都有很大的市场，我们可以去深挖，然后用心运营，力争做到头部，接下来还需要场景化地持续输出内容，这样机会和资源才会被吸引过来。**

16.7 引流网店变现

如果你有自己的网店，可以将平台的粉丝引流到网店上，通过电商渠道来变现。特别是对那些自身有产品的内容创作者来说，引流网店能在很大程度上促进产品推广和销售，从而更快实现变现。

引流网店和广告变现存在一定的区别。**引流网店也是基于知识产品来宣传引流的，但还需要实实在在地将产品或服务销售出去才能获得收益；而广告变现则只需要将产品曝光即可获得收益。**

16.7.1 通过增值插件导流

增值插件指的是内容运营者在平台上利用自定义菜单栏的功能添加微店、淘宝店铺或者天猫等可以购买产品的地址链接，或者直接在文章内添加购买产品的链接，以此引导粉丝进行产品购买的一种盈利方式。

但是，运营者要采用这种盈利方式的前提是自己拥有店铺，或者是跟其他商家达成推广合作的共识，在自己的平台上给合作方提供一个链接入口，或者在推送的文章中插入合作方的链接。很多内容创作者都使用过添加增值插件的盈利方式，如"凯叔讲故事"和《罗辑思维》等。

案例

抖音商品橱窗：直接进行商品销售

抖音开通商品橱窗功能，由原来 1 000 粉丝的门槛，降低到 0 粉丝门槛，用户只要发表 10 个视频，外加实名认证，就可以开通。用户可以在商品橱窗中添加商品，直接进行商品销售。商品橱窗除了会显示在信息流中，同时还会出现在个人主页中，方便用户查看该账号发布的所有商品，如图 16-8 所示。

图 16-8　抖音商品橱窗示例

淘宝和抖音合作后，很多百万粉丝级别的抖音号都成了名副其实的"带货王"，捧红了不少产品，而且抖音的评论区也有很多"种草"的评语，让抖音成了"种草神器"。自带优质流量池、红人聚集地及商家自我驱动等动力，都在不断推动着抖音走向"网红"电商这条路。

16.7.2　通过 APP 开发导流

APP 开发变现是指内容运营者开发自己专属的 APP，将平台的粉丝引到自己的 APP 上，从而获得盈利的一种方式，典型的代表就是由"罗辑思维"团队出品的"得到"APP。这些平台都能通过 APP 和平台相结合的方式，获得更多的关注度与收益。

16.8 账号转让变现

在生活中，无论是线上还是线下，都是有转让费的。所谓"转让费"，即一个线上商铺的经营者或一个线下商铺的经营者，向下一个经营者转让经营权时所获得的一定金额的转让费用。而这一概念随着时代的发展，逐渐有了账号转让。同样的，账号转让也是需要接收者向转让者支付一定的费用的，就这样，账号转让成为获利变现的方式之一。

如今，互联网上关于账号转让的信息非常多，在这些信息中，有意向的账号接收者一定要慎重对待，不能轻信，且一定要到比较正规的网站去操作，否则很容易上当受骗。例如，鱼爪新媒平台可以转让很多种账号，如头条号、微信公众号、微博号、百家号、抖音号和快手号等，且在不同的模块下，还提供了转让的价格参考，如图 16-9 所示。

图 16-9 鱼爪新媒上的账号转让

16.9 社交众筹变现

众筹是指以资助个人、公益慈善组织或小中型企业为目的进行的小额资金募集，它是一种全新的互联网金融模式。众筹的大致流程就是用户通过众筹平台发布众筹项目，吸引投资人投资。

社交众筹是一种基于社交网络传播进行的筹资项目，作为一种必不可少的融资方式，它从一种商业方式逐渐向生活方式和思维方式过渡，成为一种新常态。在知识变现行业中，社交众筹也变得越来越重要，它为每一个内容创业者的创业梦提供了更多的资金支持。当然，这种社交众筹模式同样需要强大的流量支持，没有流量入口，也就没有用户导入，后面的操作更是无从说起。

社交众筹在知识变现行业同样适用，而且流程同其他众筹模式的流程一致。例如，一名小说作家，他打算推出一部新的微电影，但由于个人资金有限，需要外界资金的投入，那么他就可以在众筹平台上发布一个关于微电影的众筹项目，同时还可以将项目分享到自己的内容平台，来为项目导流，吸引平台的粉丝参与。如果有人看好这个项目的未来前景，有兴趣参与到这个微电影项目的制作中，那他就可以投入相应的资金帮助这个项目成功启动。

第 17 章

商业模式：

借商业手段实现更多盈利

　　知识虽然是一种无形资产，但我们可以将其落地，转化为有形的产品或服务，来实现自身商业价值的变现。本章将详细介绍知识变现的商业模式和线上线下价值链条，重点分享如何通过知识版权开发、品牌企业融资、MCN 运作模式、跨界商业合作、知识媒体电商、微商代理付费、代理运营变现、第三方支持变现以及出演网剧变现等商业手段来抢占知识侧入口，收获知识分享经济的红利。

- 知识版权开发
- 品牌企业融资
- MCN 运作模式
- 跨界商业合作
- 知识媒体电商
- 微商代理付费
- 代理运营变现
- 第三方支持变现
- 出演网剧变现

17.1　知识版权开发

　　各种发明创造、艺术创作，乃至在商业中使用的名称和外观设计等，都可以被认为是权利人所拥有的知识产权。如今，国内一些比较大型的视频网站都采用了买断版权的内容变现战略，**将特殊版权与强力 IP 相结合，以增加付费用户的数量**，如腾讯视频、QQ 音乐和爱奇艺等都喜欢用买断的方式来操作。

案例

腾讯视频：买断版权，实现流量最大化

　　2016 年 2 月，腾讯视频独播上线《再见美人鱼》，如图 17-1 所示，首日的播放量便接近 5 000 万。《再见美人鱼》采用"免费试看 + 付费观看全集 + 会员下载"等盈利模式来实现内容变现。腾讯视频买断内容版权后，便利用已有的各种终端资源来全力宣发内容，从而实现流量最大化，这是其成功的要点所在。

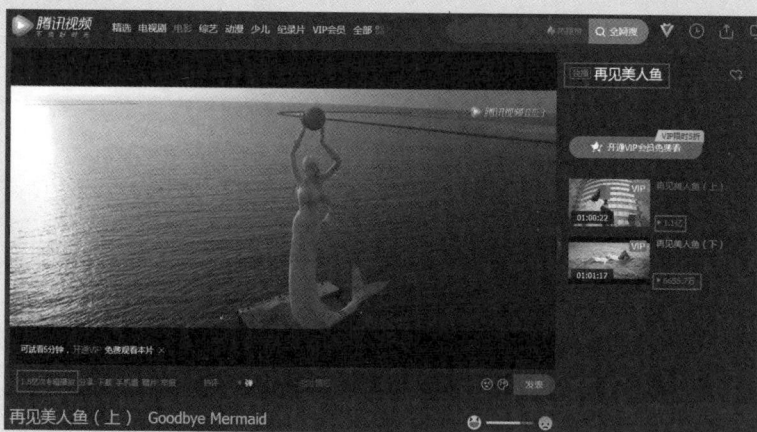

图 17-1　腾讯视频独播上线《再见美人鱼》

　　据悉，腾讯还花费 30 亿元取得了 NBA 的国内网络传播权，也就是说，其他视频网站如果再播放 NBA 赛事，就是一种侵权行为。买断版权确实可以获得不少的内容和 IP 粉丝，如腾讯买断 NBA 国内网络传播权后，

喜欢看 NBA 的人就只能通过腾讯视频来观看比赛了，这将大大增加腾讯的流量。当然，这些流量带来的内容变现收入如何去弥补买断版权的成本，还需要各大电商平台去探索。

17.2　品牌企业融资

各种知识变现平台和自媒体内容创业的火热发展，也引起了不少投资者的注意。例如，2015 年 10 月，拥有 530 万用户的"罗辑思维"就完成了 B 轮融资，估值高达 13.2 亿元，一年时间翻了 10 多倍。

融资的变现模式对创作者的要求很高，因此可以适用的对象也比较少。但无论如何，融资也可以称得上是一种收益大、速度快的变现方式，只是发生的概率比较小。而在各个内容平台上，有着众多的优质内容创作者。因此，通过企业融资获利是速度较快而且效益可观的获利方式。

案例

新世相：B 轮融资额超过 1 亿元

"新世相"是一个非常成功的融资变现案例。"新世相"头条号在获得上千万阅读量的情况下，轻松获得了多轮资本投资，其投资方有真格、腾讯、华人文化、正心谷和昆仑万维等。图 17-2 所示为"新世相"头条号主页。

图 17-2　"新世相"头条号主页

另外，"新世相"的B轮融资额超过1亿元，由昆仑万维领投，厚德前海、险峰旗云跟投，冲盈资本担任独家财务顾问，将重点发力知识付费。然后运营好头条号，创作各领域的优质原创内容，从而迅速吸引大量粉丝关注。这样看来，获得企业融资并不是天方夜谭，极有可能成为变现的途径。只是利用这种途径变现，需要有强大的创作实力和魅力。

案例　泽休文化：千万元级 A 轮融资

除个人融资之外，如今的知识变现领域还出现了对已经形成一定规模的内容平台的投资。例如，"泽休文化"就成功获得由美图领投，聚桌资本跟投的千万元级 A 轮融资。"泽休文化"旗下开设了 3 个栏目，分别是《厨娘物语》《白眼初体验》以及《我们养猫吧》。

其中，《厨娘物语》是极具特色的一档节目，其用户定位比较明确，即满怀"少女心"的群体，而且运营方面也采用了 IP 化与品牌化的思维。图 17-3 所示为《厨娘物语》的画面截图，从颜色布局就可以看出其风格定位。

「厨娘物语」水果茶的3+3种有爱做法

图 17-3　《厨娘物语》的画面截图

《厨娘物语》不仅通过自身的精准用户定位和鲜明的少女风格吸引了美图的融资，成功达到了盈利变现的目的，而且它还积极与用户展开互动，比如内容、评论的互动，出书与粉丝进行深入交流等。**通过这些**

互动，一方面可以增强粉丝的黏性，提升粉丝的信任度，另一方面可以从侧面实现变现。

17.3 MCN 运作模式

MCN，是 Multi-Channel Network 的缩写，MCN 模式来自于国外成熟的网红运作。它是一种多频道网络的产品形态，基于资本的大力支持，生产专业化的内容，以保障变现的稳定性。随着新媒体的不断发展，用户对接收内容的审美标准也有所提高，因此这也要求运营团队不断增强创作的专业性。

由此，MCN 模式逐渐成为一种标签化 IP，单纯的个人创作很难形成有力的竞争优势，因此加入 MCN 机构是提升内容质量的不二选择。一是可以提供丰富的资源，二是能够帮助创作者完成一系列的相关工作，比如管理创作的内容、实现内容的变现、个人品牌的打造等。**有了 MCN 机构的存在，创作者就可以更加专注于内容的精打细磨，而不必分心于内容的运营、变现。**

以创作较复杂的视频内容为例，MCN 机构开设了新片场社区。新片场社区一开始是以构建视频创作者的社区为主，聚集了 40 多万的"加 V"创作者，从这些创作者生产的作品中逐渐孕育出《造物集》《感物》以及《小情书》等多个栏目，而这些栏目渐渐也形成了标签化的 IP。例如，基于新片场社区而产生的"魔力美食"短视频创作团队，就是由 MCN 机构模式孵化而来的。

因为直播和短视频行业正处于发展阶段，因此 MCN 机构的生长和改变也不可避免，而大部分短视频平台的头部内容基本上也是由图 17-4 所示的几大 MCN 机构助力生产的。

MCN 模式的机构化运营对于知识变现来说是十分有利的，但同时也要注意 MCN 机构的发展趋势，如果不紧跟潮流，就很有可能无法掌握其有利因素，从而难以实现变现的理想效果。**单一的 IP 可能会受到某些因素的限制，但把多个 IP 聚集在一起就容易产生群聚效应，进而提升变现的效率。**

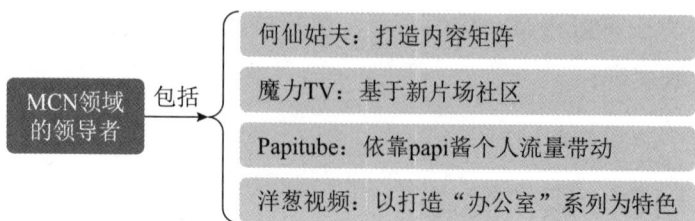

图 17-4　MCN 领域的领导者

17.4　跨界商业合作

　　一些运营能力强的知识生产者还可以用跨界商业合作的方式来变现，通过巧妙的运营和炒作等手段，可以帮助企业或品牌实现宣传目标。因此，我们在做知识变现时不需要单打独斗，而是可以选择**一种双赢的思维：跨界合作，强强联手，打开新的变现场景和商业模式**。

案例

蜻蜓 FM& 传统电台的跨界商业合作

　　蜻蜓 FM 平台聚合了多家电台内容，实现了传统电台和互联网内容平台的跨界商业合作，被称为"网络收音机"，如图 17-5 所示。同时，电台节目在蜻蜓 FM 平台上播放时，可以替换掉原有的插播广告，获得蜻蜓 FM 的广告收入分成。

图 17-5　蜻蜓 FM 与传统电台合作打造的网络电台频道

对于传统行业来说，进行跨界商业合作是实现知识变现的一条有效途径。一方面，跨界融合可以将其他领域的属性为我所用，让产品增值；另一方面，当企业跨界与其他企业合作时，还可以借助他人的力量，扩大自身的影响力。

17.5 知识媒体电商

知识变现的浪潮已经席卷了各大行业，电商行业也不可避免。原始的一手交钱一手交货的买卖方式可以照搬到互联网上，这种电商逻辑在内容平台上也依然适用，而且相比传统的商业模式，内容营销会更具有优势。

电商与知识变现的结合有利于吸引庞大的流量，一方面内容平台适合碎片化的信息接受方式，另一方面在内容平台上，运营者可通过多种方式展示商品，若推送的内容能与商品很好地融合，无论是商品卖家还是自媒体人，都能获得较高的人气和支持。

案例

一条：打造"电商＋短视频"商业模式

著名的自媒体平台"一条"，就走上了与电商结合的变现道路，借助"电商＋短视频"模式，盈利颇丰。图17-6所示为微信公众号"一条"推送的内容，包罗万象，不仅有短视频和软文，而且还有自营商品的巧妙推荐，并搭建了电商平台小程序。

"一条"不仅把商品信息嵌入到推送内容之中，而且还设置了"生活馆"和"一条好物"两大板块，专门售卖自己经营的商品。除了在微信公众平台推送自营商品的信息之外，"一条"还专门开发了以"生活美学"为主题的电商APP。

图 17-6　微信公众号"一条"

"一条"推送的以短视频为主的内容一般都是把内容与品牌信息结合在一起，是软性的广告植入，不会太生硬，而且能够有效传递品牌理念，增强用户的信任感和依赖感，这也是利用新媒体平台变现的一种有效方式。

总的来说，**优质知识内容与电商渠道的结合，不但给电商平台带来了更多的粉丝流量，同时也为粉丝带来了购买相关商品的渠道。**这样的知识媒体电商组合方式，能够快速实现优质内容的变现，让媒体电商销售做得更大、更强。

17.6　微商代理付费

随着移动互联网的兴起，微商已经成为一种很常见的职业，同时也是很多知识生产者实现变现的渠道。微商其实归根结底还是一种电商形式，只不过其主要市场在移动互联网上，让人们充分利用了碎片化的时间，在手机上即可完成商品管理、营销和销售等工作。

17.6.1 微商的主要盈利模式

微商的主要盈利模式如下所述。

（1）**自营模式**。简单来说就是利用自己的亲人、朋友、同学和同事去分享和推广自己的产品和微店。

（2）**代理模式**。代理模式就是直接代理厂家的商品，赚取佣金。

（3）**品牌模式**。对于微商来说，主动去添加一大群好友，还不如被动找到一个真正有需求的用户添加自己为好友。那些做得好的微商身边不乏忠实的支持者，即使他的产品卖得比别人贵，也会吸引这些忠实粉丝购买，这就是品牌力的最好表现。

（4）**分享模式**。对于那些利用微商来变现的人物 IP 来说，他们卖什么早已不重要，重要的是他们创造的内容是粉丝喜欢看到的，粉丝也愿意为这些内容埋单，同时还会帮助微商分享内容、推销产品，形成二次转化。

17.6.2 微商代理的商业模式

传统的微商招代理，是通过微信朋友圈或微信群实现的。其实，利用微信公众平台也可以招代理。微商招代理是一种比较"反常规"的商业模式，为什么这么说呢？因为微商招代理既能够让代理交钱，还能够让代理专注地为公司做事。通常，微商招代理入门都要缴纳一定的入门费用，其实这笔费用并不是无偿的——代理缴纳费用后，公司会为代理提供相应的产品、培训以及操作方法。

17.6.3 微商开店变现的平台

现如今，微店平台很多，包括口袋购物、微店、微信小店、京东微店、开旺铺以及点点客等，都可以轻松开一家属于自己的微店，帮助知识生产者销售周边知识产品或相关知识服务。图 17-7 所示为公众号"手机摄影构图大全"利用微店平台创建的店铺，可以直接与公众号底部菜单关联，引导粉丝购买书籍。

图 17-7　公众号"手机摄影构图大全"的微店

总之，知识生产者要实现微商变现，就需要在社交圈中产生一种信任感，让粉丝相信你，通过信任关系才能获得更多代理，才能将产品更好地卖出去。

17.7　代理运营变现

一些传统企业想要尝试新媒体的内容营销方式，就又给知识创业者提供了新的商机。有些知识创业者已经在各种内容平台上聚集了很多粉丝，小有成就，并掌握了一定的运营经验和资金，这些人开始另找财路，帮助一些品牌来代理运营新媒体平台。

代理运营模式非常适合没有核心团队、没有多余时间、没有专业技能以及不懂内容运营的个人和企业，能为其带来品牌宣传、产品销售、活动策划、客户积累以及提升竞争力等服务。

现在新媒体内容平台上有很多粉丝过百万的独立账号，这些账号的粉丝基本上是通过代理运营这一模式，依靠以前在微博、QQ 等社交平台上积累的用户转化过来的。在此以微信公众号代理运营为例，介绍其运营模式，如图 17-8 所示。

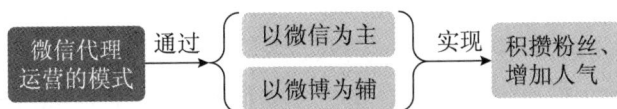

图 17-8　微信代理运营的模式

运营者可以为个人或企业提供官方自媒体账号策划、定位、开号、日常运营以及吸粉推广等全系包月或包年运营服务，并根据客户的产品或品牌特性，进行有针对性的内容策划，同时为品牌提供合适的推广方案，推荐适合合作的知识达人等。图 17-9 所示为某平台提供的抖音代理运营服务。

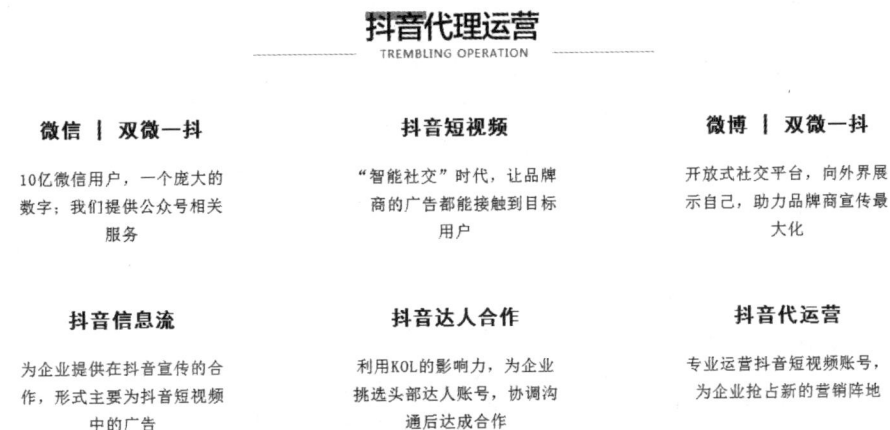

抖音代理运营
TREMBLING OPERATION

微信 ｜ 双微一抖

10亿微信用户，一个庞大的数字；我们提供公众号相关服务

抖音短视频

"智能社交"时代，让品牌商的广告都能接触到目标用户

微博 ｜ 双微一抖

开放式社交平台，向外界展示自己，助力品牌商宣传最大化

抖音信息流

为企业提供在抖音宣传的合作，形式主要为抖音短视频中的广告

抖音达人合作

利用KOL的影响力，为企业挑选头部达人账号，协调沟通后达成合作

抖音代运营

专业运营抖音短视频账号，为企业抢占新的营销阵地

图 17-9　某平台提供的抖音代理运营服务

17.8　第三方支持变现

随着新媒体平台的快速发展，运营者要想快速实现内容变现，除了需要自身努力外，还可以求助第三方支持。这里的第三方支持，主要是指基于微信平台的 SaaS 型工具产品，其作用就在于为知识生产者提供变现方面

的技术支持。这一类产品主要有短书和小鹅通等。

在这些产品的技术支持和运营方案指导下，致力于在知识变现领域进行内容创业的人，可以在平台上输出内容，创建一个专注于优质内容变现的"知识小店"。在这一变现模式中，付费用户将会更便捷地从平台上获取内容——只需扫一扫二维码，就可完成订阅、收听以及购买等一系列操作。而在这一过程中，知识生产者便可轻松获得收益。

当然，对知识生产者来说，第三方支持这一类型的工具型产品，之所以能成为变现的一种重要方式，除了用户使用便捷外，还因为平台能提供包含图文、音频、语音直播、视频直播等在内的多样化的知识形态，以及平台提供的运营方面的指导——特别是在用户、付费转化和社群运营等方面，更是为内容付费的变现提供了强大支持。

案例
好妈妈优课：挖掘小鹅通内容分销的变现潜力

家庭教育领域的超级IP"好妈妈优课"，入驻小鹅通的内容分销市场后，借助自身的流量渠道优势，精准匹配好内容和好渠道，分销课程均取得了很好的销量，极大地提升了变现效率。图17-10所示为小鹅通平台的内容分销市场。

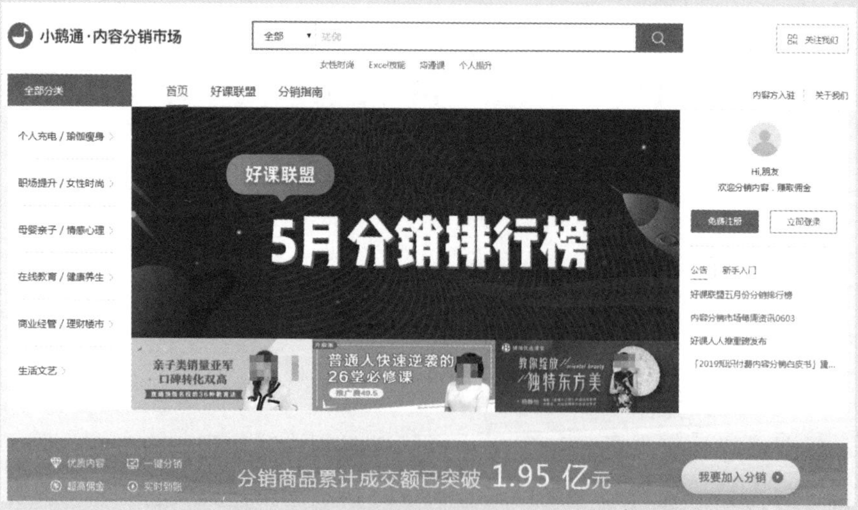

图 17-10　小鹅通平台的内容分销市场

17.9 出演网剧变现

对于那些拥有表演、唱歌等才艺的知识生产者来说，可以向影视剧、网剧等方面发展，也可以得到不菲的收入。

例如，《万万没想到》已经从单纯的网剧发展成大电影了——《万万没想到·西游篇》。《万万没想到·西游篇》其实在开播前就已经在赚钱了，它通过植入广告、网络发行等多种手段将 3 000 多万元成本收回，上映后还创下了两天 1.1 亿元票房的记录。

当然，拍网剧的要求比较高，大部分"草根"明星都还停留在微电影的阶段。其实，也可以在宣传时将"微"字淡化甚至去掉，这样就变成拍电影了，同样也可以得到粉丝的崇拜。